한국 고전문학
읽기의 맥락과 지평

한국 고전문학 읽기의 맥락과 지평

이윤석 · 허경진 · 박무영 · 박애경 · 김영희

민속원

책을 내며

중등학교 교육을 통해 학생들은 한국 고전문학의 중요한 작품과 작가, 그리고 문예사조 등을 배운다. 그러나 현재 한국의 중등교육은 대학 입시를 위한 중간 단계로 인식되어 있으므로, 중등학교의 한국 고전문학 교육은 다른 분야와 마찬가지로 입시를 위한 지식 습득에 중점을 두고 있다. 대부분의 학생들이 갖고 있는 고전문학에 대한 지식은 중등학교까지의 고전문학 교육 과정에서 암기한 것인데, 그 암기하는 내용도 학생 스스로 이해한 것이 아니라 교사가 알려주거나 참고서에 나온 내용을 외운 것이다. 이러한 현상은 현재 한국 교육에서 일반적인 것이지만, 중등학교의 한국 고전문학 교육은 다른 분야보다 이런 현상이 더 심하다. 고전문학은 현재와는 아무 관련이 없는 것이고, 이를 이해하기 위해서는 몇 가지 지식을 암기하는 수밖에는 다른 방도가 없다고 학생들은 생각한다. 그리고 이런 생각은 학생뿐만이 아니라 고전문학을 가르치는 교사도 마찬가지여서, 교사와 학생 모두 고전문학은 그저 귀찮은 과목의 하나라고 생각하고 있다. 고전문학에 대한 현재의 이런 인식은 고치기 어려운 지경에까지 이르렀다.

대학의 학부과정이 학문의 연마를 목표로 하지 않은지는 오래 되었지만, 적어도 대학에서 배우는 내용이 세계를 좀더 높은 수준으로 이해하는 데는 도움이 되어야 한다. 고전문학 교육은, '민족의 고전'을 배운다는 식의 거창한 목표보다는, 과거를 이해하는 한 방식을 배운다는 소박한 목표를 설정하는 것이 가르치거나 배우는 사람 모두에게 도움이 될 것이다. 연세대학교 국어국문학과에서 개설한「한국고전문학의 이해」는 국어국문학과 전공기초 과목으로 국어국문학과에서 학사과정을 이수하려는 학생이라면 반드시 수강해야 하는 필수과목이다. 이 과목은 한국의 고전문학이란 무엇이고, 이를 어떻게 이해하는 것이 좋을지에 대한 기초적인 지식을 학생들에게 알려주는 것을 목표로 한다. 이 책은「한국고전문학의 이해」를 수강하는 학생들에게 한국 고전문학 연구의 다양한 모습을 보여주어, 중등학교 교육을 통해서 배운 한국 고전문학의 내용과는 다른 전문 연구자의 연구성과를 볼 수 있도록 했다. 여기 실린 글은 모두 국어국문학과 고전문학 전공 교수들의 글인데, 이 글을 통해 각 교수들이 무슨 분야에 어떤 관심을 갖고 있는가를 학생들이 알 수 있을 것이다.

한국의 고전문학 작품은 한문이나 한글 고어로 되어 있기 때문에 학생들이 작품의 원문을 직접 읽는 것은 거의 불가능하다. 한문을 번역한 것이나, 고어를 현대어로 옮긴 텍스트를 사용한다 하더라도 이를 읽어내기는 쉽지 않다. 이 책에서는 개별 작품에 대한 세밀한 분석보다는 한국 고전문학을 어떻게 이해하는 것이 좋은가에 대한 개론적인 성격의 글을 주로 수록했다. 특히 고전문학이 어떻게 학문으로 한 분야가 될 수 있는지에 대한 논의를 많이 실었다. 개별 작품이나 작자에 대한 자세한 내용은 고전문학 분야의 여러 가지 심화된 강좌를 통해서 배울 수 있을 것이다. 이 책에 실린 글은 각 교수가 새로 쓴 것도 있고, 또는 기존에 자신이 쓴 글을 토대로 재구성한 것도 있다. 재구성한 글은 원 출처나 참고한 문헌의 목록을 붙였다. 될 수 있으면 쉬운 표현으로 글을 쓰면서도, 현재 한국의 고전문학 연구에서 다루는 중요한 문제는 빠짐없이 다루려고 했다. 이러한 우리의 의도가 얼마나 달성되었는지는 독자들이 판단할 문제다.

이 책의 출간 경위는 다음과 같다. 2012년 2월 연세대학교 문과대학의 '전공개론서 저술 지원금'을 받아서 국어국문학과의 고전문학 전공 교수 네 명이 「한국고전문학 이해」 과목의 교재로 쓸 수 있는 개론서를 쓰기로 했다. 그러나 처음 2년 동안은 책을 만드는 일이 별로 진척되지 않았는데, 새로 부임한 교수가 한 명 더 참여하면서 2014년에 집중적으로 작업이 이루어져서 이번에 책을 내게 되었다. 저술지원을 해준 연세대학교 문과대학과 출판을 맡은 민속원에 감사를 드린다.

2015년 2월
이윤석

차례

책을 내며　4

서장ㅣ한국 고전문학이란 무엇인가　11

제1장
한국
고전문학의
개념과 쟁점

온달과 조신 : 역사와 문학
ㅣ이윤석 ··· 37

한자 한문과 동아시아
ㅣ허경진 ··· 55

한문학과 여성 '작가'
ㅣ박무영 ··· 69

한문·한글의 관계와 시詩와 가歌의 문제
ㅣ박애경 ··· 81

이야기의 연행과 전승
ㅣ김영희 ··· 97

제2장
한국 고전문학의 텍스트와 컨텍스트

신라 불교문화와 향가
| 박애경 ··· 119

『삼국유사』는 어떤 책인가
| 이윤석 ··· 137

'남녀상열지사男女相悅之詞'와 고려가요
| 박애경 ··· 153

『홍길동전』 작자는 누구인가
| 이윤석 ··· 167

문학의 사회적 역할과 한시의 전통
: 정약용의 〈애절양哀絶陽〉
| 박무영 ··· 183

『춘향전』의 이해
| 이윤석 ··· 199

제3장
한국 고전문학의 주제와 양식

이야기와 시의 결합 『파한집破閑集』
| 허경진 ··· 221

고려시대의 사랑 이야기
| 이윤석 ··· 239

노래의 전통과 시조·가사
| 박애경 ··· 253

기녀한시와 젠더적 독해
| 박무영 ··· 271

한국 구전서사의 전승과 '자식살해'
| 김영희 ··· 289

찾아보기 327

한국 고전문학 읽기의 맥락과 지평

서장

한국 고전문학이란 무엇인가

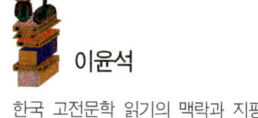
이윤석
한국 고전문학 읽기의 맥락과 지평

한국 고전문학이란 무엇인가

시작하는 말

고전문학의 사전적 의미는 "옛날부터 그 가치가 객관적으로 인정되어 온 문학작품"이다. 고전문학은 이처럼 객관적 가치를 갖고 오랫동안 전승되어 왔으므로 한국 고전문학에는 한국 민족의 정체성이나 다양한 정서가 담겨 있다고 생각하는 경우가 많다. 그리고 이러한 '고전문학'은 주로 제도교육 속에서 가르치고 배우기 때문에 중등학교 교육을 받은 사람들에게는 공통의 기억이나 지식으로 자리 잡고 있다.

중등학교에서 배운 고전문학을 꼽아 본다면, 향가, 고려가요, 용비어천가, 두시언해, 한시, 소설(금오신화, 구운몽, 허생전, 홍길동전, 춘향전 등등), 시조(사설시조), 가사, 판소리 같은 것이 있다. 이들 모두를 고전문학이라고 하지만, 이 가운데 고전문학이라는 단어의 사전적 의미에 맞는 것은 별로 없다. 왜냐하면 어떤 것은 과거에는 가치가 있다고 생각하지 않았으나 최근에 와서 가치가 밝혀져 고전이 된 것이 있고, 상당 기간 동안 아예 작품이 없어져서 전혀 모르고 있던 것을 외국에서 가져와서 다시 알려지게 된 것도 있다. 이와는 반대로 과거에는 매우 중요하다고 여겼기 때문에 고전문학이라고 말할 수 있지만, 현재는 제도교육 내에서만 고전문학으로 통용되고 그 외에는 아무도 관심을 갖지 않는 것도 있다. 우리가 고전문학이라고 알고 있는 것에도 여러 층위가 있고, 그 가운데 어떤 것에 대해서는 고전문학 범주에 들어갈 수 있는 자격이 있는가 하는 의문이 들기도 한다. 그러므로 고전문학의 의미를 과거의 문학작품 전부를 일컫는 용어로 쓰는 경우도 있다.

대학의 국어국문학과 전공분야는 고전문학, 현대문학, 국어학의 세 분야로 나뉘고, 고전문학은 다시 시, 소설, 한문학으로 분류한다. 그리고 고전문학에 '구비문학'을 포함시키기도 한다. 여기서는 구비문학은 제외하고 시, 소설, 한문학 등 문자로 정착된 것을 중심으로 각 분야에 속하는 하위 양식이나 작품 가운데 중등학교에서 다루는 작품을 중심으로 한국 고전문학이란 무엇인가 하는 점을 살펴보기로 한다.

시

20세기에 들어와서 근대시가 생겨나기 전까지 시와 노래는 분리되지 않은 하나였다. 근대시 이전에 '시'라고 하면 한시를 가리키는 것이었으므로 '한글로 쓴 시'라는 개념은 아예 없었다. 다만 노래의 가사가 있을 뿐이었다. 현재 중등학교에서 고전시가라고 배우고 있는 향가, 고려가요, 시조 등은 노래의 가사로 당대에 이 노래를 부르던 사람들은 이 노래의 가사를 '시'라고 생각하지 않았다. 그러나 근대적인 학문 분류에서 고전문학이 한 분야가 되고, 또 대학에서 고전문학의 한 분야로 고전시가를 정리해야할 필요성이 생기면서, 근대 이전까지 불리던 이 노래의 가사를 '시'

로 분류해서 연구하기 시작했다. 이러한 시와 노래의 관계를 염두에 두고 고전문학에서 다루는 시를 보기로 한다.

향가

향가는 신라 때 한자를 빌려서 노랫말을 적어놓은 것인데, 이런 방식으로 우리말을 표기해서 노랫말을 적는 방식은 고려 때까지도 있었다. 그러나 훈민정음이 만들어진 이후에는 우리말의 표기가 가능해졌으므로 향찰식 표기는 사라졌다. 현재까지 알려진 향가는 25수로, 14수가 『삼국유사』에 들어 있고, 나머지 11수는 『균여전』에 실려 있다. 『삼국유사』에 실려 있는 14수는 신라 때 노래이고, 고려 때 스님 균여均如의 전기인 『균여전』에 실린 11수는 고려시대에 만든 노래이다. 25수의 향가 중에 중요하게 다루는 작품은 『삼국유사』에 실린 14수인데, 이 14수의 향가를 이해하기 위해서는 『삼국유사』가 어떤 책인가를 먼저 살펴보아야 할 필요가 있다.

『삼국유사』는 현재 국보로 지정된 귀중한 책이다. 그러나 이 책을 언제 누가 썼으며 또 처음 간행된 시기는 언제인지에 대해서 학계의 일치된 의견이 없다. 『삼국유사』가 마지막으로 간행된 시기는 1512년인데, 그 이전에도 간행된 적이 있지만 언제인지 분명치 않다. 1512년에 마지막으로 목판본이 간행된 뒤에는 20세기 초까지 조선시대에 이 책이 다시 간행된 일은 없다. 조선후기에 『삼국유사』는 거의 찾아보기 어려운 책이 되었고, 간혹 이 책을 본 사람이 남긴 기록에는 부정적인 평가가 많다. 근대에 들어와 일본의 연구자들이 『삼국유사』를 연구하면서 영인본과 활자본을 낸 것이 있고, 한국에서는 1927년에 최남선이 잡지 『계명』에 실어서 다시 알려졌다. 1512년에 나온 후로 400년이 지난 후에 『삼국유사』는 다시 한국 사람들이 볼 수 있는 책이 되었고, 그 중요성이 알려지기 시작했다.

14수의 향가가 들어 있는 『삼국유사』가 조선후기에는 거의 없어지다시피 된 가장 큰 이유는 이 책의 내용이 불교적이기 때문이다. 그러므로

『삼국유사』에 실린 향가에 대해서도 조선시대에 관심을 갖고 언급한 바가 없고, 또 조선후기에는 향가를 해독해낼 수 있는 사람이 있었다고 볼 만한 증거도 없다. 그러므로 20세기 초에 한국에서 향가가 무엇인지 알고 있는 사람은 없었다. 일본에서 『삼국유사』를 연구하게 된 계기는 이 책에 들어 있는 고대사 관련 기록 때문인데, 이와 같이 역사 연구에서 시작된 일본 연구자들의 관심은 언어학자들의 향가 연구까지 나아가게 된다. 1929년 식민지 조선의 경성제국대학 교수 오구라 신페이小倉進平는 향가 25수 전체를 해독해서 『郷歌及び吏読の研究』라는 논문을 냈고, 이에 자극을 받은 숭실전문학교 교수 양주동도 1937년부터 논문을 발표하여 마침내 1942년 향가 전체를 해독한 『조선고가연구朝鮮古歌研究』를 펴냈다. 이들의 연구에 의해서 '향가'라는 것이 무엇이고, 그 내용이 어떤 것인지 알 수 있게 되었다.

간단히 위의 내용을 보더라도 향가를 신라시대부터 지금까지 계속된 우리말 노래의 전통 속에서 볼 수 있을까 하는 것은 의문이다. 100년 전만 하더라도 '향가'가 무엇인지 아는 사람도 없고 그 내용도 몰랐다. 일본인이 향가를 해독한 이후 1930년대부터 향가에 대해 한국인들이 관심을 갖게 되고, 광복 이후 중등학교에서부터 향가를 가르침으로써 그 중요성이 점점 더 커지게 되었다. 조선시대에는 전혀 모르고 있었고, 20세기 전반에도 소수의 전문 연구자 이외에는 관심이 없던 '향가'라는 신라의 노래를 전 국민이 알게 된 것이다. 아직까지 향가의 내용을 완전하게 해독하지는 못하고 있는데, 앞으로도 완벽한 해독은 거의 불가능할 것이다. 그리고 향가가 어떻게 만들어졌고, 또 어떤 맥락 속에서 불렀는지에 대해 연구자들의 일치된 견해가 나오기도 힘들다.

고려가요

고려가요는 향가와 시조 사이의 다리를 놓는 고전시가로 고려시대의 민중의 정서를 이해할 수 있는 노래라고 얘기해왔다. 그러나 지금까지 연구한 바에 의하면, 고려가요로 알려진 노래의 대부분은 고려와 조선 초기 궁중에서 사용하던 음악의 가사라고 한다. 고려가요가 실려 있는 책 『악장가사』나 『시용향악보』의 편찬시기는 정확하게 알 수 없으나, 고려시대가 끝난 뒤 수백 년이 지난 다음에 편찬된 것만은 분명하다. 여기서는 고려가요 가운데 가장 잘 알려진 「청산별곡」에 대한 연구자들의 논의를 통해 고려가요를 이해하는 다양한 방식에 대해서 알아보기로 한다.

첫째, 「청산별곡」이 고려 때 노래가 분명한가 하는 점이다. 이 논의는 이형상李衡祥(1653~1733)이 쓴 『악학편고樂學便考』에 「청산별곡」을 고려의 속악俗樂으로 분류했기 때문에 현재는 고려의 노래라고 대체로 인정한 상태이다. 그러나 「청산별곡」이 어떤 경로를 통해서 조선 후기까지 전래되었는지, 그리고 그 노래가 원형을 그대로 간직하고 있는지에 대해서는 누구도 정확하게 말하기 어렵다.

둘째, 이 노래의 작자에 대한 문제이다. 일반적으로 「청산별곡」은 백성들 사이에서 유행하던 노래가 궁중으로 들어와서 궁중의 의식에서 사용하는 노래가 되었다고 알려졌다. 그러나 연구자들 사이에서는 다양한 의견이 있다. 우선 작자가 있다는 견해와 민요라는 의견 둘로 나눌 수 있다. 민요라는 견해를 받아들인다면, 이 민요를 어떻게 궁중에서 수용했으며, 그 과정에서 가사가 얼마나 변했는지는 알 수 없다. 그리고 특정 작자를 주장하는 여러 의견들이 있지만, 그 대부분 근거가 모호한 추정일 뿐이다.

셋째, 노랫말의 해석과 관련된 것이다. 여기에는 몇 가지가 포함된다. 「청산별곡」에는 단어의 의미를 알 수 없는 것이 많고, 또 단어의 의미를 안다 하더라도 어떤 문맥에서 그 단어가 쓰인 것인지 모르는 대목이 많다. 그러므로 「청산별곡」의 의미를 아직까지는 정확히 해독해내지 못하고 있는 것이 현실이다. 다음으로 전체 8연의 순서가 바뀌었다는 문제 제기에 대해서, 이를 긍정하는 쪽과 부정하는 쪽이 나뉘어 있다. 또 「청산별곡」이라는 제목은 첫 연에만 해당되는 것이지 작품 전체의 제목이 아니라는 견해도 있고, 8연이 각기 독립적인 노래라는 주장도 나왔다.

　이상의 몇 가지 문제는 자료에 대한 실증적 연구를 통해서 해결될 문제인데, 이런 문제가 풀릴 수 있을만한 문헌이 발견되거나 증거가 나올 가능성은 거의 없다. 그러므로 「청산별곡」에 대한 연구에서 이런 문제 제기는 앞으로도 계속될 것이다. 그런데 이 작품의 주제가 무엇인가 하는 문제로 가면 그 양상은 더욱 복잡해진다. 1930년대 한국문학 연구 초기에 나온 연구에서 「청산별곡」의 주제를 봉건지배층의 착취를 피해 농토를 빼앗긴 농민의 노래라고 보는 견해가 있었다. 고려 말기의 역사적 상황과 「청산별곡」을 연결시킨 이 주장은 상당 기간 광범위하게 퍼져있어서, 현재 중등학교에서도 이런 내용을 가르치고 있을 정도이다. 그러나 1930년대에 이미 「청산별곡」의 주제를 '사랑'이라고 얘기한 연구가 있었고, 이밖에도 다양한 주제를 제시하는 수많은 연구가 있다. 근래의 연구에서는 각 연의 주제를 따로 논의하면서 이를 통합해서 보려는 경향도 있다. 요즈음은 「청산별곡」의 주제를 농토를 빼앗긴 농민의 노래라는 식으로는 해석하지 않지만, 고려 말의 정치적 상황과 연관시켜 이 작품을 해석하려는 시도는 여전히 계속되고 있다.

　「청산별곡」은 고려가요 가운데 비교적 많은 연구가 이루어진 작품이다. 음악 연구자들도 「청산별곡」에 관한 여러 가지 연구를 통해 그 악곡의 원래 모습을 찾아보려고 한다. 그러나 연구자에 따라 다양한 견해가 있어서, 문학 분야나 음악 분야 모두 일치된 견해를 보기는 어렵다. 중등학교에서 가르치고 있는 고려가요의 내용은 학계의 다양한 연구 가운데 어느 하나를 선택한 것이라고 할 수 있다.

시조

시조가 언제 처음 만들어졌으며, '시조'의 의미가 무엇인지에 대해서는 누구도 명확한 답을 제시하지 못한다. 시조라는 용어는 조선 영조 때 처음 보인다고 하는데, 이것은 이제까지 남아 있는 문헌을 통해서 그렇다는 말이다. 그리고 이것은 음악으로서의 '시조時調'를 말하는 것이지 문학 양식을 말하는 것은 아니다. 문학 연구자들은 시조라는 장르가 고려 말에 나타났다는 것을 증명할 수 있는 근거로 우탁이나 이조년의 작품이라고 전하는 것을 들기도 하지만, 고려시대 시조라고 전하는 것은 모두 위작이라는 주장도 있다. 또 시조를 현대시와 같은 방식으로 설명하는 사람도 있고, 시조는 노래의 가사이므로 노래와 함께 이해해야 한다는 점을 강조하기도 한다.

시조의 발생이나 시조의 이해에 대해서는 연구자마다 각기 다른 주장을 하고 있기 때문에 '시조'의 정의를 합의해내기는 쉽지 않다. 그럼에도 불구하고 초등학교 국어교과서에 이방원과 정몽주가 주고받았다고 전해지는 「하여가何如歌」와 「단심가丹心歌」를 배경이야기와 함께 실어놓았다. 이방원과 정몽주가 이런 내용을 주고받았느냐 아니냐 하는 것은 문제가 아니다. 여기에서 가장 큰 문제는, 두 사람이 이런 시조를 썼다는 아무런 증거가 없는데도 불구하고, 고려 말에 시조라는 장르가 성립되었다는 증거로 이방원과 정몽주가 썼다고 전하는 작품을 내세웠다는 점이다.

앞의 향가나 고려가요와 마찬가지로 시조는 노래의 가사이다. 1920년대 최남선 등이 주도한 시조부흥운동이 일어나기 전까지는 시조를 '3장 6구의 정형시'라고 말하지 않았다. 게다가 1920년대에 시조는 유행가로 부르던 노래였으므로 '부흥'이라는 단어는 적절치 않다. 이 운동을 주창한 사람들은 민족정신을 되살리기 위해서 시조를 부흥시켜야 한다고 말했지만, 이들이 생각한 시조는 당대에 불리고 있던 시조가 아니다. 그들은 오랜 전통을 갖고 있는 정형시를 부흥시켜야 한다고 생각했는데, 이것은 말할 것도 없이 이들이 만들어낸 상상 속의 전통이다. 이 시조부흥운동자들이 만들어낸 전통적인 정형시 이론이 이후 시조를 이해하는 기본 방식이 되면서, 시조 연구는 문학연구자들이 담당하게 되고, 이들의 연구에서 시조가 노래의 가사라는 사실은 거의 다루지 않게 되었다. 시조의 가장 중요한 면은 음악적인 것이다. 전근대의 마지막 단계까지 전승된 대중의 노래가 시조이고, 이 시조의 유행가적 전통은 잡가의 전통과 함께 신민요와 가요로 전승된다는 사실은, 고전문학으로서 시조를 얘기할 때는 거의 언급조차 되지 않았다.

두시언해杜詩諺解

중국 당唐나라 시인 두보杜甫(712~770)의 시로 전해지는 것은 약 1400여 편인데, 이 모두를 번역한 책이 『두시언해』이다. 이렇게 한 시인의 시 전체를 번역하는 것은 매우 드문 일로, 조선 초에 두보의 시를 모범으로 삼으려고 했었다는 사실을 잘 보여준다. 이 책은 1481년 서울에서 처음 간행되고 1632년에 경상도에서 다시 나왔다. 1632년 이후 이 책의 간행 기록은 더 이상 보이지 않는데, 이것은 17세기 중반부터는 조선에서 두보의 시를 번역해서 읽을 필요성이 크지 않았음을 보여주는 것이다. 조선 후기에 가면 두보의 시는 번역한 것보다는 원문 그대로 이해하는 방향으로 갔다고 보아야 할 것이다.

15세기에 두보의 시 전체를 한글로 번역하고 17세기 중반에 이를 다시 간행한 것은, 두보의 시를 정확하게 이해하기 위해서는 이를 번역하지 않으면 안 된다고 생각했기 때문이다. 그런데 현재 『두시언해』는 구해보기 쉽지 않은 책이라는 사실을 통해 이 책이 조선후기에 널리 읽히지는 않았다는 것을 알 수 있다. 조선후기에는 두보의 시를 한문으로만 읽고 이를 번역해서 이해하려고 하지 않았던 것으로 보인다. 이것은 조선후기가 되면 사회 전반적으로 한문을 해독할 수 있는 층이 두터워졌음을 의미하는 것이지만, 번역의 측면에서 본다면, 한문 원전을 정확하게 이해하기 위해서는 번역이 필요하다는 생각은 하지 않게 되었음을 보여준다. 두보의 시를 '원문 그대로 이해한다'는 것의 내용은 천차만별이므로, 읽는 사람에 따라 다양한 수준의 이해가 있었다고 할 수 있다. 물론 정확한 번역이 있더라도 읽는 사람에 따라 각기 다른 수준의 이해를 하는 것은 마찬가지이지만, 번역이 없으면, 읽는 사람 자신이 정확하게 읽고 있는지 없는지를 판단할 수 있는 기준이 없게 된다.

두보의 시를 한국 고전문학이라고 할 수 없지만, 『두시언해』는 고전문학의 범주에 포함시킬 수 있다. 중등학교 교과서에도 『두시언해』는 계속해서 실리고 있다. 그런데 두보의 시를 원문과 함께 번역해서 이해하려던 조선초기의 전통은 조선후기에 오면 사라지고, 한문을 직접 이해하는 방향으로 변했다. 이와 같이 중국의 시를 원전으로 이해하면서 조선후기의 지식인들은 자신들을 '소중화'에 사는 문명인으로 인식했는지도 모른다.

현재 두보의 시는 번역이 없으면 이해할 수 없는 사람이 대부분이고, 한문으로 이 시를 읽는 사람은 소수의 두보 시 연구자뿐이다. 그리고 두보의 시는 중국고전으로 인식하고 있고, 『두시언해』의 연구는 문학연구자가 아닌 어학연구자들에 의해서 주로 이루어지고 있다. 중등학교에서도 『두시언해』의 교육은 주로 15세기와 17세기 한국어가 어떤 것이었나를 배우는 데 집중되어 있다. 단순히 과거의 문헌이 아닌 한국 고전문학으로 『두시언해』를 어떻게 위치 지을 것인가는 문제가 아닐 수 없다.

소설

고소설이라는 항목을 인터넷에서 검색해보면, 중요한 작품으로 『금오신화』, 『홍길동전』, 「허생전」, 『춘향전』 등이 반드시 등장한다. 이런 작품에 대한 지식은 주로 중등학교에서 고소설 수업을 통해서 얻게 되는데, 작품을 읽고 그 내용을 이해하는 것이 아니라 시험을 보기 위해 줄거리나 주제 등을 외워서 얻은 지식이다. 이러한 지식 가운데 하나가, 작품을 시간 순서로 나열하고 이들 사이에 영향 관계를 설명하는 것이다. 그러나 위의 네 작품이 서로 연관을 갖고 전통을 이어온 것이라는 해석은, 고소설이라는 장르를 설정하고 이 장르의 역사를 엮어내기 위해 만들어낸 담론이라고 보는 편이 나을지도 모른다. 한 작품씩 간단히 살펴보기로 한다.

금오신화

김시습金時習(1435~1493)의 『금오신화金鰲新話』는 중국 명明나라의 구우瞿佑(1341~1427)가 지은 『전등신화剪燈新話』를 모방해서 지은 한문소설이다. 그러므로 만약 김시습이 『전등신화』를 보지 못했다면 『금오신화』는 나올 수 없는 소설이다. 『금오신화』는 김시습이라는 독특한 인물이 중국소설을 읽고 이에 영향을 받아서 써낸 소설이다. 『금오신화』에 영향을 준 것은 고려나 신라에서 전해 내려온 전통이 아니라 중국소설이다. 『금오신화』가 영향을 준 것으로 신광한申光漢(1484~1555)의 『기재기이企齋記異』를 들 수 있으나, 『기재기이』 이후로 이와 같은 내용과 형식의 소설은 조선에서 나오지 않았다.

『금오신화』는 조선후기에는 거의 볼 수 없는 책이 되어서 이 책을 읽은 기록은 별로 보이지 않는데 비해, 『전등신화』는 조선시대 내내 여러 차례 간행되어 많이 읽혔다. 『금오신화』는 조선에서는 없어진 책이 되었지만, 일본에 전해져서 17세기부터 몇 차례 간행이 되었다. 최남선은 일본에서 간행된 책을 바탕으로 1927년에 잡지 『계명』에 『금오신화』를 실어서 비로소 한국에서 이 작품을 다시 읽을 수 있게 되었다.

『금오신화』의 창작과 유전을 살펴보면, 이 작품이 한국 소설의 전통 속에서 나왔다든가, 후대 소설에 영향을 미쳤다고 말하기 어렵다. 다만 천재적인 인물 김시습에 의해 나온 훌륭한 작품이라고 말할 수 있다.

홍길동전

얼마 전까지만 해도 『홍길동전』을 허균이 쓴 최초의 한글소설이라고 했다. 요즈음은 최초의 한글소설이라는 표현은 하지 않지만, 아직도 작자를 허균이라고 하고 있다. 그러나 『홍길동전』의 작자는 허균이 아니다. 한글소설 가운데 작자를 알 수 있는 작품은 없다고 해도 과언이 아니다. 현대소설 가운데 작자를 모르는 작품은 없는데, 한글 고소설은 작자가 알려진 작품이 없다. 현대소설과 고소설의 가장 큰 차이를 든다면 작자가 알려졌느냐, 그렇지 않으냐 하는 점일 것이다.

『홍길동전』의 작자를 허균이라고 말하기 시작한 때는 1927년이다. 경성제국대학의 일본인 교수 다카하시 토오루高橋亨는 『택당집澤堂集』에 "허균이 홍길동전을 썼다"라는 내용을 보고 한글소설 『홍길동전』의 작자는 허균이라고 했는데, 그의 한국인 제자들이 스승의 말을 그대로 전했기 때문에 현재까지 홍길동전의 작자는 허균으로 알려지게 되었다. 다카하시가 이 말을 하기 전까지 한국 사람들은 『택당집』의 '홍길동전'과 한글소설 『홍길동전』을 다른 것이라고 생각했다. 그러나 『택당집』 내용이 갖고 있는 문화적 맥락이나 의미를 해석하지 못한 일본인 교수의 주장은 그가 가르친 경성제국대학 학생들에게 전해졌고, 이 학생들에 의해 『홍길동전』의 작자는 허균이라는 설이 퍼져나가게 되었다.

조선시대 한글소설이 유행하기 시작한 때는 18세기 중반이다. 이때부터 지금의 도서대여점과 같은 '세책집'이 생겨나서 책을 빌려주는 영업을 시작했는데, 이 세책집에서 빌려주던 책의 대부분은 소설이었다. 그리고 19세기에 들어오면 목판본으로 간행된 방각본소설이 나온다. 『홍길동전』은 아무리 빨리 나왔다 하더라도 1750년 이전에 나올 수 없는 소설이므로, 1618년에 사형 당해 죽은 허균이 이 작품을 썼다는 것은 있을 수 없는 일이다.

허생전

　박지원朴趾源이 중국을 다녀온 다음에 쓴 여행기 『열하일기』에 들어 있는 「허생전」은 한글 고소설과는 그 근본이 다르다. 박지원도 자신이 쓴 「허생전」을 당대에 읽히던 한글소설과 같은 것으로는 절대로 생각하지 않았다. 그리고 『열하일기』를 읽은 사람들도 「허생전」을 한글소설과 같은 것으로 여기지 않았다. 「허생전」이 실려 있는 『열하일기』를 읽으려면 한문에 능통해야 하는데, 한문을 잘 알더라도 『열하일기』를 빌려볼 수 있을 정도의 사회적 신분이 있어야 했다. 즉, 『열하일기』는 박지원과 친분이 있거나 이 책의 명성을 들은 소수의 사람들 이외의 인물까지도 자유롭게 구해서 읽을 수 있는 책은 아니었다. 그러므로 『열하일기』의 명성이 높았다는 것은, 이들 소수의 지식인들 사이에서 이름이 알려졌다는 것이지, 지금처럼 중등교육을 받은 사람이면 대부분 알고 있었던 것은 아니다.

　『열하일기』는 조선시대에는 필사본으로 전해져서 읽히다가, 20세기에 들어와서 처음으로 인쇄된 책이 나왔다. 그리고 한글 번역은, 1955년 북한에서, 그리고 1968년 남한에서 처음 나왔으므로 한문을 읽을 수 없는 사람들은 20세기 후반이나 되어야 『열하일기』를 읽을 수 있었다. 조선시대 『열하일기』를 읽은 소수의 지식인들은 한글소설을 읽는 계층과는 근본적으로 다른 부류의 인간이다. 이것은 무엇을 말하는가 하면, 「허생전」의 독자와 한글소설의 독자는 서로 어울릴 수 없는 다른 계층의 인간이라는 것이다. 그러므로 「허생전」과 『춘향전』은 같은 차원에서 다룰 수 있는 작품이 아니다.

　「허생전」의 전통은 어디에서 찾아야 하고, 또 그 영향은 어디까지 미쳤을까? 「허생전」은 박지원의 자유로운 사고와 글쓰기가 결합된 산물이므로 그 전통을 굳이 따진다면 지식인의 한문 글쓰기 전통과 연결시킬 수 있을 것이다. 그리고 「허생전」 같은 글쓰기 전통은 조선시대에는 철저히 차단되었고, 조선조가 끝난 다음 식민지시기에 와서야 비로소 그 영향을 미치기 시작했다. 그러므로 「허생전」을 한글 고소설과 같은 부류의 작품이라고 말하거나, 한글 고소설의 전통과 연결시켜 논의할 수는 없다. 「허생전」은 『금오신화』와 같은 한문으로 된 이야기이지만 『금오신화』와는 연결점을 찾을 수 없다. 그리고 박지원이 「허생전」을 쓴 시기에 서울의 세책집에서는 한글소설을 빌려주고 있었지만, 「허생전」과 한글소설은 아무 관련이 없다.

춘향전

『춘향전』은 한국 고전문학 가운데 가장 유명한 작품이고, 한국을 대표하는 문학작품이라고 말한다. 이렇게 한국을 대표하는 작품이라고 하지만, 이 작품을 언제 누가 썼는지, 수많은 이본 가운데 어느 것이 원본인지는 알 수 없다. 근래 중등학교에서 『춘향전』을 판소리계소설이라고 분류하고, 판소리계소설을 '근원설화 → 판소리 → 판소리계소설'의 도식으로 설명한다. 이 도식에 따르면 『춘향전』은 판소리 가수가 부르는 노래의 가사를 옮겨놓은 것이 된다. 그러나 소설 『춘향전』이 나오기 전에 판소리 〈춘향가〉가 먼저 있었다는 근거는 어디에서도 찾을 수 없다. 이 도식은 『춘향전』의 성립과정이 이렇게 되었을 것이라는 추정을 바탕으로 한 희망사항일 뿐이다.

『춘향전』이 고전문학의 하나로 한국문학사에서 중요한 작품이 된 시기는 1930년대이다. 1926년 경성제국대학이 개교하면서 조선문학을 전공으로 선택한 학생들이 『춘향전』 연구의 첫 세대이다. 이들은 한국문학의 전통을 한글문학에서 찾으려 했고, 한글문학 작품 가운데 『춘향전』을 가장 뛰어난 작품으로 파악했다. 그러나 연구 역량이 미숙한 이들 초기 연구자들의 연구는 여러 가지 문제를 갖고 있다. 예를 들면, 『춘향전』의 많은 이본 가운데 가장 후대에 나온 완판84장본 『열녀춘향수절가』를 가장 오래된 것으로 잘못 이해하거나, 서울의 세책 『춘향전』에 대해서는 전혀 몰랐던 것 등이다. 1970년대에 들어와서 국내에서는 볼 수 없는 많은 『춘향전』 이본이 국외의 여러 기관에 있다는 사실이 알려지고, 이 가운데 상당수를 국내 연구자들이 볼 수 있게 되면서, 『춘향전』 연구의 시각을 근본적으로 수정하지 않으면 안 되게 되었다. 그러나 국외 자료의 성격을 파악하는데 오랜 시간이 걸렸고, 또 이에 대한 연구가 활발하게 이루어지지 못했다. 이 때문에 『춘향전』 연구는 1970년대까지의 논의에서 크게 앞으로 나아가지 못하고 있다.

『춘향전』은 현재 남북한 모두 민족의 고전으로 높이 떠받들고 있는 작품이지만, 『춘향전』이 이런 높은 평가를 받게 되기 시작한 시기는 앞에서 말한 바와 마찬가지로 1930년대부터이다. 조선시대에 『춘향전』은 공식적으로 거론될 수 없는 천한 한글 이야기일 뿐이었다. 얼마나 많은 사람이 읽었느냐와 관계없이, 『춘향전』은 공식적으로는 언급되지 않았다. 『조선왕조실록』에서 '춘향전'이라는 단어를 검색하면 단 한 건도 나오지 않는다는 사실이 이를 잘 증명한다.

위에서 중등학교에서 '고전소설'이라는 장르로 배우고 있는 몇 작품을 살펴보았는데, 소설에 관한 얘기를 조금 더 해보기로 한다.

조선후기에는 중국에서 간행된 소설은 대부분 수입되었고, 조선 사람이 한문으로 창작한 소설도 꽤 있으며, 번역소설이나 한글 창작소설이 많았으므로 조선후기에 소설이 유행했다고 말할 수 있다. 이렇게 조선후기에 소설이 많이 읽혔지만, 소설을 폄하하는 사회적 분위기 때문에 소설의 담론이 왕성하게 이루어지지는 못했다. 거의 모든 고소설의 작자를 알 수 없는 이유는 이러한 사회적 분위기 때문이다. 소설에 대한 인식이 바뀌기 시작한 시기는, 작자가 자신의 이름을 밝히는 신소설이 나오는 무렵이라고 할 수 있다. 그리고 모든 작자가 자신의 이름을 밝히는 근대소설에 오면 소설은 이제 더 이상 폄하의 대상이 아니고, 소설은 지식인 담론의 중요한 소재가 된다.

한국의 소설에 대한 이해에서 중요한 것 하나는, 고소설, 신소설, 근대소설이 시간의 순서에 따라 순차적으로 등장한 것이 아니라는 점이다. 19세기 말까지 소설은 서울을 중심으로 유통되었고, 전라도 전주와 경기도 안성에 소설의 시장이 생겨났다. 그러므로 20세기 초 신소설이 나오기 전까지 전국적으로 소설이 읽힌 것은 아니다. 이인직의 『혈의 누』는 1906년 신문에 연재되었으므로 신문이 보급되는 범위의 모든 지역에서 읽을 수 있었고, 다음해에 새로운 인쇄기술인 활판인쇄로 단행본을 찍어내어 전국적인 판매망을 통해 유통되었다. 고소설은 1912년에 가서야 활판인쇄로 찍어낸 단행본이 간행된다. 그러므로 신소설이 고소설보다 먼저 전국적 유통이 이루어진다. 이와 같이 신소설의 활판본 간행은 고소설의 활판본 간행을 이끌어냈으나, 고소설만큼 많이 팔리지 않았다. 이것은 1917년에 나온 이광수의 『무정』도 마찬가지였다. 1910년대부터 1940년대까지 소설시장에서 가장 많이 팔린 소설은 신소설이나 근대소설이 아니라 고소설이었다.

고소설이 학술적 연구의 대상이 되는 시기는 1930년대부터이다. 초기의 연구자들은 한글이나 한문을 막론하고 이야기는 모두 소설에 포함시켰다. 이렇게 모든 이야기를 소설이라고 하면, 「이생규장전」, 『홍길동전』, 「허생전」, 『춘향전』은 같은 소설이라는 범주로 다룰 수밖에 없다. 그러나 소설은 도시의 발달과 더불어 생겨난 오락용 긴 이야기라는 대체로 합의된 정의가 있으므로, 이러한 성격의 작품과 그렇지 않은 작품을 나눠서 볼 필요가 있다.

한문학

한문으로 쓴 글을 한국문학의 범주에 넣을 수 있는가 없는가 하는 문제는 근대적인 학문이 시작되면서 한국문학 논의의 중요한 의제 가운데 하나였다. 15세기에 훈민정음이 만들어져서 한국어를 표기할 수 있는 수단이 만들어졌음에도 불구하고 19세기 말까지 한글이 공식적인 문자가 되지 못했으므로, 현재 남아 있는 20세기 이전의 전적 대부분은 한문으로 된 것이다. 고전문학의 범위에 포함될 수 있는 글의 대부분이 한자로 된 것이라는 점은 초기 한국문학 연구자들이 한국문학의 범주를 정할 때에 당혹스러운 문제였다. 한국문학에 중국의 문자인 한자로 쓴 것을 포함시킬 수 없다는 논리가 초기에는 우세했으므로, 초기의 한국문학 연구자들은 외국의 문자로 쓴 글을 한국문학에 포함시키기를 주저했다. 그러나 한문으로 쓴 것을 제외하면 한국문학으로 남는 것이 별로 없으므로, 우여곡절 끝에 현재는 한문으로 쓴 작품을 한국문학에 포함시키는 것을 대체로 인정하고 있는 분위기이다.

한문으로 된 문학작품을 한국문학에 포함시키기 위한 논리 중 하나는, 한문이 단순히 중국의 글이 아니라 동아시아 전체의 국제 공용어였다는 것이다. 그런 예의 하나로, 조선시대 중국과 일본에 파견된 사신들 가운데 중국인이나 일본인과 필담筆談을 통해서 의사를 교환한 경우가 있었다는 사실을 들기도 한다. 그러나 이와 같은 필담은 전체 의사소통의 극히 일부분에 지나지 않는다. 공식적인 양국 사이의 의사소통은 통역관을 통해서 이루어졌으므로 한문이 국제 공용어였다는 논리는 중국과 조선 사이에 오가는 문서 속에서나 유효한 것일지도 모른다.

이러한 논리에서 간과하는 문제가 있는데, 중국에는 문언문文言文과 백화문白話文이라는 두 종류의 글이 있었다는 점이다. 문언문은 당唐나라 이전의 표기법이고, 백화문은 그 이후의 구어를 표기하는 방법이다. 중국에서 문언문은 20세기에 들어와서 신문학운동이 일어나 백화문으로 표준어가 정해지기 전까지 정통의 위치를 차지했다. 갑오경장 이후 한글이 '국문'의 자리를 얻게 되기 전까지 조선 사람이 쓴 한문은 바로 이 문언문이다. 신라나 고려의 지식인들 가운데는 중국어를 말할 수 있는 사람이 있었으나, 조선시대 사대부들은 외국어를 익히지 않고 외국어를 역관譯官에게만 맡겼다. 조선의 지식인들은 중국어를 말할 수 있는 능력은 없이 문언문만 읽고 쓸 수 있었으므로 근대 이전에 한국인이 쓴 중국글은 모두 문언문이다. 물론 백화문도 큰 어려움 없이 읽을 수는 있었으나, 백화문으로 된 중국책은 대체로 통속소설이었으므로 이를 읽었다는 사실을 자랑스럽게 내세우기는 어려웠다.

한문으로 쓴 전적은 그 양이 너무 많기 때문에 그 모든 것을 정확히 파악하기 어려울 정도이다. 그런데 현재는 소수의 한문을 전공하는 연구자만 이 한문전적의 내용을 직접 이해할 수 있고, 그 나머지 대다수의 사람들은 번역을 통하지 않고서는 그 내용을 알 수 없다. 남북한 모두 이 한문 자료를 번역하는 일을 국가사업으로 계속해나가고 있지만, 남아 있는 전적 모두를 번역할 수는 없고, 또 그럴 필요도 없다. 결국은 중요하다거나 좋은 내용의 책만 번역으로 남게 될 텐데, 이 번역된 것을 한문학이라고 할 수 있는가는 의문이다. 중등학교 교과서에 실린 「송인」이나 「슬견설蝨犬說」은 번역한 것을 실어놓는다. 이것은 한문학인가 번역문학인가?

문학은 정치와 아무런 관련이 없는 것처럼 생각하는 사람도 있지만, 인간의 문제 모두는 정치적이므로 문학도 예외일 수는 없다. 고전문학 분야에서 가장 정치적으로 민감한 것은 한문학이다. 한글전용이나 한자교육의 문제는 원칙이나 정의의 문제가 아니라 개인이나 집단의 경제적 이익이나 문화적 주도권 장악과 결부된 정치적 이데올로기의 문제가 되었다. 또 정치, 경제, 문화 등에 관한 과거의 모든 기록이 한문으로 되어 있으므로, 어떠한 시각으로 과거의 문헌에 접근하느냐 하는 문제에서부터 어떤 문헌을 번역할 것인가에 이르기까지에는 거의 모두 정치적인 선택이 포함된다. 그러나 이런 문제를 전혀 고려하지 않고 교육하기 때문에 한문학(다른 분야의 고전문학도 대체로 같다)은 투명하고도 순수한 문학인 것처럼 생각하는 경우가 많다. 만약 한문으로 쓴 글을 한국문학에 포함시키지 않는다는 정치적 해석이 나오고, 또 이 해석을 제도교육에서 수용하게 되면, 한문학은 더 이상 한국문학의 범주에 속하지 않게 될 수도 있다.

아래에서 정지상의 「송인」과 한문소설 몇 작품을 통해 고전문학에서 한문학이 어떻게 다루어지는가를 보기로 한다.

정지상의 「송인」

고려시대 정지상이 쓴 「송인送人」은 한국 한시 가운데 가장 잘 알려진 작품이라고 한다. 이 시가 현재도 이렇게 많이 알려진 이유는, 시의 내용이 좋아서 오랫동안 사람들의 입에 오르내린 것도 있지만, 중등학교에서 배우는 작품이기 때문일 것이다. 이 시의 한문 원문은 다음과 같다.

> 雨歇長堤草色多
> 送君南浦動悲歌
> 大同江水何時盡
> 別淚年年添綠波

이 시를 한문으로 이해하는 사람보다는, 이 시의 한글음인 "우헐장제초색다 송군남포동비가 대동강수하시진 별루년년첨록파"라고 중등학교 시절에 외운 것을 먼저 떠올리는 사람이 많을 것이다. 그런 다음 아래와 같은 시의 번역을 기억해낼지도 모른다.

> 비 그친 뒤 긴 둑에는 풀빛 더욱 푸른데
> 그대를 남포에서 보내며 슬픈 노래 부른다네
> 대동강 강물이 언제 다 마르리오
> 이별의 눈물이 해마다 푸른 물결에 더해지는데

조선시대 지식인은 이 시를 한문으로 직접 읽고 그 뜻을 이해했다. 그러나 그들이 이 시를 읊을 때 중국음으로는 읽지 않고 한국음으로 읽었을 테니, 지금 우리가 이 시를 떠올릴 때 '우헐장제초색다'라고 하는 것과 비슷하다. 그러나 조선시대 사람이라면 음과 동시에 한자를 머릿속에서 그려낼 수 있다는 것이 지금과는 다를 것이다. 그리고 현재는 번역을 통하지 않고서는 이 시의 내용을 이해할 수 있는 사람이 별로 많지 않은 데 비해, 조선시대에 이 시를 읽는 사람이라면 번역 없이 한문으로 직접 이해했다.

정지상이 이 시를 지은 이래 「송인」은 꾸준히 전승되면서 수많은 시인들이 이 시에 차운次韻한 시를 지었고, 조선후기에는 아래와 같이 시조로도 만들었다.

    雨歇長堤草色多하니 送君南浦動悲歌를
    大同江水何時盡고 別淚年年添綠波라
    勝地에 斷腸佳人이 몇몇인 줄 몰라라

이 시조를 노래로 부르려면 한자의 음만으로 불러야 하는데, 노래 부르는 사람들 중에는 이 시의 내용을 이해하지 못하고, 한글음으로만 부르는 사람도 있었을 것이다. 한시의 감상이 한시를 지을 수 있는 계층에서 한시를 한글음으로 읽기만 하는 계층까지 확대된 것이라고 볼 수 있다.

「송인」은 12세기 이래 지금까지 끊임없이 사랑받는 한시로 실로 한국의 고전이라는 표현에 걸맞은 작품이다. 그러나 조선 말기에 오면 한시의 내용을 한자로 이해하며 감상하는 것이 아니라 한글음만으로 즐기는 사람도 생겨나고, 현재에 이르러서는 번역을 통하지 않고서는 이해할 수 없게 되었다.

이제까지 한국사람이 쓴 한시의 양은 엄청나다. 수천 편 이상의 한시를 지은 사람도 수두룩하고, 이름도 알려지지 않은 수없이 많은 사람들이 한시를 지었다. 이렇게 많이 지었으므로 현재 남아 있는 시도 대단히 많다. 그러나 이 모든 한시는 20세기 초 신문학이 시작되면서 시의 주류에서 밀려나고, 20세기 후반이 되면 한시의 명맥은 끊어지게 된다. 이제 한시는 소수의 한시를 전공하는 연구자 이외의 사람들에게는, 시로서의 의미보다는, 그 시에 들어 있는 내용이 역사적 자료로서 어떤 내용을 갖고 있는가 하는 점이 관심을 끌고 있을 뿐이다.

고려나 조선의 많은 사람들이 한시를 지었지만, 이들이 모범으로 삼은 것은 중국의 시이다. 물론 『시경詩經』을 중요하게 여겼지만, 실제 시를 짓는 데는 당唐나라 시나 송宋나라 때 성리학자들의 시 같은 것이 표준이 되었다. 현재 중국의 시 가운데 당시唐詩는 세계적으로도 높은 관심을 끌고 있다. 한국인들도 한시라고하면 한국의 한시보다 중국의 당시를 선호하는 경향이 있는데, 이것은 과거나 현재 모두 마찬가지이다.

한문소설

한글소설의 작자는 알려지지 않은 반면에 한문소설에는 작자가 알려진 작품이 많다. 그러나 한문소설 중에도 작자를 알 수 없는 작품이 있고, 작자가 명확하지 않아 여러 사람이 작자로 거론되는 작품도 있다. 작자가 알려졌는지 여부를 중심으로 한문소설을 보기로 한다.

작자가 알려진 작품은 김시습의 『금오신화』나 박지원의 「허생전」 같은 것이다. 『금오신화』는 김시습의 문집인 『매월당집梅月堂集』에는 들어 있지 않지만, 김시습이 쓴 것임을 밝히고 간행한 책이 여러 가지 있다. 근래 중국에서 16세기 조선에서 간행된 것이 발견된 바 있다. 이 책에는 '梅月堂金鰲新話'라는 책의 제목 아래 현재 알려진 「만복사저포기」를 비롯한 다섯 편이 실려 있다. 그리고 이 책을 윤춘년尹春年이 편집했음을 밝혔다. 또 「허생전」이 들어 있는 『열하일기』는 박지원이 살아 있을 때 이미 유명한 책이었다. 비록 인쇄되지는 못하고 필사본으로 읽혔지만 「허생전」이 박지원의 작품이라는 것은 분명하다. 이와 같이 문집에 실리거나 단행본으로 간행되면서 작자의 이름이 전해지는 작품은 작자가 분명한 것이다.

그러나 이처럼 작자의 이름을 밝힌 소설은 많지 않기 때문에, 작자가 알려진 작품 가운데도 추정에 불과한 경우가 있다. 예를 들면, 『원생몽유록』의 작자는 임제林悌(1549~1587)라고 하지만, 임제가 썼다는 명확한 증거는 없다. 다만 임제가 썼을 가능성이 있다는 정도이다. 『구운몽』은 김만중金萬重이 쓴 한문소설로 알려졌으나, 정작 김만중 자신은 『구운몽』을 썼다는 말을 어디에도 하지 않았다. 그리고 최초의 『구운몽』이 한문본인지 한글본인지도 분명하지 않다. 『구운몽』은 수많은 이본이 남아 있는데, 이 가운데 어떤 것이 원본인지 알 수 없을 뿐만 아니라, 심지어 원본이 남아 있는지도 의문이다. 이밖에도 『창선감의록』의 작자를 조성기趙聖期(1638~1689)라고 하는 설이 있지만, 조성기가 작자라고 분명하게 말할 수 있는 근거는 부족할 뿐 아니라, 조성기를 작자라고 보기 어렵다는 최근의 연구도 있다.

『운영전』은 고소설 연구 초기부터 연구자들이 관심을 갖고 있던 작품으로 상당히 많은 연구업적이 쌓였다. 금지된 사랑 끝에 마침내 자살이라는 비극적 선택을 하는 주인공 운영의 이야기는 고소설로서는 독특한 내용이므로 이 작품은 중등학교의 교과서에도 실리는 대표적인 한문소설의 하나이다. 다양한 각도에서 많은 연구자들이 『운영전』을 조명했는데, 이 작품의 작자를 찾아보려는 연구자들의 노력도 그 가운데 하나이다. 그러나 아직까지도 이 노력은 결실을 맺지 못하고 있다.

일반적으로 한글소설의 작자를 알 수 없는 것은 당연한 것으로 받아들이지만, 한문소설의 작자는 어떻게 해서든지 찾아보려는 경향이 있다. 이렇게 된 이유는, 현재 남아 있는 방대한 한문 문헌에는 한문소설에 대한 언급이 있는 자료가 있으므로 이를 단서로 작자를 추정해볼 수 있지만, 한문 문헌에 한글소설에 대한 기록은 거의 없기 때문이다. 그리고 소설의 사적 전개를 기술하기 위해서는 개별 작품의 창작 시기를 알 수 있어야 하는데, 한글소설은 작자와 창작시기를 알 수 없으므로, 한문소설의 작자를 찾아내서 이를 시간의 순서대로 엮으면 고소설의 역사적 전개를 서술할 수 있다고 생각했기 때문이다. 그러므로 정확하지 않은 정보라 하더라도 이를 이용해서 무리하게 한문소설의 작자를 추정하는 경우가 있다.

외국의 문자로 된 작품을 한국문학에 포함시킬 수 있는지 여부에 관한 논의는 앞으로 다양하게 펼쳐질 것이다. 고전문학을 논의할 때는 한문으로 쓴 것만이 논란의 대상이었으나, 20세기에 들어와 한국인이 쓴 일본어, 중국어, 러시아어, 영어, 독일어 등의 외국어 작품이 많아지면서 이 문제는 더욱 복잡하게 되었다. 특히 식민지시기 일본어 작품은 근대 이전의 한문으로 된 작품과 더불어 한국문학의 정체성에 관한 논의에서 중요하게 다루지 않을 수 없다. 한문과 일본어로 쓴 작품은 창작 당시에는 가장 앞서가는 지식인의 글쓰기였지만, 한문과 일본어를 쓰지 않는 시대가 오면서 이들 작품을 어떻게 보아야 할 것인가는 복잡한 문제가 되었다.

한시나 한문소설 모두 창작 당시에는 번역을 염두에 두지 않았지만, 현재 이 한문으로 쓴 작품은 번역을 통하지 않고서는 이해할 수 있는 독자가 거의 없다. 문학은 언어예술인데, 자국의 고전문학을 번역하지 않고서는 이해할 수 없는 현재의 상황은 부조리한 것은 분명하다. 그러나 한국의 역사적 조건이 이를 수용할 수밖에 없다는 점 또한 인정하지 않을 수 없으므로 한문학에 대한 접근은 매우 현명하게 하지 않으면 안 될 것이다.

나가는 말

일체의 과거를 부정하는 것으로 출발한 20세기 초 근대문학 작자들은 그들이 계승해야할 고전문학이라는 개념을 거의 설정하지 않았으므로, 이들은 과거와 단절된 새로운 문학을 창조해냈다고 스스로 생각했다. 그러나 1926년 경성제국대학의 개교와 더불어 '조선문학'이 대학의 전공과목으로 개설되면서 학술적으로 '한국의 고전문학'이라는 연구 대상을 만들어내지 않으면 안 되게 되었다. 현재 우리가 고전문학이라고 얘기하는 작품 가운데 상당수는 1930년대 한국에서는 이러한 이중의 의미를 갖고 있었다. 즉, 청산해야할 유산인 동시에 연구해야할 가치 있는 전통이었다. 이와 같은 상황이 1945년 이후에는 일시에 변해서 과거의 모든 문학작품은 고전이 되어 제도교육에서 가르치는 고전문학의 범주에 포함되게 되었다. 그러므로 현재 한국에서 고전문학이라고 하는 것은, 오랜 기간 객관적으로 그 가치가 인정된 문학이라기보다는 단순히 과거의 문학작품을 가리키는 용어라고 보는 편이 나을 것이다.

    1910년 무렵 서울의 세책집에서 빌려주던 『춘향전』을 읽는 독자나 세책집 주인은 40년쯤 지나면 『춘향전』이 대학에서 가르치는 중요한 문학작품이 될 것이라고는 전혀 생각하지 않았다. 그리고 같은 시기에 열심히 한시를 짓고 있던 수많은 사람들 가운데 100년이 지나면 한시는 아무도 관심을 갖지 않는 과거의 문예 장르가 되리라고 예상한 사람은 없었을 것이다. 19세기말부터 시작된 거대한 사회적 변화는 필연적으로 기존의 가치가 뒤집어지는 결과를 가져오게 되는데, 여기에서 문학도 예외는 아니다. 최근의 각 대학에서 대학생에게 권장하는 책 목록을 보면 『논어』나 『사기』와 함께 『춘향전』이나 『청구야담』이 들어 있고, 중등학교에서 다루는 고전문학은 한글소설이나 사설시조 같은 서민의 통속문예물이 사대부가 지은 한시나 시조보다 더 중요한 자리를 차지하고 있다.

    19세기 말 서양의 문물이 들어오면서 모든 분야에서 서구의 가치기준이 자리 잡게 된다. 고전문학이라는 개념도 서구에서 정한 기준에 의해 분류되고 정의되면서, 한국에서도 새로운 기준에 맞는 작품이 고전문학이 된다. 이 새로운 기준에서 가장 놀라운 변화는 '언문'으로 쓴 소설이 중요한 문학작품이 된 것이다. 1930년대 근대적 학문방법으로 한국의 고전문학을 연구한 첫 세대 문학 연구자들은 『춘향전』을 고소설로 분류하고 연구했다. 그러나 이 시기에 『춘향전』 등 고소설은 과거의 문학이 아니라 당시에 가장 많은 독자를 갖고 있는 유행하는 작품이었다. 이광수나 김동인의 소설보다 훨씬 많이 팔리면서 읽히고 있는 당대의 베스트셀러를 과거의 문학으로 분류하고, 이를 고전문학이라고 명명하여 연구한 것이다. 근대국민국가 건설에서 자국의 자랑스러운 고전문학 전통을 세우는 일은 대단히 중요한 일이므로, 한국에서도 여러 가지 시행착오를 거치면서 자랑스러운 고전문학의 유산을 정리해나가고 있다. 고전문학으로 분류될 수 있는 작품을 발굴해내는 것도 중요한 작업이지만, 작품을 발굴해내는 일은 이제 한계에 왔다고 보아야 한다. 중요한 것은 이 고전문학을 어떻게 연구할 것인가 하는 문제이다. 뛰어난 작품이라고 얘기하는 것만이 아니라 높은 수준의 고전문학 연구를 해낼 수 있는 역량을 키우는 것이 중요하다.

한국 고전문학 읽기의 맥락과 지평

제1장

한국 고전문학의 개념과 쟁점

이윤석

한국 고전문학 읽기의 맥락과 지평

온달과 조신 : 역사와 문학

　역사는 사실을 전하고 문학은 허구를 얘기한다고 배우지만, 이와 같은 단순한 이해는 20세기 후반부터는 더 이상 통용되기 어렵게 되었다. 문학, 역사, 철학의 새로운 사조들은 문학과 역사를 허구와 사실이라는 단순하고도 명백한 기준으로 나눌 수 있는 것이 아님을 보여주고 있다. 특히 이야기로 된 문학 장르와 역사가 어떻게 같고 다른가 하는 문제는 기존에 생각하던 것과는 달리 복잡한 양상을 띠게 되었다.

　『삼국사기』와 『삼국유사』는 고려 이전의 역사와 문화를 알려주는 중요한 문헌이다. 두 책에 대해서, 『삼국사기』는 역사를 기록한 것이고 『삼국유사』는 설화를 모아놓은 책이라는 설명을 하거나, 『삼국사기』는 정사이고 『삼국유사』는 야사라는 표현을 쓰기도 한다. 어떤 표현은 썼던지 간에 『삼국사기』는 사실의 기록이고, 『삼국유사』는 허구를 모아놓은 책이라는 의미는 변함이 없다. 그러나 두 책을 이렇게 이해해도 괜찮은 것인지, 또는 역사와 문학은 정말로 사실과 허구로 나뉘는 것인지에 대해서 잘 검토해볼 필요가 있다. 왜냐하면 근래에 들어와서 역사와 문학의 관계는 과거와는 달라졌기 때문이다. 『삼국사기』의 온달과 『삼국유사』에 들어있는 조신이야기를 통해 역사와 문학이 어떤 관계인가 살펴보기로 한다.

『삼국사기』 온달

　　온달은 고구려 평강왕平岡王 때 사람이다. 얼굴은 오종종하여 우습게 생겼지만 마음씨는 명랑하였다. 집이 매우 가난하여 항상 밥을 빌어다 어머니를 봉양하였는데, 떨어진 옷과 해진 신으로 시정간市井間에 돌아다니니, 그때 사람들이 지목하기를 바보온달이라 하였다.
　　평강왕의 어린 딸이 잘 우니, 왕이 매번 장난으로 말하기를,
　"네가 항상 울어서 시끄럽게 하니 커서 사대부士大夫의 아내는 못 되고 바보온달에게나 시집보내야겠다."
고 했다. 딸이 열여섯이 되자, 상부上部 고씨高氏에게 시집보내려고 하니, 공주가 말하기를,
　"대왕께서 항상 말씀하시기를, 너는 반드시 온달의 아내가 될 것이라고 했는데, 이제 무슨 까닭으로 지난날의 말씀을 바꾸십니까? 필부도 오히려 식언食言을 하지 않는데 하물며 지존至尊이겠습니까? 그러므로 임금에게는 희언戲言이 없는 것입니다. 이제 대왕의 말씀을 감히 따를 수 없습니다."
라고 했다. 왕이 노하여,
　"네가 내 말을 따르지 않는다면 내 딸이 아니다. 어찌 함께 살 수가 있겠느냐. 마땅히 너 가고 싶은 데로 가라."고 했다.
　　이에 공주는 보물 팔찌 수십 개를 팔꿈치에 매고 궁궐을 나와 혼자서 길을 가다가 한 사람을 만나 온달의 집을 물어보았다. 그리고 가서 그 집에 도착하니, 온달의 눈먼 노모老母가 있었다. 가까이 가서 절을 하고 그 아들이 있는 곳을 물었다. 노모는 대답하기를,

"우리 아들은 가난하고 추하여 귀한 사람이 가까이할 인물이 아닙니다. 지금 그대의 냄새를 맡으니 향기가 이상하고, 손을 만지니 부드럽고 매끄럽기가 풀솜 같으니, 반드시 천하의 귀인입니다. 누구의 속임수로 여기에 오게 되었소. 내 자식은 굶주림을 참지 못하여 산으로 느릅나무 껍질을 벗기러 간 지 오래인데 아직 돌아오지 않았소."
라고 했다. 공주는 그 집을 나서서 산밑에까지 가서 온달이 느릅나무 껍질을 지고 오는 것을 보았다. 공주가 품은 뜻을 온달에게 말하자, 온달이 화를 내며 말하기를,

"이는 어린 여자가 할 수 있는 일이 아니니, 반드시 사람이 아니고 여우 귀신이다. 가까이 오지 마라."
고 하며 뒤도 돌아보지 않고 갔다.

공주는 혼자 돌아와 사립문 밑에서 자고, 이튿날 다시 들어가 모자에게 자세한 것을 말했다. 온달은 우물쭈물하며 결정을 내리지 못하는데, 그 어머니는,

"내 자식은 지극히 누추하여 귀인의 배필이 될 수 없고, 내 집은 지극히 가난하여 귀인의 거처할 곳이 못 됩니다."
라고 했다. 공주가 대답하기를,

"옛 사람의 말에, 한 말 곡식도 찧어서 먹을 수 있고, 한 자 베도 바느질해서 입을 수 있다고 했습니다. 마음만 같다면 어찌 반드시 부귀한 후에야 함께 지낼 수 있겠습니까"
하고, 이에 금팔찌를 팔아 밭, 주택, 노비, 소와 말, 집기 등을 사니 쓸 물건이 다 갖추어졌다. 처음에 말을 살 때, 공주는 온달에게 이르기를,

"삼가 시장 사람의 말을 사지 말고 반드시 병들고 말라서 나라에서 내다 파는 말을 사 오시오."
라고 했다. 온달이 그 말대로 하였는데, 공주가 먹이기를 부지런히 하여 말이 날마다 살찌고 또 건강해졌다.

고구려에서는 봄철 3월 3일이면 항상 낙랑樂浪 언덕에 모여 사냥을 하고,

그 날 잡은 멧돼지와 사슴으로 하늘과 산천의 신에게 제사를 지냈다. 그 날이 되면 왕이 나가 사냥하고, 여러 신하들과 5부部의 병사들이 모두 따라 나섰다. 이에 온달도 기른 말을 타고 따라갔는데, 그는 언제나 앞서 달리고 잡은 짐승 또한 많아서 그만한 사람이 없었다. 왕이 불러 그 성명을 물어보고는 놀라고 또 이상히 여겼다.

이때 후주後周의 무제武帝가 군대를 내어 요동遼東을 치니, 왕이 군사를 거느리고 나가 배산拜山 들에서 맞아 싸웠다. 온달이 선봉이 되어 날쌔게 싸워 수십여 명을 베니, 모든 군사가 이기는 때를 타서 힘껏 쳐서 크게 이겼다. 공을 의논할 때, 온달을 제일이라고 하지 않는 사람이 없었다. 왕이 기뻐서 칭찬하며, '이 사람은 나의 사위라.'고 하며 예를 갖추어 맞아 작위爵位를 주어 대형大兄을 삼았다. 이로 해서 은총과 영화가 더욱 커지고, 위엄과 권세가 날로 성하였다.

양강왕이 즉위하자 온달이 아뢰기를,

"신라가 우리의 한강 북쪽의 땅을 빼앗아 군현郡縣을 삼았으니, 백성들이 한스럽게 생각하며 일찍이 부모의 나라를 잊은 적이 없습니다. 원컨대 대왕께서 저를 못났다고 하지 마시고 군사를 주신다면, 한번 가서 반드시 우리 땅을 도로 찾아오겠습니다."

라고 하니, 왕이 허락하였다. 떠날 때 맹세하기를,

"계립현鷄立峴과 죽령竹嶺 서쪽의 땅을 찾아오지 않으면 돌아오지 않겠다."

고 하고, 드디어 가서 신라군과 아단성阿旦城 아래서 싸우다가 흐르는 화살에 맞아 죽었다.

장사를 치르려고 하는데, 영구靈柩가 움직이지 않았다. 공주가 와서 관을 어루만지면서,

"죽고 사는 것이 이미 결정되었으니, 아아 돌아갑시다."

하니, 드디어 관이 들려서 장사를 지냈다.

대왕이 듣고 비통해 하였다.

『삼국사기』 제45권 열전

『삼국사기』는 고려 건국 후 약 200년이 지난 1145년에 편찬된 삼국의 역사책으로, 사마천司馬遷의 『사기史記』와 같은 형식의 기전체 역사기록이다. 『삼국사기』에는 사기와 마찬가지로 열전이 들어 있는데, 열전은 개인의 일대기인 '전'을 모아놓은 것이다. 『삼국사기』 전체 50권 가운데 41권부터 마지막까지가 열전이다. 김유신처럼 세 권에 걸쳐서 기술된 인물도 있지만, 대부분 한 권에 여러 명이 들어 있다. 그리고 신라 인물 중심으로 되어 있다. 온달이 들어 있는 45권에는 을파소, 밀우, 유유, 명림답부 등의 고구려 인물이 있다.

'바보온달'은 유명한 이야기이기 때문에 동화, 만화, 소설, 드라마, 영화 등 여러 가지 문예물로 만들어졌다. 온달과 공주를 주인공으로 한 많은 문예물의 원천은 『삼국사기』 열전의 위 내용이 전부이다. 만약 『삼국사기』 열전에 온달이 실리지 않았다면 우리는 온달이라는 사람이 있었다는 사실조차도 알지 못했을 것이다. 온달이 실려 있는 『삼국사기』는 역사책이니까, 이 이야기는 역사적 사실이라고 배운다. 그런데 이 역사적 사실이 어떻게 기록에 남게 되었으며, 그 기록은 과연 정말로 있었던 일일까 하는 의문을 가질 수 있다. 왜냐하면 온달의 내용에는 현실적으로 불가능하거나 실제로 있었는지 확인할 수 없는 대목이 많기 때문이다. 두 가지 예를 보기로 한다.

하나는 공주가 궁궐을 나와 온달을 찾아가서 온달과 그의 어머니를 만나는 대목의 대화 내용이다. 여기에는 두 사람이 각기 공주에게 하는 말이 나온다. 온달의 어머니와 공주가 만났을 때 온달 어머니가 한 말은 어떻게 전해져서 『삼국사기』에 실렸을까? 두 사람이 자신들의 대화를 그 자리에서 기록했다가 전했을 수는 없을 테니, 온달 어머니의 말은 두 사람 가운데 하나가 후에 다른 사람에게 전한 말이다. 두 사람 가운데 누가 전했을까? 그리고 자신들의 대화를 전할 때 정말 그때 했던 말을 그대로 전했을까? 지금처럼 음성이나 영상을 기록할 수 있는 방법이 없는데, 두 사람이 전했다 하더라도 그 내용이 실제 있었던 대화의 내용을 그대로 전한 것인지 아닌지는 확인할 길이 없다. 더 나아가서 이 대화의 내용이 실제 두 사람 사이에 있었던 것이 아니라 역사가가 임의로 꾸며서 넣은 것일 가능성도 얼마든지 있다. 『삼국사기』의 편찬자가 온달 이야기를 어떻게 수집했는지 정확하게 알 수 없으나, 기존의 문헌에 들어있는 것을 가져온 것은 분명하다. 『삼국사기』는 온달의 시대로부터 500년 정도 후대의 기록인데, 그동안에 온달 기록이 어떻게 전승되었는지 알 길이 없다. 『삼국사기』는 구삼국사를 바탕으로 한 것이라고 하는데, 거기에 있는 내용을 그대로 옮긴 것인지, 축소한 것인지, 확대한 것인지도 알 수 없다. 또 온달 이야기의 원천이 구삼국사가 아닌 다른 것일 가능성도 배제할 수 없다. 결국 『삼국사기』에 온달 이야기가 실리게 된 과정이나 배경은 알 수 없다. 그러므로 온달 어머니나 온달과 공주가 한 대화의 내용은 사실의 기록이라고 말하기 어렵다. 그렇지만 『삼국사기』 열전의 온달을 읽는 독자들은 이 이야기를 사실로 받아들인다.

다른 하나는 온달의 관이 움직이지 않았다는 내용이다. 역사가 사실의 기록이라면, 온달이 죽은 후 장사를 지내려는 데 관이 움직이지 않았다는 마지막 대목은 객관적 사실이라고 보기 어렵다. 그리고 움직이지 않던 관이 공주가 와서 관을 어루만지자 움직였다는 것도 마찬가지로 사실의 묘사라고 하기 어렵다. 이런 유의 이야기로는 황진이 설화가 있다. 황진이를 사모하던 총각이 죽었는데, 그의 관이 움직이지 않자 황진이가 자신의 적삼을 덮어주었더니 관이 움직였다는 내용이다. 황진이 이야기는 설화이므로 이 내용이 사실이냐 아니냐에 대해서는 논란을 벌이지 않는다. 황진이 이야기는 문학적 비유라고 보는 것이 일반적이다. 그러나 『삼국사기』에 실려 있는 온달의 이 대목은 어떻게 보아야 할까? 온달의 시대에는 이런 일이 실제로 일어날 수도 있었을 것이라고 믿는 사람은 없을 것이다. 이 대목은 무언가를 비유한 것이라고 보아야 옳을 것이다. 그렇다면 사실을 전하는 역사책에 왜 이와 같은 비현실적인 내용이 들어가게 되었을까 하는 점을 밝혀볼 필요가 있다.

온달은 역사학자나 문학연구자 모두 연구자료로 쓰고 있다. 기존의 연구를 보면, 역사학자는 이 이야기에서 역사적 사실을 찾아내려고 하고, 문학연구자들은 이 이야기가 갖고 있는 허구적인 내용의 의미가 무엇인가를 밝혀보려고 한다. 『삼국사기』라는 역사책에 실려 있는 것이지만, 온달은 역사가들만이 다루는 자료는 아니다.

『삼국유사』 '조신'

옛날 서라벌이 서울이었을 때, 세규사世逵寺의 장원이 명주溟州 내리군捺李郡에 있었다. 본사에서 중 조신調信을 보내어 장원 관리인으로 삼았다.

조신이 장원에 와서 태수 김흔공金昕公의 딸을 좋아하여 그녀에게 깊이 빠졌다. 여러 번 낙산사 관음보살 앞에 나아가 그 여자와 같이 살 수 있게 되기를 빌었다. 그러나 수년 사이에 그 여자는 배필이 생겼다. 조신은 또 불당 앞에 가서 관음보살이 자기의 소원을 이루어주지 않음을 원망하며 날이 저물도록 슬피 울다가, 생각과 정이 모두 지쳐 잠깐 잠이 들었다.

갑자기 꿈에 김씨 낭자가 기쁜 낯으로 들어와 아름다운 입을 열고 말하기를,
"제가 일찍이 당신을 조금 알면서부터 마음속으로 사랑하여 잠시도 잊은 일이 없었습니다. 그러나 부모의 명령에 쫓겨 억지로 다른 사람과 혼인하였습니다. 이제 같이 살려고 찾아온 것입니다."
라고 했다. 이에 조신은 너무 기뻐 함께 고향으로 돌아갔다.

40여 년을 살면서 아이 다섯을 낳았다. 그러나 집이라고는 네 벽뿐이고, 형편없는 음식이라도 대기가 어려웠다. 드디어 아주 보잘것없이 되어 서로 이끌고 입에 풀칠이라도 하려고 사방으로 다녔다. 이렇게 10년 동안 들판을

돌아다니니, 옷은 걸레가 되어 몸을 가릴 수도 없었다. 마침 명주 해현령을 넘어가는데, 15세 된 큰 아이가 갑자기 굶어 죽으니 통곡하고 거두어 길에 묻었다. 남은 식구 넷을 이끌고 우곡현羽曲縣에 도착하여 갈대를 엮어 길가에 집을 지었다. 부부는 늙고 병든 데다 굶주려 일어날 수도 없었다. 10세 된 여자아이가 구걸을 하러 돌아다니다 동네 개에게 물려 아픔을 호소하며 앞에 와 드러누웠다. 부모는 몇 줄기 눈물을 흘리며 흐느낄 뿐이었다. 부인이 눈물을 닦고 갑자기 말했다.

"내가 처음 당신을 만났을 때는 나이도 젊고 아름다웠으며 의복도 많고 깨끗했습니다. 한 가지 맛있는 음식이 있으면 그대와 나누어 먹었고, 몇 척의 옷감이 있으면 그대와 함께 해 입었습니다. 이렇게 하기 50년에 정은 서로 거스르지 않고 은혜와 사랑은 서로 얽혔으니 가히 두터운 인연이라 하겠습니다. 근래에 와서 병들고 쇠약함은 날마다 더하고, 춥고 배고픈 것도 날로 심합니다. 남의 집 곁방살이나 간장 한 종지 얻는 것도 사람들이 용납하지 않습니다. 세상의 부끄러움은 언덕이나 산처럼 무겁고, 아이들의 춥고 배고픔은 어떻게 할 겨를이 없습니다. 어느 여가에 사랑하고 즐거워하는 부부의 마음이 있겠습니까. 아름다운 얼굴과 교묘한 웃음은 풀 위의 이슬이 되었고, 향기로운 약속은 바람에 날리는 버들개지의 솜털이 되었습니다. 그대는 나에게 누가 되고, 나는 그대에게 족히 근심입니다. 가만히 지난날의 기쁨을 생각하니 이것은 바로 우환에 이르는 계단이었습니다. 그대와 내가 어찌 이런 지경에 이르렀습니까. 여러 마리 새가 함께 굶어 죽는 것보다는 차라리 외로운 난새가 거울을 보고 있는 것이 낫겠습니다. 추우면 떨어지고 따뜻하면 붙는 것이 정으로는 차마 못할 짓이지만, 가고 오는 것을 사람이 마음대로 하는 것이 아니고, 헤어지고 만남에는 다 그 정해진 운수가 있는 것이니 바라건대 이 말을 따르십시오."
라고 했다.

조신은 이 말을 듣고 크게 기뻐하여, 각기 두 아이를 데리고 떠나려고 했다. 여자가 말하기를,

"나는 고향으로 갈 테니, 그대는 남쪽으로 가시오."
라고 했다.

바야흐로 헤어져 길을 가려는데 깨어났다. 등잔불은 희미하고 날은 장차 새려고 했다. 새벽이 되자 수염과 머리털이 모두 세었고, 멍멍한 것이 세상에 뜻이 없었다. 이미 고달픈 인생에 지쳐 평생의 고통을 다 겪은 것 같아, 탐욕스러운 마음이 얼음 녹듯이 사라졌다. 이에 부끄러운 마음으로 관세음보살의 모습을 대하니 부끄럽기 한량없었다.

돌아가는 길에 해현蟹峴의 아이 묻은 자리를 파 보니 돌미륵이 있었다. 잘 씻어서 근처 절에 봉안하고 서울로 돌아가 장원의 관리인을 사직하고 사재를 기울여 정토사淨土寺를 창건하고 백업을 닦았는데, 후에 그가 어떻게 되었는지는 모른다.

평해서 말한다.

이 전기를 읽고서 책을 덮고 지나간 일을 생각해보니 하필 조신의 꿈만 그렇겠는가? 지금 모두들 세상살이의 즐거움만 알고 기뻐하고 애쓰고 있으나 깨닫지 못했기 때문이다. 이에 시를 지어 경계한다.

잠시 즐거울 때 한가롭더니	快適須臾意已閑
어느덧 근심 속에 늙어버렸구나	暗從愁裏老蒼顔
좁쌀밥 되기 기다리기 전에	不須更待黃粱熟
고단한 인생이 한 꿈인 것을 깨달았도다	方悟勞生一夢間
몸을 닦는 잘잘못은 먼저 성의에 있는데	治身臧否先誠意
홀아비는 미인을, 도적은 창고를 꿈꾼다	鰥夢蛾眉賊夢藏
어찌 가을의 맑은 꿈만으로	何似秋來清夜夢
때때로 눈감고 청량에 이르랴	時時合眼到淸凉

위의 이야기는 『삼국유사』 제3권 「탑상」 편 「낙산이대성 관음 정취 조신」 항목의 마지막에 들어있는 이야기이다. 일반적으로 조신이야기로 알려졌지만, 따로 독립된 항목이 아니라 몇 가지 이야기와 같이 실려 있다. 「탑상」에 들어있는 내용은 대부분 불교적 신이한 내용과 그 증거에 관한 것이다. 조신이야기가 들어있는 「낙산이대성 관음 정취 조신」도 낙산사를 중심으로 이 절과 얽혀있는 몇 가지 이야기를 써놓은 것이다. 여기에는 네 개의 이야기가 들어 있다. 첫째는 의상과 원효 두 스님이 낙산사에서 관음보살을 어떻게 만났는가 하는 이야기이고, 두 번째는 범일 스님이 낙산 아래에서 정취보살의 상을 얻어 불상을 모신 내용이다. 세 번째 이야기는 몽고의 침입 때에 낙산사의 보물 두 가지를 어떻게 감추어서 전했나 하는 것이고, 네 번째가 조신이야기이다.

조신이야기를 흔히 환몽구조라고 말하는데, 타당한 용어라고 하기는 어렵다. '환몽幻夢'이란 허황된 꿈이라는 뜻이므로 '환몽구조'는 '허황한 꿈의 구조'라는 말이 된다. '허황한 꿈의 구조'라는 말은 그 의미도 불분명하고, 또 이런 표현이 가능하다 하더라도 조신이야기의 성격을 잘 보여주는 적절한 표현이라고 보기 어렵다. 만약 구조를 꼭 얘기해야 한다면, 이야기 속에 이야기가 들어 있다는 의미로 액자 구조라고 하는 것은 괜찮을 것 같다. 조신이야기를 조선시대 소설 『구운몽』과 함께 다루면서 그 구조의 유사성을 얘기하기도 하고, 또 내용을 비교하기도 한다. 흔히 『구운몽』이 조신이야기와 어떤 관련이 있는 것처럼 말하기도 하나, 둘 사이에 어떤 영향관계가 있다고 말하기는 어렵다. 조신이야기는 그 형식이나 내용이 중국 당나라의 전기傳奇인 「침중기」나 「남가태수기」와 같은 맥락의 이야기이고, 『구운몽』은 조선 후기 한문 소설의 하나로 조선의 한문 소설 전통과 관련지어서 다루는 편이 낫다.

조신이야기는 여러 각도에서 접근해서 해석할 수 있지만, 이 이야기가 낙산사 주변 지역의 이야기나 낙산사 관음보살의 영험함을 드러내기 위한 이야기와 함께 들어있다는 점에 주목할 필요가 있다. 「낙산이대성 관음 정취 조신」 항에 들어있는 이야기들은 한 사람이 전체를 지어낸 것이 아니라, 『삼국유사』 편찬자가 몇 가지 이야기를 모아 이런 제목으로 묶어 놓은 것이다. 그러므로 개별 이야기는 각기 다른 의미가 있지만 전체를 하나로 연결시키는 고리는 낙산사이고 특히 관음보살 상이다. 조신이 자신의 소원을 낙산사 관음보살에게 빈 이유는 낙산사 관음보살의 영험함에 기대어 자신의 소원을 이루어보려고 했기 때문이다. 그러나 이와 같이 이 이야기를 만든 사람이나 『삼국유사』 편찬자의 의도를 찾아내서 그 의도에 맞게 이 이야기를 해석하려고 애쓸 필요는 없다. 이야기를 만든 사람의 의도도 중요하지만, 이 이야기를 읽는 사람이 어떻게 받아들이는가 하는 받아들이는 사람의 태도도 또한 중요하기 때문이다.

현재 조신이야기는 문학 텍스트로 다룬다. 중등학교 문학 수업에서 자료로 쓰이고, 조신 관련 논문도 주로 문학 연구자들이 쓰고 있다. 그러므로 이 이야기는 문학의 범주에서 논의된다. 그러나 이 이야기에 나타나는 지명을 통해 지명의 고찰을 할 수도 있고, 세규사의 장원이 명주 내리군에 있었다는 기록을 가지고는 신라시대 사찰의 장원제도와 장원의 관리가 어떤 식으로 이루어졌는가에 대한 연구를 할 수도 있다. 조신이 창건한 사찰은 정토사인데, 이 사찰에 관한 정보를 찾아보고 조신과의 연관성을 확인해보는 일도 가능할 것이다. 또는 조신이 발견한 것이 왜 하필 돌미륵일까 하는 점도 흥미 있는 연구자료가 될 수 있다.

이와 같은 객관적인 역사적 사실을 논할 수 있는 자료로서 조신이야기를 다룰 수도 있고, 또 이야기의 분석을 통해 신라시대 여성의 문제를 논할 수도 있을 것이다. 앞에서 본 온달에서도 이야기를 끌고나가는 주체는 공주였는데, 조신에서도 조신의 발화는 한 번도 나타나지 않는데 반해 김씨 낭자는 이야기 내내 발언하며 서사를 이끌어 간다. 조신은 자신이 김씨 낭자를 좋아하지만 낙산사 관음보살에게 비는 정도의 소극적인 행동을 하는데 비해 김씨 낭자는 평소에 자신이 조신을 사모해왔다는 말을 하며 조신과 함께 살 것을 제안한다. 그리고 더 이상 같이 살 수 없는 상황에 이르자 헤어지자는 말을 먼저 꺼내고, 헤어질 수밖에 없는 이유와 아이를 어떻게 나눌 것인가까지 모두 조신에게 지시한다. 이와 같이 두 사람 사이의 모든 결정은 김씨 낭자에 의해 이루어진다. 이러한 그녀의 발언이나 행동은 신라의 여성에 대한 연구를 위한 중요한 기초자료로 쓸 수 있을 것이다. 조신이야기는 이와 같이 지리, 불교, 역사, 여성 등 다양한 분야의 연구자료가 될 수 있다.

조신이야기를 문학 텍스트로만 생각한다면, 이상의 여러 방면의 연구를 문학 연구자가 혼자 수행할 수도 있다. 그러나 각 분야의 전문가가 해석해내다면 문학연구자가 하는 것보다 훨씬 더 높은 수준의 연구성과를 낼 수 있을 것이다. 그렇다면 조신이야기를 가지고 문학연구자만 해낼 수 있는 분석은 무엇이 있을까? '액자구조' 같은 것은 이 이야기를 특별히 분석하지 않아도 읽어보면 바로 알 수 있는 것이다. 『구운몽』과 어떤 관련이 있는가 하는 점을 찾아본다든가, 마지막의 시에 '좁쌀밥 익기 전에'라는 대목을 통해 이 이야기가 「침중기」와 어떤 관련이 있는가를 얘기할 수 있을 것이다. 또 조신이야기를 설화로 분류해서 설화의 특징을 이 이야기에서 찾아내는 것도 생각해볼 수 있다. 작품의 가치를 찾아내거나 이야기의 미적 완성도를 얘기하는 것이 문학 연구자가 하는 일이라고 생각해왔으나, 문예물에 대한 절대적 평가가 가능하지 않다고 생각하는 사람이 많아진 현재에는, 이런 일을 꼭 문학연구자만이 할 수 있는 것은 아니다. 조신이야기를 문학적으로 접근한다거나 문학적 분석을 한다는 것이 어떤 것인가 하는 문제는 그리 간단히 대답할 수 없는 것이 되었다.

linguistic turn, 서사이론, 문화론

앞에서 온달과 조신 두 이야기를 간단히 검토한 결과, 온달과 조신을 역사적 사실과 문학적 허구로 구분지어 설명하기가 어렵다는 점을 알 수 있다. 물론 지금도 대다수의 중등학교나 중등학생을 위한 학원에서는 역사는 사실, 문학은 허구라는 이분법을 가르치고 있다. 그리고 이런 식의 단순한 이해가 역사와 문학을 이해하는데 있어서 편리한 면이 있는 것도 사실이다. 그러나 이와 같은 역사와 문학에 대한 정의만으로는 세계를 좀 더 정교하게 분석해내기 어렵다. 20세기 중반 이후에 세계를 이해하는 방법에 커다란 영향을 미친 몇 가지 이론을 살펴봄으로써, 역사와 문학을 사실과 허구로만 얘기할 수 없게 된 이유를 알아보기로 한다.

linguistic turn

소쉬르Ferdinand De Saussure(1857~1913)의 언어학과 구조주의에 기원을 두고 있으며 프랑스 철학자 데리다, 푸코 등의 영향 아래 나타난 'linguistic turn'이라는 용어는 1967년 미국의 철학자 로티Richard McKay Rorty(1931~2007)에 의해 일반적으로 쓰이기 시작했다(이 용어를 한국에서는 '언어로의 전환', '언어론적 전회', '언어적 전회', '언어적 전환' 등 다양하게 번역하고 있어서 통일되지 않았다. 이 글에서는 'linguistic turn'이라고 쓰기로 한다).

'linguistic turn'은 언어가 실재를 가리키는 것이 아니라는 발상의 전환을 말하는데, 언어가 실재로부터 만들어지는 것이 아니라 실재가 언어로 만들어진다는 것이다. 20세기에 들어와서 언어에 대한 기존의 생각에 변화가 생기면서 언어는 실재를 반영한 것이 아니라 자율적 체계라는 이론이 나타나게 되었다. 이 이론을 이야기 할 때 흔히 드는 예는 "텍스트 외부에는 아무것도 없다"는 데리다의 말일 것이다. 역사학에서 이 이론을 수용하면서 일어난 가장 큰 변화는, '역사적 사실'이란 실제로 일어난 것이 아니라 그 일어난 일을 기록해놓은 것에 불과하다는 것이었다. 어떤 '사건'은 실제로 일어난 일이지만, 이 '사건'을 검토하기 위해 다루는 자료는 모두가 언어로 이루어졌으므로, 언어를 통하지 않고서는 이 사건을 이해하거나 연구할 수 없다. 그러므로 역사가가 다루는 문자로 기록된 역사적 자료(사료)는 과거에 실제로 있었던 일이 아니라 과거에 있었던 일을 기록해놓은 텍스트라는 의미이다. 이와 같은 발상의 전환은 텍스트의 내용이 '역사적 실재'라고 믿고 있던 많은 역사가들을 당혹스럽게 했다. 역사가들은 객관적 사실을 탐구하는 것이 자신들의 임무라고 생각해왔으나, 'linguistic turn' 이후에 이와 같은 역사가의 임무는 다시 생각하지 않으면 안 되게 되었다. 역사가는 과거에 실제로 있었던 일을 탐구하는 것이 아니라 과거의 실재를 기록해 놓은 텍스트를 연구하는 것이고, 과거에 있었던 일을 재구성해내는 것이 아니라 과거에 대한 역사가의 생각을 이야기한다는 것이다. 이러한 발상에 대해서 동의하지 않는 사람도 많지만, 'linguistic turn' 이후 여러 분야에서 새로운 사고의 전환이 일어나기 시작한 것은 사실이다.

서사이론

문학 연구자들의 서사에 관한 논의는 그 수를 헤아릴 수 없을 정도로 많다. 그러나 여기서 다루는 서사이론은 문학 연구자들의 논의가 아니라 역사학자의 논의이다. 랑케Leopold von Ranke(1795~1886) 이후의 근대 역사학은 과학적 엄밀성을 추구하면서 '있었던 그대로의 과거'를 밝혀내는 것을 목표로 삼았다. 이와 같은 과학적이고 객관적인 역사를 구성해낼 수 있다는 생각은 이후에 여러 도전을 받지만, 랑케가 추구한 이상은 그대로 유지된다. 그러나 'linguistic turn' 이후에 새로운 국면으로 접어들게 된다. 역사는 사실이고 문학은 허구라는 일반적인 상식을 반박하는 역사학자의 책이 나오게 되는데, 미국의 역사학자 화이트Hayden White(1928~)가 1973년에

낸 『메타 히스토리Meta History』이다. 화이트의 책 내용 가운데 서사에 관한 내용의 핵심은, "역사를 기술하기 위해서 역사가는 사건을 이야기로 꾸미는데, 여기에는 반드시 플롯plot이 필요하다. 여기서 말하는 플롯은 소설에서 줄거리를 만드는 기법이다. 그러므로 역사가는 소설가와 마찬가지로 역사를 기술하기 위해 이야기를 만드는 기법을 쓴다."는 것이다.

화이트의 이러한 생각은 문학과 역사에 대한 새로운 이해를 가능하게 한다는 데서 커다란 의의가 있다. 특히 19세기 이래 과학적인 역사가 가능하다고 생각해온 일련의 흐름에 대한 반성적 의미도 있다. 20세기 후반에 서사narrative를 역사 서술의 중요한 요소로 보려는 경향이 생겨났는데, 영국의 역사학자 스톤Lawrence Stone(1919~1999)은 1979년 「서사의 부활The Revival of Narrative: Reflections on a New Old History」에서 "역사가들은 항상 이야기를 전해왔다."고 말하면서 역사가들이 역사의 오랜 전통인 '서사'로 되돌아오고 있다고 했다.

문화사적 접근

문화가 무엇인가에 대해서 한마디로 정의하기는 어렵다. 그러나 20세기 후반부터 문화는 중요한 용어가 되었다. 그리고 문화를 통해 역사나 문학을 설명하려는 다양한 시도가 이루어지고 있다. 예를 들면 역사에서 미시사 연구라든가, 문학 텍스트의 해석에서 인류학자 기어츠Clifford James Geertz(1926~2006)의 중층기술thick description을 원용하는 것 같은 것이다.

역사 연구가 권력의 행방에 초점을 맞춘 정치사 중심으로 이루어지는 것에 대한 반성이 이루어지게 된 데는 문화사의 역할을 빼놓을 수 없고, 비록 남아 있는 자료가 적더라도 피지배층에 관한 연구를 통해 이들이 지배층과 마찬가지로 동시대를 살았던 인간이었음을 드러내려는 것도 문화사의 영향이라고 할 수 있다. 역사의 공백을 메꿀 수 있는 미시사 연구가 활발하게 이루어지게 된 것도 문화사의 공헌 중 하나이다. 기어츠의 중층

기술이란, 어떤 행동에 대해 그 상황을 전혀 모른 사람이라 그 행동을 잘 이해할 수 있도록 기술하는 것으로, 행동뿐만이 아니라 그 문맥을 포함해서 설명하는 것이다. 문화를 해석하는데 유용한 이 방법은 인류학뿐 아니라 광범위한 학문 분야에서 중요한 방법론이 되었는데, 특히 텍스트를 정밀하게 분석하기 위해서 문학연구자들도 흔히 사용하는 기술 방법이 되었다.

해석

「온달」이나 「조신」 두 이야기는 『삼국사기』와 『삼국유사』라는 한국의 중요한 두 고전 속에 들어있는 이야기이므로 이 이야기는 한국 사람이라면 누구나 알고 있는, 또는 알고 있어야 하는 것으로 생각하기 쉽다. 그러나 『삼국사기』와 『삼국유사』가 중요한 책이 된 시기는 1945년 해방 이후 두 책의 한글 번역이 이루어진 다음이다. 그리고 두 책을 중등학교에서 가르치게 되면서 전 국민이 아는 중요한 책이 되었다. 『삼국사기』와 『삼국유사』는 조선 후기에는 거의 볼 수 없는 책이었으므로, 「온달」과 「조신」을 알고 있는 사람도 거의 없었다. 게다가 두 이야기는 조선시대에는 관심을 끌만한 내용이 아니었다.

『동사강목』을 저술한 안정복(1712~1791)은 온달 이야기에 대해서 다음과 같이 말했다.

> "고구려왕의 말은 일시적인 희롱에서 나온 것이다. 애초에 온달과 결혼을 약속한 일이 없었으니, 공주가 비록 신의를 지키고자 하였으나 그것은 아무런 근거가 없는 약속을 지키겠다고 한 것이나 마찬가지이다. 하물며 공주 스스로 온달에게로 갔으니, 이것은 곧 음란한 일이다. 혼례가 갖추어지지 않았으니

정숙한 여인은 가지 않는다. 왕의 딸이라는 존귀한 몸으로 이슬 맺힌 진흙길을 꺼리지 않고 홀로 들판을 가서, 알지도 못하는 서민과 스스로 같이 살겠다고 했으니, 어찌 정숙하다 하겠는가? 고구려왕이 딸 하나를 제대로 가르치지 못하고 제멋대로 하게 했으니, 그것은 국가를 욕되게 하고 풍속을 해치며, 윤리를 어지럽히고 도의를 그르친 것이 컸다. 괴벽하고 비루한 오랑캐 풍속의 소치이니 말할 가치도 없는 것이다."

18세기 뛰어난 지식인의 한 사람이었던 안정복의 온달에 대한 위와 같은 평가는 지금 사람들에게는 이상하게 들릴 수도 있다. 지금 이 시대에 온달에 대해서 이렇게 평가하는 사람은 거의 없을 것이다. 그러나 안정복에게는 신분을 뛰어넘은 사랑 같은 것은 그리 중요하지 않았다. 그는 이 이야기가 당대의 이데올로기나 명분에 맞는 것인가 그렇지 않은 것인가를 평가의 기준으로 삼을 뿐이다. 그러므로 18세기 조선에서는 온달에 대한 이런 평가는 당연한 것이라고 할 수 있다. 만약 안정복에게 조신이야기에 대한 감상을 써보라고 했다면, 아마도 황당한 이야기라고 평가 자체를 꺼렸을지도 모른다. 왜냐하면 불교적인 내용에다가 조신과 김씨 낭자의 사랑도 거의 불륜에 가깝기 때문이다.

19세기 서양에서 역사를 자연과학과 같은 반열에 놓으려고 시도한 이래 역사에서 이야기의 전통은 사라졌다. 그러나 동서양을 막론하고 역사는 이야기를 통해서 전달되었고, 소설은 이러한 이야기 문학의 전통 속에서 나온 장르이다. 20세기 후반에 들어와서 언어학과 철학 그리고 인류학에서 나온 여러 이론들은 문학과 역사 연구에 영향을 미쳐 역사와 문학을 명백히 구분하는 19세기적 틀을 다시 생각하지 않으면 안 되게 만들었다. 빠진 부분의 역사를 메꾸는 데는 이야기의 기법이 필요하고, 이야기를 만들거나 해석하기 위해서는 역사를 보는 눈이 있어야 한다는 점이 부각되고 있다.

허경진
한국 고전문학 읽기의 맥락과 지평

한자 한문과 동아시아

한자를 사용하던 일상생활과 문자생활

한자漢字는 전근대까지 동아시아에 통용되던 문자였다. 한문漢文이란 중국 역사의 한 시기였던 한漢나라의 산문인 동시에, 국적에 관계없이 한자로 쓰여진 문장 내지 문학을 가리킨다. 따라서 한자로 쓰여진 한국 한문학은 한국 내에서 지어진 한문학인 동시에, 동아시아 어디에서나 읽힐 수 있던 문학이었다. 한자는 요즘 세계 공용어라는 영어보다도 훨씬 더 국제적이고 보편적인 문자였으며, 한문학은 영문학보다 상대적으로 훨씬 더 많은 독자를 지니고 있었다. 우리나라 시골에 있던 선비들도 중국의 시문집을 자연스럽게 읽었으며, 이들이 지은 글도 기회만 있으면 중국에서 번역을 거치지 않고 읽힐 수 있었다. 교통과 통신, 그리고 무역이 불편했던 당시 상황을 고려해본다면, 중국의 최신 문학이 상당히 빠른 속도로 우리나라에 들어왔으며, 많은 지식인 작가들이 중국의 문학 흐름에 민감하였다.

그렇지만 지금까지 한국 한문학을 연구하는 학자들이 대부분 한국 한문학을 중국 문단과 떼어놓고 따로 연구하는 경향이 강했다. 그랬기에 비교문학이라는 범주가 따로 있었던 것이다. 한국 한문학의 작가들은 어릴 때부터 유학의 기본 경전과 두보杜甫·이백李白 등의 중국 작품을 읽으면서 자랐고, 구체적으로 중국의 한 작가를 좋아하여 그의 작품을 주로 배우고 영향받은 경우도 많았다. 이렇게 따진다면, 한국 한문학의 작가들은 모두 비교문학의 대상이 될 수도 있을 것이다. 그러나 비교문학 이상의 차원에서 연구를 진행할 필요가 있다.

우리나라에서 근대와 전근대를 나누는 기준이 여러 가지인데, 그 가운데 하나가 문자생활이다. 1894년 6월 27일부터 몇 차례 발표된 갑오개혁의 의안 가운데 문자생활과 관련된 내용은 다음과 같다.

* 이제부터는 국내외의 공문서 및 사문서에 개국기년開國紀年을 쓴다.
(6월 28일)

* 문벌門閥, 양반兩班과 상인常人들의 등급을 없애고 귀천貴賤에 관계없이 인재를 선발하여 등용한다. (6월 28일)

* 과문科文으로 선비를 뽑는 것은 조정에서 정해진 제도이지만 형식적인 글로 실물에 밝은 인재를 등용하기는 어려우므로 과거제도를 변통하도록 품주하여 재가를 받은 후에 별도로 선거조례選擧條例를 정한다.
(7월 3일)

* 일체 국내외 공적인 문서와 사적인 문서에 외국의 국명, 지명, 인명이 구라파 글로 쓰여 있으면 모두 국문으로 번역해서 시행한다.
(7월 8일)

* 보통시험普通試驗은 국문國文, 한문漢文, 글자쓰기, 산술算術, 국내 정사, 외국 사정, 국내 사정, 외무 관계 문제를 모두 시험 문제로 낸다.
(7월 12일)

* 법률·칙령은 모두 국문國文을 기본으로 하고 한문漢文으로 번역을 붙이거나 혹은 국한문國漢文을 혼용한다. (11월 21일)
* (법관양성소) 입학시험 과목은 다음과 같다. 한문 작문 / 국문 작문 / 조선 역사와 지리 대요大要. (1895년 3월 25일)

한시와 한문으로만 관원을 선발하던 과거시험이 보통시험과 법관양성소 입학시험으로 나눠지면서 국문과 한문 글쓰기 시험을 보고, 법률과 칙령을 모두 국문으로 발표하게 되자, 그전까지 모든 지식인들이 한평생 한자와 한문만 공부하고 사용하던 문자생활이 바뀌게 되었다. 그때까지는 대부분의 독서가 한자와 한문이었으며, 일상적인 편지나 일기부터 시 창작에 이르기까지 대부분의 문자생활과 문학생활이 한자 위주로 이뤄졌다.

한문서적의 수입

중국에서 만들어진 한자는 한漢나라 무제武帝가 조선朝鮮을 정복한 시기에 지배층의 공식 문자가 되었으리라고 생각된다. 한나라는 조선 영토 일부 어디엔가 B.C.108년에 한사군漢四郡을 설치하였다. 현재 남아 있는 한국인의 한자 기록 가운데 가장 오래 된 것은 414년에 세워진 고구려 광개토왕비廣開土王碑이고, 이 시기의 서적은 남아 있지 않다. 그러나 광개토왕비 비문의 문장 구성을 보거나 백제가 541년에 양梁나라에 사신을 보내어 모시박사毛詩博士와 열반경의涅槃經義를 청했다는 『삼국사기』의 기록을 보면, 그 이전에 상당한 수준의 서적 수입이 이뤄졌음을 알 수 있다. 565년에는 진陳나라 사신 유사劉思와 승려 명관明觀이 신라에 불경佛經 2,700권을 가져올 정도로 서적교류가 활발해졌다.

『일본서기日本書紀』와 『고사기古事記』에는 4세기말 5세기 초에 백제百

濟 왕인王仁 박사博士가 일본에 『논어論語』와 『천자문千字文』을 가지고 왔다는 기록이 있는데, 중국 양나라 주흥사周興嗣(470~521)가 『천자문千字文』을 만든 것보다 앞선다. 따라서 백제에서는 주흥사의 『천자문』이 수입되기 전에, 다른 형태의 『천자문』을 출판했으며, 그 책을 일본에까지 전파했음을 알 수 있다.

교통이 불편하던 전근대시기에는 다른 나라의 문인들이 직접 만나서 교유한 것이 아니라, 대부분 서적 수출입을 통해서 문화를 교류했다. 서적교류가 활발해진 가장 중요한 이유는 과거제도의 시행이다. 신라에서 788년에 독서삼품과讀書三品科가 시행되고 958년에 당나라의 제도를 받아들여 과거제도가 시행되자 그에 따른 교육과정도 확립되었으며, 수많은 응시자들이 유교의 경전 및 제자백가諸子百家, 두보杜甫·이백李白 등의 시문집詩文集을 공부하느라고 대량의 한문서적이 고려에 수입되었다. 고려의 서적문화 수준이 높아지자 송宋나라의 철종哲宗은 중국 대륙에 이미 없어진 희귀본을 구하기 위해 1091년 고려에 도움을 요청하였으며, 고려의 문학 수준이 높아진 것을 걱정한 송나라의 문호文豪 소식蘇軾은 1093년에 철종에게 "고려에 서적을 수출하지 말자"고 상소하였다.

중국 이외의 나라들이 중국에서 처음 만들어진 한자를 그대로 사용한 것이 아니라, 각기 자기 나라 사정에 맞게 변형하여 이용하였다. 한국에서는 향찰鄕札, 이두吏讀, 구결口訣, 언해諺解의 방법을 사용하고, 일본에서는 가나假名, 가에리텐返り点, 쿤도쿠訓讀, 오쿠리가나送假名 등의 방법을 사용하였으며, 베트남에서는 쯔놈이라는 글자를 만들어내어 중국과는 다른 한자 형태로 서적을 만들었다. 따라서 중국인들이 이러한 서적은 제대로 읽을 수 없었으니, 요즘 중국인들이 간체자簡體字를 사용하기 때문에 대만이나 홍콩에서 사용하는 번체자繁體字를 쉽게 읽을 수 없는 것이나 마찬가지였다.

동아시아는 시대가 내려올수록 국경이 높아져, 중국은 외국에서 오는 유학생의 숫자를 점점 줄였다. 한국을 예로 든다면 신라시대에 가장 활발해 820년부터 906년까지 당唐나라 유학생 가운데 58명이 빈공과賓貢科에 합격하고, 907년부터 오대五代 말까지 32명이 급제했다. 고려시대에는 송宋나라 빈공과에 최한崔罕·왕림王琳·김성적金成績 등이 합격하고, 원元나라 제과에 합격한 사람은 안진安震·최해崔瀣·안축安軸·조렴趙廉·이곡李穀·이색李穡 등이 있었다. 명明나라의 과거에 김도金濤가 합격했지만, 명나라가 외국인을 상대로 한 과거를 폐지함으로써 더 이상의 유학생은 없었다. 심지어는 중국어 회화까지도 중국에 유학가거나 조선에서 중국인 강사를 초청하여 배운 것이 아니라 조선에서 조선인에게 서적을 가지고 배웠으니, 쇄국주의가 심해질수록 역설적으로 서적교류가 더욱 활발해졌다.

중국 유학생들은 당연히 중국어 회화를 했겠지만, 한국 내에서 중국 한자 문헌을 읽거나 배운 독자들은 중국어 발음을 할 필요가 없었다. 따라서 자연스럽게 한국식 한자어 발음이 정착되었다. 삼국시대에서 고려시대를 거쳐 조선시대로 내려오면서 국경을 넘나드는 문화교류는 차츰 약해져서, 유학생이나 상인들이 개인적으로 중국이나 일본에 갈 기회가 없어지자, 공식적인 사신을 수행하여 통역하는 역관譯官 이외에는 외국어를 할 필요가 없어졌다. 조선 문인들이 동아시아 공용문자인 한자를 평생 사용하여 문자생활을 하면서도 중국어는 한 마디도 하지 못하게 된 것이다.

중국인이 본 한국인의 한시

대부분의 한국 문인들은 중국어를 하지 못했기 때문에, 문어文語로 한시漢詩를 지었다. 한시 창작의 기본은 평측平仄을 비롯한 성운聲韻과 격률格律인데, 운서韻書를 참고하여 평측을 확인하며 시를 지었다. 오랫동안

한시를 짓다보면 평측 체계가 저절로 외워지기 때문에, 시 한 편을 지을 때마다 일일이 운서를 찾지 않게 된다. 운서를 확인하지 않으면 초보자가 아니라 어느 정도 한시 창작에 익숙해진 시인들도 성운 체계를 틀리게 되며, 중국인이 그런 시를 보면 방음方音이 많이 섞였다고 평하게 된다.

청나라가 천하를 통일한 뒤에 천하의 훌륭한 저서들을 모두 수집하여 『사고전서四庫全書』를 편찬하였다. 『사고전서』 별집류別集類에 한국인의 시문집으로는 유일하게 서경덕徐敬德(1489~1546)의 『화담집花潭集』이 편입되었다. 그런데 박지원은 서경덕의 시를 "볼 만한 것이 없다."고 평가했으며, 『사고전서』의 편집자 역시 『화담집』에 대하여 "그 나라의 방음方音이 많이 섞였다.多襍其國方音"고 기록하였다.

서경덕이 살던 시기에는 명나라 태조太祖 때에 반포된 『홍무정운洪武正韻』과 명나라·청나라를 거쳐 지금까지 시인들이 준용하는 『평수운平水韻』이 실용성을 갖는 주요 운서였으며, 이 중 서경덕이 채택한 것은 『평수운』이었다. 같은 시대의 인물 허종許琮 역시 명나라 사신들과 한시를 주고받을 때에 『평수운』을 사용했음이 『황화집』을 통해 나타난다. 상대방의 머릿속에 있는 운서와 다른 운서를 준용하면 서로 운이 맞지 않게 된다. 두 사람이 서로 다른 게임 룰을 지키면서 게임을 하다보면 충돌이 일어나게 되는 것이나 마찬가지이다.

그런데 서경덕의 『화담집花潭集』에 실린 한시 96수를 분석해보면 상당히 많은 작품에서 평측에 맞지 않는 글자와 압운押韻의 오류가 나타난다. 중국의 음으로는 구별되나 우리 음으로는 구별되지 않는 가歌와 마麻 운을 통압通押하는가 하면, 고체시에서 상·거·입上去入 삼성三聲의 구분을 어기는 착오가 나타나기도 한다. 서경덕이 어느 정도 한시 짓기에 익숙해지자, 그때부터는 운서를 찾아보지 않았던 것이다. 이러한 오류는 서경덕에게만 나타났던 것이 아니라, 대부분의 시인이 그러하였다. 장유張維는 우리나라 시인들의 병폐를 『계곡만필谿谷漫筆』에서 이렇게 지적하였다.

근체시近體詩는 성률聲律을 위주로 하는 것이라서 압운押韻하는 규정이 몹시 엄격하다. 그래서 방운旁韻을 통용通用하는 것도 율가律家에서는 크게 금기禁忌로 여기고 있다. 그런 가운데에도 옛사람들의 시를 보면 어쩌다 통운通韻한 것이 눈에 띈다. 다시 말하면 동東·동冬이나 지支·미微, 어魚·우虞, 진眞·문文, 경庚·청靑 등의 운韻은 그래도 서로 통운할 수가 있다는 뜻이니, 그 운의 음音이 서로 어울리기 때문이다. 하지만 가歌와 마麻의 두 운韻으로 말하면 중국의 음이 본래부터 동떨어지게 다른데, 우리 동방의 음이 잘못 전해진 탓으로 판별해 내기가 가장 어렵게 되어 있다. 그래서 우리 동방의 시인들이 이 두 개의 운부韻部를 으레 통압通押하는 경우가 많은데, 정포은鄭圃隱 같은 통유通儒의 시를 보아도 속습俗習을 면치 못하고 있으니, 정말 개탄할 만한 일이다. 나는 일찍부터 이렇게 생각해왔다. "우리 동방의 시편詩篇이 이런 금법禁法을 범하는 한, 아무리 절창絶唱이더라도 결코 선집選集에 끼일 수는 없다."

서경덕의 시가 격률에 부합되지 않음에도 불구하고 그의 시집은 『사고전서』에 실린 조선의 유일한 시집이 되었다. 중국은 『사고전서』를 통해 외국 여러 나라들이 황제의 교화를 입고 있다는 사실을 보여주어야 했고, 『사고전서』에 글을 수록하는 가장 큰 기준이 "사람의 재능을 논하지 그 글을 논하지 않는다."는 것이었으므로 "염락관민濂洛關閩의 학설로 뛰어나게 사람들을 가르친" 서경덕의 글을 실었던 것이다.

허균許筠(1569~1618)은 『성수시화』에서 "명나라 사신이 오면 대동강 부벽루에 있던 시판詩板들을 모두 떼어내고, 정지상의 〈서경시西京詩〉만 남겨 둔다"고 했는데, 성률이 부자연스러운 시들이 많았기 때문이다. 요즘도 한시를 연구할 때에 그 시의 사상이나 서정성, 미학 중심으로 분석하고, 성률聲律 연구가 많지 않은 현상이 문언文言으로 시를 짓고 연구했던 우리나라 한문학의 한계라고 할 수 있다.

외국인과 문자로 소통한 필담筆談과 한시漢詩 창화唱和

　기행문인 사행록과 표류기가 외국에 가서 보고들은 이야기들을 귀국한 뒤에 일방적으로 기록한 글이라면, 필담筆談과 한시漢詩 창화唱和는 외국이나 국내 현장에서 언어가 통하지 않는 외국인과 마주앉아 의사를 소통한 글이다. 사행록 같은 일방적인 기록은 귀국한 뒤에 본인에게 유리하게 조작하거나 과장할 가능성도 있지만, 필담과 한시 창화는 쌍방적雙方的인 기록이어서 타자인식他者認識을 연구하는 데 도움이 된다. 일본 경우에는 곧바로 출판되어서, 통신사 행렬을 직접 볼 수 없었던 지역의 독자들에게까지 파급 효과가 많았다.
　쓰시마와 후쿠오카 사이에 있는 섬 아이노시마藍島, 相島는 조선후기 통신사 12차 사행이 모두 거쳤던 곳인데, 사행원 500여 명과 일본 측 호송인 2,000여 명이 이 작은 섬에 도착하면 숙소가 모자라 그때마다 새로 숙소를 세웠다. 사행원들이 이 섬에서 풍랑이 잔잔해지기를 기다리는 동안 후쿠오카 일대의 여러 분야 지식인들이 섬 안의 숙소에까지 찾아와 필담을 주고받거나 한시를 창화했으니, 교토京都나 오사카大阪, 에도江戶(지금의 도쿄) 같은 대도시에는 얼마나 많은 지식인들이 찾아와 필담과 한시 창화가 이뤄졌는지 짐작할 수 있다. 일본과 중국은 임진왜란 이후에 공식적인 외교가 단절되었으므로, 일본의 지식인들은 조선 지식인과의 필담을 통해 대륙의 문화를 받아들이려 했으며, 이와 같은 지식은 곧바로 교토나 오사카, 에도의 출판사에서 출판되어 널리 전파되었다.
　조선 사행원의 숙소에 일본 지식인들이 찾아와 필담과 한시 창화를 나눈 것과는 달리, 중국에서는 조선 지식인들이 중국 지식인들을 찾아가 필담을 청하였다. 조선은 병자호란(1636)에 후금後金에 항복하고도 청나라를 오랫동안 중화中華로 인정하지 않았으므로 필담이나 한시 창화에 적극적이지 않다가, 홍대용(1765), 박지원(1780)의 연행燕行 때부터 북학北學의 방법으로 필담을 시작하였는데, 일본의 경우처럼 출판되지는 않았다. 문화는 물과 같이 높은 곳에서 낮은 곳으로 흐르기 마련이었으므로, 중국에는 조선의 지식에 관심을 가진 독자가 일본처럼 많지 않았던 것이다.

동래에 살던 무인武人 이지항李志恒이 1696년 봄에 일본에 표류했다가 1697년 봄에 부산으로 돌아와『표주록漂舟錄』을 기록하였다. 자발적인 기행문이 아니라, 3월 5일 부산포에 돌아왔다가, "다음날 아침 관아로 들어가 공술한" 것이다. 이지항 일행은 아이누인이 사는 북해도 서북쪽 섬에 상륙해 손짓 발짓을 해가며 의사 소통을 하다가, 일본인들을 만나 필담을 나누거나 통역을 통해 대화를 주고받았다. 이지항은 무인이지만 한시를 지을 줄 알았기에, 한시를 지을 줄 아는 일본 관원이나 승려와는 한시로 의사를 소통했다.

이지항 일행은 통신사 사행단같이 공식적인 역관이 없었지만, 동래에서 일본어를 주워들은 김백선金白善을 통해 의사 소통이 가능했다. 그러나 일본 지식층에서는 김백선의 일본어보다 이지항의 한시가 더 환대를 받았다. 언어가 통하지 않는 아이누 지역에서 표류와 만남이 시작되었기에, 이들은 동아시아 한자문화권의 여러 층위를 단계적으로 다양하게 체험하였다. 이지항 일행은 손짓발짓과 일본어, 필담을 거쳐 한시까지 동원해 의사를 소통했는데, 동아시아 문화권에서는 결국 한시가 가장 고급 단계의 의사 소통 수단이라는 것이 확인되었다.

외국에 흩어져 있는 다양한 한문학자료

한국한문학 관련 자료들은 몇 가지 방법으로 중국에 전해졌다. 허균이 오명제吳明濟의 편집을 도와준『조선시선朝鮮詩選』이나 유금이 편집한『한객건연집韓客巾衍集』, 최성학이 편집한『해객시초海客詩鈔』등은 처음부터 우리나라 독자가 아니라 중국 독자들을 위해서 만들어졌다. 허균이 주지번朱之蕃에게 누이의 시집 『난설헌집』을 전해준 것같이, 우리가 만들어서 중국 사신을 통해 전해준 책들도 있다. 또는 우리 사신들이 중국에 가면서 읽으려고 가지고 갔던 책들도 있으며, 우리 사신들이 중국에서 지은 글들도 있다. 물론 그들이 필요에 따라 중국에서 만든 책도 있다. 그밖에, 사신들이 중국에 다녀와서 기록한 일기, 조천록朝天錄이나 연행록燕行錄도 모두 한중문학교류의 귀중한 자료들이다.

최근에 『연행록전집』이 나왔지만, 아직도 더 많은 자료가 남아 있다. 최초로 바닷길을 통해 명나라에 사신으로 다녀왔던 안경安璥(1564~1640)이 기록한 『가해조천록駕海朝天錄』은 제목만 보더라도 말을 타고 가야할 중국 길을 배를 타고 갔다는 뜻이 나타나 있는데, 필자는 이 연행록의 유일본을 미국 도서관에서 찾아냈다. 이 책 경우에는 배를 타고 다녀왔다는 사실 자체가 당시 조선과 명나라, 후금後金(후일 청나라) 3국의 정치역학관계를 잘 보여줄 뿐만 아니라, 떠나는 배마다 파선되어 사신으로 임명되는 것을 기피했던 현상, 망국 직전의 명나라 관원들의 기강이 무너져 부정부패가 극심했던 상황 등이 사실적으로 그려져 있다. 배가 파선되어 죽다 살아났던 안경은 후손들에게 '절대로 문관 벼슬을 하지 말라'고 유언하여, 그의 후손들은 실제로 벼슬하지 않았다. 증손에 이르러서야 겨우 무관으로 길을 바꿔 나갔을 정도로, 뱃길을 무서워한 당시 문인들의 실상도 엿볼 수 있다.

뱃길이라면 역시 일본인데, 일본에 다녀오면서 기록했던 통신사일기는 그나마 제대로 정리되지 않았다. 앞으로는 이러한 자료들이 동아시아를 하나의 문화권으로 생각하는 한국한문학의 연구 범주에 들어와야 한다. 연행록이나 통신사일기는 문학의 현장이라는 점에서 중요하다. 중국인이나 일본인들과 자유스럽게 시를 주고받았다는 사실은 지금같이 통신과 교통이 훨씬 발달한 국제화시대에도 거의 불가능한 일이다. 문학에 있어선 지금보다 조선시대가 훨씬 더 국제화시대였던 셈인데, 한자가 공용문자였기 때문에 가능했다.

통신사 문학의 경우에는 일기 말고도 부수적인 자료들이 계속 수집되고 있는데, 주로 필담筆談 창화집唱和集이다. 우리나라 안에서도 수많은 시사詩社에서 창화집이 엮어졌지만 상대적으로 많이 남아 있지 않은데 비해서, 일본에는 조선통신사들과 시를 주고받은 수창집들이 곳곳에 많이 남아 있다. 상업적인 출판사가 필담집을 출판했다는 자체가 당시 일본에서 조선 열풍의 실상을 보여준다. 수창집이 남아 있는 장소 자체가 한일문학 교류의 현장이며, 그러한 수창집을 연구 분석하여 조선후기 우리나라와 일본 사이의 문학교류를 연구하는 것도 의미있는 작업이다.

필자는 제자들과 함께 여러 해 동안 일본과 한국, 그리고 미국과 러시아에 소장된 조선통신사 필담창수집 200여종을 수집하였다. 이 자료에는 문학・역사・성리학・양명학・음악・미술・한의학・정치・경제・외교・지리・민속 등 여러 주제들이 포함되어, 학제간 연구에 바탕이 된다.

문학교류의 현장에 있는 이본들

고소설에서 이본 연구가 시작되었지만, 문집이나 일기에도 이본은 많다. 필사본이라는 용어 자체가 이본의 가능성을 포함하고 있다. 필사자의 견해와 필사 목적에 따라, 얼마든지 또 하나의 이본을 만들어낼 가능성이 있는 것이다.

필자가 옌칭도서관에서 찾아내어 소개했던 조형趙珩(1606~1679)의 『부상일기扶桑日記』도 재미있는 자료이다. 이 필사본 뒤에는 23장의 일본어 기록이 덧붙어 있는데, 이 설명을 통해서 『부상일기』가 여러 차례 필사되면서 전수된 과정을 알 수 있다. 한문 필사본을 처음 발견한 일본인은 용산 육군사령부에 근무하는 육군 통역 이마니시 가메만타이今西龜滿太인데, 1913년 서울에서 조선인으로부터 90장본 필사본을 구입하고 주석과 발문을 붙여 필사했다. 그가 처음 구해 본 필사본은 조형이 기록한 본문이 86장이고, 뒷날 조태억이 덧붙인 글이 4장, 합해서 90장 분량이었다. 그는 『부상일기』 원본을 살펴보고, 일본 현지에서 기록한 일기가 아니라 조선에 돌아와서 초고를 정리한 일기라고 결론내렸다. 처음부터 끝까지 먹빛이 같을 뿐만 아니라, 글자체도 한결 같았기 때문이다.

그는 노일전쟁 때부터 이 책을 구입해 필사하던 당시까지 조선에 10여년 파견된 육군 통역이었기 때문에, 256년 전에 일본에 사신으로 갔던 조선인 사신이 기록한 일기를 보면서 감회가 더욱 깊었다고 한다. 당시 뒤떨어졌던 자기 나라의 문물이 조선인에게는 어떻게 보였는지, 일본 유학자들의 태도와 문장이 조선 사대부의 눈에는 어떻게 보였는지, 임진왜란 때 잡혀 왔다가 그때까지도 돌아가지 못한 포로 후손들의 이야기, 조선 사신이 도쿠가와 막부의 장군을 만나는 모습과 닛꼬잔에 참배하는 모습에 이르기까지, 모두가 당시의 특종이어서 아무리 읽어도 지리한 줄을 몰랐다고 한다.

그가 이 책을 재미있게 생각한 이유 가운데 하나는 조형보다 57년 뒤에 일본에 사신으로 갔던 조태억의 기록이 그 뒷부분에 덧붙어 있었기 때문이다. 조태억은 일본으로 떠나기 전에 조형의 증손자인 조경명에게 찾아가 『부상일기』를 빌렸다. 일본 여행의 안내서로 삼기 위한 것이다. 사신이 오고가는 길은 정해져 있었으니 별문제가 없었지만, 수시로 부딪치는 외교적인 문제를 처리하는데 도움을 얻기 위해서였다. 조경명은 『부상일기』를 빌려주면서, 천태산사天台山寺에 증조부의 초상이 잘 모셔져 있는지 확인해 달라고 부탁했다. 일본측에서 조선 사신을 접대하며 초상을 그려두는 전례가 있었기 때문이다. 조태억은 그 부탁대로 조형의 초상이 제대로 모셔져 있는지 확인했을 뿐만 아니라, 그곳에서 시를 짓고 작은 발문까지 써서 『부상일기』 뒤에 덧붙였다. 그리고 조형이 청견사나 아미타사·본련사에서 주지들에게 지어준 시까지 베껴 주었다. 일본에서는 그때까지도 조형의 시를 소중하게 간직하고 있었는데, 지금 조형의 문집이 전하지 않기 때문에 조태억이 덧붙여준 기록들도 소중한 자료가 되었다.

이마니시는 『부상일기』 원본의 모습을 그대로 전하기 위해 10행 20자의 형태를 그대로 지키면서 필사했고, 조태억의 시와 발문은 미농지를 놓고 윤곽을 그대로 베꼈다. 도장까지도 그대로 베껴, 원본의 모습을 살리려고 애썼다. 조형과 조태억의 행적, 이들이 만난 일본인 유학자들의 행적은 물론이고, 심지어는 임진왜란에 포로로 잡혀왔던 선비 이진영과 조형을 찾아와 호소했던 그의 아들 이전직의 생애에 대해서까지 자세한 주석을 붙일 정도로, 그는 이 책을 소개하는데 심혈을 기울였다.

이마니시가 발견한 필사본은 조태억이 조경명에게서 빌려갔다가 4장을 덧붙여 돌려주었던 책인데, 그는 이 형태를 거의 그대로 살리면서 1부를 필사해 간직했다. 그로부터 4년 뒤인 1917년에, 역시 용산 육군사령부에 근무하던 육군 통역 하시모토 데이수케橋本貞造가 다시 필사했다. 그는 1904년에 주차군사령부 오오노大野 참모의 수행원으로 원산에 주둔하고 있던 육군 통역인데, 조선의 고소설에 관심을 가지고 여러 권 필사하거나 소장한 인물이었다.

이 책이 지금은 하버드대학 옌칭도서관에 소장되어, 『부상일기』의 내용을 우리에게 전해주고 있다. 조형으로부터 조경명과 조태억을 거쳐, 이마니시 가메만타이와 하시모토 데이수케에 이르기까지, 일본에서 조선으로, 다시 일본에서 조선을 거쳐 미국에 이르기까지, 이 책은 지금도 국제교류의 역할을 하고 있다. 바로 문학교류의 현장에 있는 것이다.

이와 같은 예는 많다. 허난설헌의 시집이 일본에 전해져 1711년 상업적인 출판사에서 두 권으로 출판되었는데, 한시 원문을 그대로 두고 구절마다 그 옆에 가에리텐을 덧붙여 출판했다. 한문학에 조예가 깊지 않은 일반 독자들도 조선 여성시인 허난설헌의 한시를 읽을 수 있게 배려한 것이다. 외국에서 편집되거나 출판된 우리 한문학 서적을 보면 그 시대 문화지형도를 만들어볼 수 있다. 이러한 작업이 한국 고전문학의 새로운 과제이다.

참고문헌

허경진, 「동아시아 문학교류의 현장을 찾아서」, 서강대학교 국어국문학과, 『국어국문학, 미래의 길을 묻다』, 태학사, 2005.
허경진, 「표류민 이지항과 아이누인, 일본인 사이의 의사 소통」, 『열상고전연구』 제32집, 2010.
허경진·劉暢, 「사고전서에 실린 서경덕 시의 격률에 관하여」, 『동양한문학연구』 제34집, 2012.

박무영

한국 고전문학 읽기의 맥락과 지평

한문학과 여성 '작가'

1

한문학과 여성작가라는 말은 다소 낯선 조합이다. 한문학은 기본적으로 지배계층 남성의 배타적 소유물이다. 한문은 한국어 구어와는 다른 계통의 언어를 기반으로 하는, 한국인에게는 '순수한 문어文語'다. 개념문자인 이 문어를 익혀서 자유롭게 자기표현을 하려면 절대적인 수련 시간과 '자기만의 방'이 필요하다. 여성이나 하층민이 확보하기 어려운 조건이었다. 게다가 한문학은 과거제도를 통한 입신의 도구—즉 사회적 진출과 사교의 도구였다. 여성에겐 허용되지 않는 영역이었고, 한문은 그 영역의 표현 매제였다. 시대에 따라 차이가 있을 것이라고 보이긴 하지만, 여성의 한문학 활동은 이데올로기적으로도 환영받지 못하였다. 특히 유교적 가부장제 사회는 여성의 지적·문필적 능력의 실현을 매우 조심스럽게 관리했다. '잘못해서도 안 되지만 잘하는 것도 없어야 하는 것無非無儀'이 이상적인 여성규범으로 강조되는 사회에선 여성의 문학 활동은 '창기나

하는 짓'이었다. 특히 한문 글쓰기는 남녀 사이의 엄격한 구분과 경계 - 내외법을 허물 가능성이 있는 것이기도 했다. 조선시대에 들어와서 훈민정음이 창제되자, 한자는 '수글'·한글은 '암글'로 문자 자체가 젠더화되기 시작했다. 여성들은 자신들에게 허락된 한글을 통해 문학 활동의 경험을 축적해갔고 한문학에서의 여성 소외는 더욱 공식화되었다. 이래저래 '한문학의 여성작가'라는 것은 그 자체가 매우 낯선 것이다.

2

그러나 여성의 한문 문필 행위의 자취는 꽤 많이 남아있다. 삼국시대의 자료도 전할 뿐더러, 고려시대만 해도 기녀와 궁중의 여성, 귀족 가문 여성들의 한시 작품이 여러 편 남아 전한다. 그런가 하면 고려시대 묘지명 등에는 묘주인 여성들의 한문 교양에 대한 언급들이 실려 있다. 한문 이외의 표기수단을 갖지 못했던 시대에, 한문 불경을 읽고 역사서를 읽었던 여성들이 일기나 편지조차 쓰지 않았다고 생각할 수는 없다. 여성들의 한문교양에 대한 이런 증언들과 전해지는 한시들을 함께 고려한다면, 지금 존재하는 것보다 훨씬 풍성하게 한문 문학 활동이 이루어졌을 것임을 추측할 수 있다.

보존된 기록이 풍성해지는 조선시대에 들어오면 한문학 작가로서의 여성은 그 자취가 폭발적으로 늘어난다. 절구 시 한 수, 때로는 한 구절로 겨우 그 존재를 전하는 여성들이지만, 아래로는 민가의 계집종이나 출가한 비구니로부터 위로는 왕실의 여성들까지 폭넓은 스펙트럼을 형성하며 존재한다. 이런 자료들은 조선후기에 더욱 풍성하다. 그들 중에는 개인 시문집을 남긴 여성들도 있어서 현재까지 전하기도 한다. 조선시대의 여성관련 기록들, 묘지나 제문 등에는 여성의 개인 저작에 대한 언급이 심심찮게 등장한다. 따라서 실제 전하지 않더라도 여성들이 개인 시문집을 가질 정도로 문필활동을 한 사례는 현재 전하는 것보다 훨씬 풍성했을 것임을 추측하게 한다.

'한문으로 문필 행위를 하는 여성'이란 한반도에서는 내내 예외적이었을 것은 틀림없을 것이다. 그러나 그럼에도 불구하고 우리의 상식보다는 훨씬 더 많이 폭넓게 존재했던 것도 사실이다.

3

여성의 한문 문필행위나 능력이 언급되는 사례에 비하여 실제 전하는 자료가 적은 이유는 시간에 따른 마모라는 자연적인 이유 이외에도 애당초 기록의 대상에서 제외되었던 사정이 있다. 여성작가들은 여종에서 대왕대비에 이르기까지 넓은 계층에 퍼져있지만, 크게 기녀집단과 규수집단으로 양분해 볼 수 있다. 기녀집단의 한시는 접대 현장에서 지어진 것이 대부분이다. 애당초 기녀의 한시란 '해어화解語花'로서의 소양으로 교육된 것이었다. 즉 접대현장에서 남성고객의 유흥적 수요에 대응하기 위해 교육된 것이다. 조선시대의 기녀는 유교적 여성의 삶을 지배하는 '삼종三從'의 바깥에 존재하는 존재이기도 했다. 즉 사람이라기보다는 사물로 취급되던 존재다. 때문에 기녀 한시의 보존은 애당초 고려의 대상이 아니다. 현재 남아 전하는 기녀한시의 대부분은 남성들의 호사가적 관심에서 기록된 단편적인 것들일 뿐이다.

규수작가의 경우도 그 한문학 행위는 구술적인 성향을 띠는 경향이 있다. 규수작가의 한문 시문집에 서문을 쓰는 남성들은 종종 그녀가 '마지못해 입으로 부르기만 했을 뿐, 절대로 붓을 들어 쓰려고 하지는 않았다'고 강조하는 것을 보게 된다. '입으로 부르고 귀로 듣는' 구어적인 활동으로 여성의 한문학 활동을 묘사하는 것이다. 수사적인 언급임을 감안해도, 한시를 짓는 것 자체보다 쓰는 것에 대해 훨씬 더 엄격한 태도를 취하고 있는 것을 보게 된다. 이 문제는 이데올로기적인 문제와 결합되어 있다. 한문과 한글의 이중문어체계二重文語體係를 유지한 조선시대에, 한글은 글보다는 말에 가까운 것으로 취급되면서 주로 여성이나 가족 내부에서 유통되었다. 반면 한문은 본격적인 문어문으로서 사회적인 유통을 전제하는 것이었고 당연히 예상 독자는 남성이었다. 현장에서 입으로 부르는 것은 사라지지만 일단 문자로 기록되면 정착되고 전파된다. 더욱이 한자로 쓰게 되면 대문 밖으로 반출되어 남성 독자들의 눈에 노출될 가능성이 열린다. 결국 내외법의 규정을 범할 가능성에 노출되는 것이다. 때문에 규수작가의 경우에는 한문을 사용하는 활동의 경우조차 구어적인 것에 머물도록 요청되었다고 할 수 있을 것이다. 여성의 묘지명이나 제문에 종종 여성 자신이 평생 원고를 손수 다 불살라버렸다는 기록이 등장하는 것도 같은 문맥이다. 이래저래 여성의 한문학 행위의 결과물은 기록에서 제외되는 것이 태생적인 상황인 것이다.

여성의 한문 문필에 대한 태도가 한국한문학시대 내내 동일한 것은 아니다. 조선시대만 하더라도 시대에 따라, 지역 혹은 가문에 따라 편차가 있다. 친정이든 시집이든, 가족의 범위 내에서는 가정 내 백일장이나 시회 같은 것이 열려 남녀노소가 스스럼없이 어울리는 상황이 연출되기도 한다. 그러나 적어도 유교적 가부장제의 주류 담론은 여성의 한문 문필 행위를 부덕에 반하는 것으로 인식하는 것이었다. 유교가 개인의 일상까지 지배하기 전이고 '암글'인 한글이 발명되기도 전인 고려시대와 그 이전의 상황이라고 크게 다르지는 않았을 것이다. 한문학 여성작가들을 생각할 때는 이 점이 고려의 대상이 되어야 할 것이다. 즉 보이지 않는다고 존재하지 않는 것은 아니다. 이 점이 시 한 구절, 편지글 한 장의 작가로 남은 여성들이 작가로서 중요한 이유이다. 그 이면의 가려진 실제를 노출하는 틈이기 때문이다.

4

조선에서는 사대부 계층 여성의 한문 문필활동과 관련된 이러한 상황이 한문학의 향유방식에 일종의 변형을 가져왔다. 그것은 한문을 향유하되 그 시각적 요소는 생략하고 음성적 요소만을 한글로 표기한 뒤, 한글번역을 병기하는 방식으로 한문을 향유하는 것이다. 즉 한시에 한글로 음을 한 번 죽 적은 뒤, 번역을 이어 붙여서 실제 내용을 전달하는 방식이다. 문장의 경우조차 마찬가지이다. 창작현장에서의 '입으로 부르고 귀로 듣는' 형태의 향유방식을 떠올리게 하는 향유방식이다.

이러한 한문 향유방식은 남성들이 시작한 언해의 방식으로부터 변형된 것으로 보인다. 교화용으로 편찬된 언해본 서적들의 경험으로부터 어차피 인식이 불가능하고 적극적 사용이 허락되지도 않던 한자의 시각적 형태 부분을 생략하고 '귀글'의 핵심인 음성적 형태와 그에 대한 한글번역만 남긴 형태로 변형되어 정착된 것이다. 교화를 위해 개발된 남성의 도구가 규방의 여성들에게 전유된 것이다.

김호연재金浩然齋의 개인시집인 『호연지유고』를 예로 들어보자. 현존하는 『호연지유고』는 원래는 한자로 기록된 일반 한시집과 같은 형태였을 것이다. 그것이 어느 시점에선가 이런 형태의 번역본으로 만들어졌고, 규방의 여성들 사이에 유통되면서 몇 번인가 거듭 필사된 뒤에 현재의 형태로 남았다. 이 과정에서 한문 원시를 음으로 적은 부분은 와전이 거듭 진행되어, 정확한 의미를 알 수 없는 것으로 변질되었다. 한자를 음으로만 거듭 필사하는 것은 정확한 전승에 한계가 있을 수밖에 없었던 것이다. 따라서 이 시집을 거듭 필사하면서 전승시킨 여성들은 한시를 실제로는 내용 위주의 번역시로 향유하고 있었던 것으로 추론할 수 있다.

김호연재라는 여성은 한시 창작에 있어서 전문적인 경지에 도달한 작가이다. 한시는 형식적 완정성을 극도로 추구하는 장르이다. 당연히 김호연재의 원시도 그러하다. 그런데 수용의 장에서 원시의 역할은 그것이 원래 한시였음을 환기하는 선으로 물러나고 있다. 이렇게 되면 한시가 추구하는 형식적 완정성의 문제는 의논할 여지가 없게 되어버린다. 김호연재의 원시와는 본질적으로 다른 형태가 된 것이다.

김호연재, 『호연재유고』
선비박물관 소장

이러한 변형은 작가 문제를 다시 생각하게 한다. 일반적으로 독자는 선택적인 독서를 한다. 여성독자도 마찬가지이다. '도를 닦는' 삶을 살고자 했던 강정일당姜靜一堂은 같은 지향을 지녔던 임윤지당任允摯堂이라는 여성 선배를 특별히 호출한다. 가부장제의 홍위병 같은 얼굴을 한 김삼의당金三宜堂은 고전소설 『사씨남정기』의 사정옥을 호출한다. 공감을 바탕으로 한 선택적 독서가 규방에서도 이루어진다는 당연한 사실을 확인하게 되는 것이다. 『호연재유고』가 여성에게 익숙한 방식의 언해본으로 만들어지고 적어도 몇 차례에 걸쳐 거듭 필사되었다는 것은 이 시집이 매우 적극적인 향유의 대상이었다는 것을 말한다.

이들에게 공감의 바탕이 된 것은 무엇이었을까? 그것은 『호연재유고』의 내용이 지닌 무엇이었을 것이다. 김호연재의 시문은 '여성'을 무시하고 읽을 수 없다. "평생 속물근성이라곤 없어, 시집식구와는 불화가 많았다. 눈썹을 내리깔고 조심하며 수고와 고통을 감수했으나, 부지불각 중 불꽃이 창자 안에서 치솟곤 했었다平生自無適俗韻, 頗與高門多不悅. 低眉小心甘勞

苦, 不覺煙熖腸內熱."거나, "탕탕한 성정을 좋게 지니고도, 어찌하여 방안에만 갇혀있는가好將蕩蕩性, 豈屬一房中"와 같은, 여성적 상황에서 발화되는 목소리들이 들려온다. 삼종지도三從之道에 대한 항의가 표현되기도 한다. 김호연재 한시의 내용에서 가장 독특한 부분이라면 바로 이러한 주제적 측면이다. 김호연재의 한시를 번역한『호연직유고』의 내용은 규방가사나 민요 혹은 제문가사들과 흡사하다.『호연지유고』가 유통되었던 기호지방은 영남지방처럼 규방가사가 향유되지 않았던 지역이다. 그 빈자리에 이러한 '번역시'가 존재했다고 볼 수 있다.

공감을 바탕으로 한 선택적 독서가 원 텍스트를 자신들의 방식으로 변형해서 향유하는 것으로 발전하면 사실 작가와 독자의 경계는 의미 없는 것이 되어버린다. 남는 것은 김호연재의 한시를 둘러싸고 작가와 독자가 한 덩어리가 된 향유층이다. 즉『호연직유고』는 김호연재라는 작가의 배타적 소유물이라기보다는 김호연재의 원시를 번역하여 자신들의 방식으로 향유했던 여성들의 경험이 반영된 결과물이고, 따라서 이들 공동의 소유라고 해야 할 것이다.

5

여성의 한문 문필행위를 구어적인 상황으로 한정시키고, 기록에서는 제외하는 범위 내에서 합리화했던 것이 유교적 여성규범이었다. 그 점이『호연시유고』와 같은 기록방식이 존재했던 또 다른 이유일 것이다.

그러나 실제로는 여성의 한문 문필이 한문 필사본 심지어 인쇄본으로도 존재한다. 그 중 필사본은 현재보다 훨씬 더 많이 존재했을 것이라고 생각되지만, 현재까지 수습되어 있는 것은 오히려 인쇄본이 더 많다. 이 인쇄본 역시 작가문제와 관련해서 남성들의 인쇄본 시문집을 다룰 때와는 달리 예민하게 살펴보아야 할 지점들이 있다. 여성작가의 경우 필사본과 인쇄본의 의미는 매우 다르기 때문이다. 필사본은 한정된 범위 안에서 유통된다. 주로 여성들의 공동체나 친인척 범위 안이다. 하지만 인쇄본은 불특정의 독자들, 특히 한문의 주 사용자들인 남성들을 향해 공간한다는 의미를 지닌다. 사대부 계층 여성의 시문집인 경우, 조선조의 유교적 여성규범을 정면으로 위배하는 행위이기도 하다. 기녀의 시를 인쇄한 경우는 이러한 규범의 저촉을 받지 않는다고 할 수 있지만, 현재까지 수집된 인쇄본은 부안의 아전들이 비용을 추렴해서 출판한 『매창시집梅窓詩集』이외에는 모두 양반의 정실이나 소실의 시문집으로서 가문 단위에서 출판이 추진된 것이다.

중국과 달리 전근대 조선에서 여성이 출판에 관여한 경우는 없다. 즉 여성은 인쇄본의 출판·편집권에서는 전적으로 배제되었다. 따라서 편집되어 편집본이나 인쇄본으로 존재하는 여성문집의 경우, 이 자료들은 실상 여성작가들의 텍스트 자체이기보다는 편집자 판이라고 해야 하는 것들이다. 이 편집물에 덧붙여진 서·발문들, 기타 자료들은 일종의 비평문으로써 독서가 수행될 방향을 지시한다. 물론 대부분 편집권이 행사된 방향과 겹친다. 따라서 인쇄본 시문집의 저자 역시 단순히 작가 자신만인 것은 아니다. 작가와 독자, 그것도 절대적인 권력을 지닌 독자가 편집자와 비평가로 함께 엮여있는 텍스트라고 읽어야 하는 것이다.

실제로 상당한 경제적 부담뿐만 아니라 여성규범을 위반한다는 이데올로기적 부담까지 져야 하는 규수작가 시문집의 인쇄에는 통상적으로 표명되는 개인적 추념 이외에 특별한 목적이 있을 수밖에 없다. 구체적인 예를 들어보자. 부부시집과 가문시집에 등재하는 식으로 서영수합徐令壽閤의 『영수합고令壽閤稿』를 인쇄하였던 홍씨 가문 남성들의 경우는 문예명가로서의 가문의 명성을 국제적으로 확보하려는 분명한 목적의식이 있었다. 경제적 파탄 상황에서 아내인 강정일당의 유고를 인쇄한 윤광현의 경우에는 여성작가를 중심에 놓고 자신의 사회적 인맥을 과시함으로써 몰락한 가문의 입지를 회복해보려는 목적의식이 있었다. 또한 근대에 들어 출판된 『삼의당유고三宜堂遺稿』의 경우엔 여성의 시문을 통해 향촌에서의 입지를 유지하고자 했던 몰락한 향촌사족의 원망과 함께 일제 강점기 근대적 신문물에 의해 위축되어가는 전통 문물을 회복하려는 보수민족진영의 기도가 중층적으로 얽혀있다.

이러한 목적의식은 여성시문집의 편집과 출판과정에 분명하게 반영된다. 예를 들어 『영수합고』의 서·발문들은 한결같이 이 집안을 중국의 대표적인 문예명문인 왕희지나 사령운의 집안에 비교하는 어법을 구사하며, 그 결정적인 증거로서 서영수합의 시문을 거론한다. 이것은 서영수합의 시문을 여성가족조차 문집이 있는 이 가문의 문예적 명성을 확인하는 증거로 독해한 결과이며, 그러한 독해를 유도한다. 한편 강정일당의 시문은 '성리학적 예법의 수행자'라는 측면이 강조된다. 그 과정에서 강정일당 자신의 언어가 다른 문맥으로 왜곡되어 있는 것도 발견된다. 그런가하면 김삼의당은 일상에서 행해지는 유교적 여성규범의 화신과도 같은 모습으로 형상화된다.

이런 예들보다 좀 더 일반적인 예로 남정일헌南貞一軒의 시집에 붙은 이건창李建昌의 서문을 볼 수도 있다. 청상과부였던 남정일헌 시에서는 삶의 고단함과 관련된 서정이 짙게 배어나오리라 기대할 수 있다. 그러나 이건창의 서문은 그녀의 시가 처량하고 가련한 모습을 절대로 표출하지 않았다는 점을 특별히 강조한다. 대신 유교적 일상윤리와 도학적 세계를 주구하는 모습 등을 강조하고 있다. 남정일헌의 입장에서는 가장 절실한 문제였을 것이 남성비평가의 시선에서는 부정적 요소로 평가되고, 그것을 배제하는 쪽으로 독서방향이 유도되고 있는 것이다.— 실제 『정일헌집貞一軒集』에 여성적인 신음이 전혀 없는 것은 아니다.— 그리고 그것이 편집방향이기도 했을 것이다.

사실 이러한 편집 방향들은 이 여성들의 실제모습이 반영되는 것이기도 할 것이다. 그러나 어디부터 어디까지가 이들 여성의 실제 모습인지는 알 길이 없다. 결국 여기서도 여성작가와 그 힘 있는 독자인 편집자·비평가들의 몫을 구분하기 힘들어진다. 따라서 이 모두를 함께 읽을 수 있는 관점이 요구된다. 여성의 전략과 남성의 전략이 동일한 목표를 향해 협력하는 방향으로 구사되기도 한다. 여성도 남성과 마찬가지로 계층적 존재이기 때문이다. 동시에 또 다른 지점, 즉 여성과 남성의 이해관계가 빗나가는 지점에서는 출판을 둘러싼 권력관계가 작동되는 것일 수도 있다. 매우 섬세하게 읽어야 하는 지점에 도달하는 것이다.

6

우리에게는 매우 일반적으로 퍼져있는 선입견이 있다. '문학'이란 '문자'로 고정된 것, 즉 '작품'이라는 것이다. 그리고 이 작품은 고유한 의미를 내장하고 있는데, 그것은 작가의 사유와 의도라는 생각이다. 즉 지금 내가 '읽고' 있는 이 '작품'은 창작자의 의도에 의해 지배되는 하나의 완결된 의미 체계이며, 따라서 독자는 독서를 통해서 그 의미를 찾아내어 해독하고 감상해야 한다고 생각하는 것이다.

그러나 '문학' 텍스트가 문자로만 이루어지는 것은 아니다. 문자 텍스트라고 하더라도 '완결'되어 있지는 않다. 필사와 편집, 인쇄 과정을 통해서 늘 유동적이기도 하다. 무엇보다 중요한 것은, 동일한 작품에 대해 동일한 감상이나 기억이 존재하는 것은 아니라는 사실이다.

우리의 독서 체험을 돌아보자. 어떤 작품에 대해 다른 사람들은 대부분 기억하지 못하는 특별한 장면을 인상적으로 기억하는 경험이 있을 것이다. 또는 대부분의 사람들이 그 작품에 대하여 느끼는 것과는 다른 느낌을 갖는 경우도 있다. 시대별로 다른 평가가 존재하기도 한다. 실제로 우리는 작가의 의도를 정확히 알아맞히기 위해서 읽지는 않는다. 대부분은 자신에게 특별하게 부각되는 점에 초점을 맞추어 공감하는 독서를 하고, 독서의 쾌감은 여기에서 온다. 독자의 능동성이 클 때 독서의 쾌감은 증가한다. 지식의 기계적인 습득이나 교양의 획득이 목적이 아닌 진정한 독서란 그런 것이다.

그런데 독서 주체의 상황은 늘 유동적이다. 따라서 우리 각자의 독서 경험은 결코 동일하지 않으며, 심지어 동일 인물의 독서 경험도 매번 동일하지는 않다. 동일한 작품에서도 독서 당시의 상황에 따라 다른 의미를 향유하는 것이 독서의 실제상황이다. 극단적으로 말하면 독서는 매번 이루어질 때마다 새로운 의미를 산출한다.

뿐만 아니라 텍스트의 '의미'는 감상과정을 통해 축적되는 것이기도 하다. 우리는 종종 친구의 독후감을 선입견으로 작품을 향유하기도 하고, 전문적인 비평가의 평론이 우리의 향유 방향에 영향을 미치기도 한다. 또한 다른 독서 경험이 이번 독서에 영향을 미치기도 한다. 즉 어떤 예술작품의 의미는 '완결'된다기보다는 여러 겹의 향유 경험에 의해 형성되고 축적된다고도 할 수 있을 것이다.

그렇다면 의미가 완성되어 있는 작품이라는 것이 객관적으로 존재할 수 있는 것일까? 문학 작품 대신 문학행위라고 말해보면 어떨까? 즉 완성된 의미를 폐쇄적으로 내포하고 있는 완결된 작품이 아니라, 작가가 쓰는 행위에서 출발해서 독자가 읽는 행위까지 —이것을 문학행위라고 하자— 전체를 통하여 의미는 그때마다 완성되는 것이 아닐까? 우리에게 익숙한 '문학 작품' 개념은 이 일련의 과정에서 작가의 몫을 극대화하고, 독서행위를 수동적인 것으로 만들고, 작품의 의미를 단일한 것으로 고정한다. 그러나 '문학 행위'라는 개념은 작가와 독자의 절대적 구분을 해체하고 독자의 몫을 확대하며, 작품의 의미를 개방하여 항상 새롭게 형성되는 수행적인 것으로 바꾸어 놓는다.

　이때 개별 독자의 독서는 개인의 독특한 경험을 바탕으로 이루어지기도 하지만, 동시에 그 개인이 처해 있는 상황이나 역사 등과도 관련을 맺고 있다. 공동체와 관련된 성향이 한 개인의 독서 경험에 반영되는 것이기도 하다. 이러한 공통의 경험 중에 아주 광범위한 공감대를 지닐 수 있는 것이 '성차gender'이기도 하다. 이 성차는 원 작가에 대하여 긍정적으로 부정적으로 작용하며 결과적으로 새롭게 축적된 의미들을 만들어간다. 우리 눈앞에 놓인 텍스트는 그런 작용의 결과물이다. 그리고 우리의 독서를 통해 새로운 의미를 확장해나갈 것이다.

박애경
한국 고전문학 읽기의 맥락과 지평

한문·한글의 관계와 시詩와 가歌의 문제

한문과 한글, 문자와 구어의 위계화

한국문학은 한문과 한글이 공존하고 길항하는 과정을 거치면서 축적되어 왔다. 한문과 한글의 문제는 일종의 이중언어 상황으로 인식할 수 있다. 한문과 한글은 위계적 질서를 구성해왔는데, 한문과 한글의 위계화, 문어와 구어의 분리라는 문제를 돌파하기 위해 다양한 모색과 언어 실천이 있어왔다. 먼저 동양의 유교문화권에서 민간의 풍속을 살피고 상하 간 소통을 이루기 위해 민간의 노래를 널리 채집하여, 기록으로 남기는 관풍觀風의 전통을 꼽을 수 있다. 또 하나는 문화권 내 번역을 들 수 있다. 문자로의 '번역'의 과정을 거쳐야 비로소 기록의 대상이 되는 한글 창제 이전의 노래는 한자를 빌어 기록되거나, 한문학 양식에 맞추어 번역되는 과정을 거쳐 문자로 정착되는 방식으로 표기 체계의 차이를 극복해 왔다. 차자 표기인 향찰이나 이두의 사용, 균여대사의 향가를 한문으로 번역한 고려 초의 최행귀崔行歸(?~?), 고려 때 불리던 민간의 노래를 한문으로 번역하여 '소악부小樂府'라 칭했던 고려 말 유학자 이제현李齊賢(1287~1367)과 민사평閔思平(1295~1359)의 사례는 한문과 한글, 문어와 구어에 대한 고민이 한문 도래 이후 계속하여 존재했다는 사실을 입증하고 있다.

한글 창제 이후에도 식자층 사이에서는 한글로 된 텍스트를 영구 보존하기 위해 혹은 공적 권위를 보태기 위해 한문으로 번역하였다. 조선 중기부터 19세기에 이르기까지 꾸준히 지속된 시조의 한역이나 송강 정철鄭澈(1536~1593)의 〈사미인곡思美人曲〉과 〈속미인곡續美人曲〉을 김상숙金相肅(1717~1792)이 한역한 것이 그 대표적 예라 할 수 있다. 뿐만 아니라 자신의 시가를 스스로 한역하여 텍스트를 한문과 한글로 이원적으로 창작하는 양상이 나타나기도 하였다.

이 글에서는 한문과 한글의 문제를 시와 가의 관계를 통해 살펴 보려 한다. 시와 가는 '시가詩歌'라는 범주 안에서 다뤄지고 있다. 현재 고전문학 학제에서 시가라 하면 향가, 고려속요, 시조, 가사, 잡가, 민요 등 국문이나 차자로 표기되거나 전승되어 온 국문시가의 하위 갈래들만을 지칭하는 경우가 대부분이다. 이는 시가를 본격적인 학문적 연구 대상으로 삼는 시발점이 된 도남 조윤제의 『조선시가사강』(1937년 동광당서점 발행)에서 한시를 배제한 것에서 단적으로 확인해 볼 수 있다. 그런데 선인들이 남긴 기록을 살펴보면, '시가'라는 용어는 악곡이 수반된 구체적인 작품을 지칭하기도 하지만, 대개는 시와 노래를 통칭하는 개념으로 보다 널리 쓰이고 있음을 확인할 수 있다. 즉 시와 가를 하나의 실체로 이해하고 있는 것이다. 시와 가를 하나의 실체, 즉 '시가일도詩歌一道'로 사유하는 전통은 『시경詩經』에 전범을 두는 동양 시가의 전통 안에서 형성된 것이다. 말하자면 '시가'에 대한 이해가 시가가 동시대적으로 향유되던 시기와 고전문학이 학적 연구대상으로 정립된 현재와 엄연히 다르다는 것이다.

여기에서 특히 문제가 되는 것이 한문으로 표기된 한시와 한글로 기록된 국문시가와의 관계라 할 수 있다. 한시와 국문시가가 공존하던 시기에는 한시와 국문시가가 각각 시와 가로 존재하며 공존해왔기 때문이다. 즉 관념적으로는 시와 가를 하나의 실체로 인식하지만, 실제 창작이나 향유방식에서는 시와 가가 분리된 채 존재하여 왔다고 할 수 있다. 시와 가의 분리는 우선 장르 실현 방식의 차이에서 찾을 수 있다. 국문시가는 '노래'라는 구연의 방식을 통해 그 의미가 최종적으로 실현되고, 전승방식도 다분히 구비적이라 할 수 있다. 가집이라는 형태를 통해 기록의 대상이 된 것은 한글이 창제되고도, 또 이백 여년이 흐른 후의 일이었다. 따라서 오랜 시간 국문시가는 주로 노래, 즉 '가'의 요구를 충족시키면서 존재해왔다는 것을 의미한다. 이 점은 부분적으로는 시창 혹은 음영의 형태로 향수되었지만, 주로 문집을 통해 전승되면서 기록문학의 일부로 존재해왔던 한시와 구분되는 지점이라 할 수 있다. 한시를 둘러싼 시평이나 시화의 존재는 이것이 엄연히 '시'로 존재해왔다는 것을 의미하는 것이라 할 수 있다.

시와 가의 관계는 한글로 된 고전문학의 존재 이유와 지위를 가늠하는 데 주요한 관문이라 할 수 있다. 특히 한문을 능숙하게 구사하고, 한시 창작에 익숙했던 사대부 층이 굳이 한글로 된 시가를 창작했거나 관심을 가졌던 원인을 파고 들다보면, 한글로 된 국문문학의 지위 뿐 아니라, 구어와 문어의 괴리, 한문과 한글의 괴리, 음과 사의 불일치에 집중한 당대 문인들의 고민을 엿볼 수 있을 것이다.

말과 글, 시와 가의 분리를 극복하기 위한 모색과 실천

구전과 기록 사이의 경계에 선 한글 노래의 위치

한문이 도입된 이후 한글과 한문의 관계를 앞서 이야기하였듯이 수평적 관계를 이루었고, 그 관계는 늘 문제시되었다. 먼저 옛 문인들이 말과

글, 시와 가의 분리를 어떻게 이해하고 있는지, 다음 글을 통해 살펴 볼 수 있다. 한글 시가에 대한 비평의식이 본격적으로 나타나는 최초의 문헌이라 할 수 있는 『균여전』에서는 시와 가의 질서를 다음과 같이 설명하고 있다.

> 그러나 시詩는 중국 글자로 엮어서 다섯 자, 일곱 자로 다듬고, 가歌는 우리 말로 배열하여, 삼구육명으로 다듬는다. 그 소리를 가지고 논한다면 삼성參星과 상성商星이 동서로 나뉘어 쉽게 식별할 수 있는 것처럼 현격한 차이가 나지만 문리文理를 가지고 말한다면 창과 방패가 어느 것이 강하고 약한지 단정하기 어려운 것처럼 서로 맞서는 정도이다. 그러나 비록 서로가 시의 수준을 자랑한다고 하나 함께 의미가 깊고 넓다는 것은 마찬가지임은 인정할만한 것으로 각각 제 나름의 구실을 하고 있으니 어찌 잘된 일이 아니라고 하겠는가? 허나 한스러운 것은 우리나라의 공부하는 벼슬하는 선비들은 당시를 이해하여 읊조리는데, 저 중국의 박학하고 덕망 있는 선비들은 우리나라 노래를 이해하지 못한다는 것이다.
>
> 然而詩構唐辭 磨琢於五言七字 歌排鄕語 切磋於三句六名 論聲則隔若參商 東西易辨 據理則敵如矛盾 强弱難分 雖云對衒詞鋒 足認同歸義海 各得其所 于何不臧 而所恨者 我邦之才子名公 解吟唐什 彼土之鴻儒碩德 莫解鄕謠
>
> 『균여전』 第八 譯歌現德分者.

위 인용문은 균여의 『보현십원가』를 한역한 최행귀崔行歸가 남긴 글로, 시와 가에 대한 그의 인식을 찾아볼 수 있다. 여기에서 시란 한시, 특히 당시를 말하고, 가란 우리말로 불리고 차자 문자인 향찰로 표기된 향가를 지칭하는 것임을 알 수 있다. 여기에서 알 수 있듯이, 최행귀는 당시와 향가를 각각 문자唐辭와 우리 말鄕語, 시와 가, 동일 문자권 내 보편적 전승과 지역 내 전승으로 존재를 규정하고 있어, 그 차이를 엄연히 전제하고 있다. 그럼에도 불구하고 그는 그 뜻과 깊이에 있어서는 시나 가가 한가지로 보고 있다는 점을 주목해 볼 수 있다. 그의 생각은 좁게는 번역의 대상이 된 균여대사의 『보현십원가普賢十願歌』를 위시한 사뇌가의 격조와 우수성에 대한 자긍심을 표현한 것이고, 넓게 보면 시와 가는 모두 마음에서 비롯되었으므로 그 뜻이 지향하는 바는 하나라는 시가일도 정신의 표현으로 보인다. 그런데 자국 내에서 이미 명성을 얻은 뛰어난 작품을 굳이 한역한 이유는 무엇일까? 다음 글에서 이유를 짐작할 수 있다.

> 그 지어진 것을 사뇌라고 부르나니 가히 정관貞觀 때의 시를 능욕할 만하고, 그 정치함은 부 중 가장 뛰어난 것과 같아서 혜제惠帝, 명제明帝 때의 부에 비길 만하다. 그러나 중국 사람들이 보려 할 때에는 서문 외에는 알기 어렵고, 우리나라 선비들이 들을 때에는 노래에 빠져서 쉽게 외우고는 그만이다.
> 其爲作也 號稱詞腦 可欺貞觀之詞 精若賦頭 堪比惠明之賦 而唐人見處 於序外以難祥 鄕士聞時 就歌中而易誦
>
> 『균여전』 第八 譯歌現德分者.

최행귀는 균여 향가의 깊이에 중국의 문인들도 공감하기를 원했고, 자국의 선비들도 노래라 하여 그저 귀로만 듣고, 입으로만 외우고 마는 것이 아니라, 오래 기억하기를 염원하여 번역했던 것이다. 여기에서 주목할 부분은 균여의 향가와 비교대상이 되는 것은 '貞觀之詞'와 '惠明之賦'라는 것이다. '貞觀之詞'란 당 태종 연간의 시이고, '惠明之賦'란 당 태종 이후의 화려한 장식과 수사를 숭상하던 일군의 시인의 부賦를 지칭하는 것이다.

여기에서 알 수 있듯이 최행귀는 균여의 향가가 시詩, 사辭, 부賦와 같은 격조를 가지고, 오래 기억되기를 바라며 한역했다는 것을 알 수 있는 대목이다. 우리나라 선비들이 노래만 취하여 구송만 하고 마는 것을 '절반의 이로움만 얻는 것'이라 하며 꺼린 데에서도, 균여의 사뇌가가 노래만이 아닌 시로서도 기억되기 원했던 역자의 인식을 알 수 있다. 최행귀의 이러한 인식은 사뇌가에서 가장의 주요한 표지가 되는 향가의 감탄어구를 번역하지 않은 데에서 단적으로 드러나고 있다. 요컨대 최행귀의 한역은 언어체계가 다른 텍스트 간의 번역이라는 의의 외에, '가에서 시로의 번역'이라는 의의 또한 지니고 있다고 할 수 있다.

국문시가가, '가'로 구송될 뿐 기록과 보존의 대상이 되지 못하는 것은 자국의 문자를 가지지 못한 시대적 상황을 반영하고 있다고 할 수 있다. 최행귀의 한역은 이러한 상황을 돌파하고, 가를 기록과 보존의 대상으로 바꾸려는 실천의 산물로 보인다. 그렇지만 한글 창제 이후에도, 문사들 사이에서 한글은 문자가 아닌 구어로 다루어지고 있었다.

> 중국의 노래는 풍아를 갖추어 재적에 오르는데 우리나라의 소위 가라는 것은 단지 손님을 맞이하는 잔치에나 쓰이는 오락으로 족하고 풍아재적으로 사용하기 적당치 않으니, 이는 대개 어음이 다르기 때문이다. 중국의 음은 말이 문이 되나 우리나라 음은 번역되기를 기다려야 문이 되는 고로, 우리 동방에 언문에 재주있는 자가 부족한 것은 아니나 악부, 신성처럼 전해지지 않았으니 개탄할 만하고, 또 조야하다 하겠다.
>
> 中國之歌 備風雅而登載籍 我國所謂歌者 只足以爲賓筵之娛 用之風雅卽不焉 蓋語音殊也 中華之音 而言爲文 我國之音 待譯乃文故 我東非才彦之乏 而如樂府新聲無傳焉 可慨而亦可謂野矣 萬曆癸丑長至放翁書于黔浦田舍
>
> 申欽, 〈放翁詩餘〉序

여기에서도 말과 글, 노래와 시에 대한 문인들의 생각을 살필 수 있다. 윗 글을 보면, 중국 민간의 노래는 곧바로 채집되어 악부, 신성으로 전해지지만 우리의 노래는 한문으로 번역이 되어야만 문자성을 갖추고, 기록의 대상이 될 수 있다는 것이다. 그렇기 때문에 국문으로 된 시가는 표기체계와 향유방식의 한계로 인해, 전범이 되는 대아지당大雅之堂에 오를 수는 없다고 진단했던 것이다. 국문시가를 본격적 비평의 대상으로 삼고, 그 의의를 인정한 홍만종洪萬宗(1643~1725) 역시 "우리나라 사람이 지은 가곡은 오로지 방언을 쓰고 사이사이에 한문자를 섞어 대략 언서로써 세상에 돌아다녔다. 대략 방언의 사용은 그 나라 풍속에 있는 것으로 부득이 그럴 수밖에 없었다我東人 所作歌曲 專用方言 間雜文字 率以彦書 傳行於世 蓋方言之用 在其國俗之不得不然也."라 하여 가는 문자성을 갖추지 못한 존재로 인식하고 있다. 요컨대 한글은 번역을 거쳐야 비로소 '문자'가 될 수 있고, 기록과 보전의 대상이 될 수 있다는 것은 조선 조 문인의 지배적 생각이었다고 할 수 있다.

그런데 초점을 조금 달리 해 보면 위의 글은 한글로 된 노래가 가진 문예적 기록물로서의 한계를 지적하는 듯 보이지만, 동시에 생활과 감정을 담은 노래의 가치에 대한 상찬 역시 담고 있다. 한글로 된 노래가 악부처럼 널리 전범이 될 수 없다는 사실을 개탄했던 신흠은 30여 수에 이르는 한글 노래를 지었다. 여기에서도 '차마 짓고 부르지 않을 수 없었던' 한글 노래에 대한 무의식적 끌림을 알 수 있다. 그들에게 한글이란 생활과 감정을 토로할 수 있는, 살아있는 언어이자 신체적 감각에 가까운 언어였기 때문이다.

왜 한글로 노래를 짓는가?

언어 분리 현상을 타개하는 가장 적극적인 실천 방식은 한글로 문예적 산물을 남기는 것이라 할 수 있다. 여기에 한글로 된 시가에는 언어적 차이 외에 '노래'라는 표현 수단이 더해진다. 따라서 "왜 한글로 노래를 짓는가?"라는 질문은 "왜, 어느 때 노래하는가?"라는 질문과도 중첩된다고 할 수 있다. 그 해답을 찾기 위해 동양의 예술관을 집대성한 『시경』의 서문을 살펴보도록 하자. 한나라 무렵 정리된 것으로 보이는 『시경』『모시毛詩』서문에는 시, 가, 무로 이어지는 감정의 고양 상태를 보여주고 있다.

> 시라는 것은 뜻이 가는 바이니, 마음에 있을 때에는 뜻이라 하고 말로 드러내면 시라 하는 것이다. 정이 마음 속에서 움직이게 되면 말로 나타나는데, 말로는 부족하기 때문에 차탄을 하게 되고, 차탄해도 부족하기 때문에 길게 노래하고 되고, 길게 노래해도 부족하기 때문에 자신도 모르는 사이에 손을 내흔들고 발을 구르게 되는 것이다.
> 詩者志之所之也 在心爲志 發言爲詩 情動於中 而形於言 言之不足 故嗟歎之 嗟歎之不足 故永歌 永歌 之不足 不知手之舞之 足之蹈之也
>
> 『毛詩』序

시와 노래는 모두 사람의 마음에 근원을 둔다. 그 마음이 외물에 감응하여 뜻을 언어로 표현하면 시, 정을 더 곡진하게 표현하면 노래가 된다는 것이다. 말하자면 시 혹은 단순한 말이나 차탄보다 더 고양된 정情의 울림이 노래로 표현되는 것이다. 시조와 가사 창작으로 한글 노래가 도달할 수 있는 아름다움과 깊이를 보여준 정철鄭澈(1536~1593)에 대한 후대 문인의 상찬은 "왜 한글로 노래하는가?"라는 질문의 답을 찾는데 하나의 해답이 될 수 있다.

> 공의 시는 청신하고 놀랄 만큼 빼어나 인구에 회자되었는데, 가곡은 더욱 절묘하여, 매번 듣고, 인후를 울려 높이 읊을 때마다 성운이 청초하고, 그 뜻이 홀연히 초월한 듯한 기상이 있어 나도 모르는 새 표표히 허공에 나르는 듯, 바람을 가르는 듯 하였다. 그리고 임금을 사랑하고 나라를 걱정하는 마음이 아스라이 사어辭語에 드리워 사람으로 하여금 울울히 느끼고 일으켜 찬탄하게

하는데 미치니, 공이 아니고서는 하늘이 낸 충의와 세간의 풍류에 어느 누가 능히 끼어들 수 있겠는가?

公詩詞淸新警拔 固膾炙人口 而歌曲尤妙絶 今古每聽 其引喉高詠 聲韻淸楚 意旨超忽 不覺其飄 飄乎如憑虛而御風 至其愛君憂國之誠 則亦且藹然於辭語之表 至使人感憶而興嘆焉 苟非公出天忠義 間世風流 其孰能與於此

李選, 「松江歌辭後跋」, 『芝湖集』 卷之六

『송강가사松江歌辭』를 편찬한 이선李選(1631~1696)의 발문에는 음률에 맞는 시어가 자아내는 소리가 어떤 정서적 효과를 불러일으키는지를 상세하게 기술하고 있다. 〈사미인곡〉, 〈속미인곡〉, 〈관동별곡〉에 대한 상찬은 시어와 음률에 두루 해박한 작가가 거둔 성취의 결과라 할 수 있다. 그렇지만 노래로 불리웠을 때 남는 청각적 인상은 우리말이 가진 잠재성을 온전히 실현한 결과라는 점을 주목해야 한다. 즉, 시에서 미처 드러내지 못한 마음의 울림이 우리말의 성조와 가락과 어울리면서 비로소 발현되었다고도 볼 수 있다. '절실한 감정의 표현'은 한시와 더불어 국문시가가 공존할 수 있었던 이유이자, 시로 다하지 못한 내면의 소리를 드러낼 수 있었던 요인이라 할 수 있다.

문인들에게 한글노래란 차마 말로 다 표현하지 못한 소회를 드러내는 통로이자 민풍에 더 가까워지는 방식이었다고 할 수 있다. 노래가 어떻게 사람 간의 소통을 유의미하게 이루어 내는지는 퇴계 이황李滉(1501~1570)의 사례를 통해 살펴 볼 수 있다. 문장을 통해 도학의 깊이를 드러내고자 했던 퇴계는 한글 노래 〈도산십이곡陶山十二曲〉을 짓고, 이 노래를 짓게 된 저간의 사정까지 밝히고 있다.

노인은 평소 음률音律을 알지는 못하나 그래도 세속의 음악은 듣기 싫어하였다. 한가히 살면서 병을 돌보는 사이에 무릇 성정에 감동이 있는 것을 매양 시로 나타내었다. 그러나 지금의 시는 옛날의 시와는 달라서 읊을 수는 있어도 노래하지는 못한다. 만약 노래하려면 반드시 시속말로 엮어야 되니, 대개 나라 풍속의 음절이 그렇게 하지 않을 수가 없는 것이다.

老人素不解音律 而猶知厭聞世俗之樂 閒居養疾之餘 凡有感於情性者 每發於詩 然今之詩異於古之詩 可詠而不可歌也 如欲歌之 必綴以俚俗之語 蓋國俗音節 所不得不然也

李滉,〈陶山十二曲跋〉

퇴계는 타고난 성정을 잘 보존하여 풍속을 올바른 곳으로 이끄는 시와 가의 필요성에 공감하고 있었다. 그런 그가 대면한 것은 시와 노래, 언과 문이 분리된 현실이었다. 한시는 음영은 가능하나, 가창은 오직 이속俚俗의 말, 즉 일상적으로 쓰는 말로 된 노래만이 가능하다는 것을 직시하고 퇴계는 사람의 마음을 자연스럽게 움직일 수 있는 노래의 힘에 주목했던 것으로 보인다. 평소 노래가 시의 격조에 미치지 못한다고 생각했을 뿐 아니라 시속의 말로 엮어졌음에도 그가 굳이 익숙지 않은 한글 노래 창작을 시도한 것은, '노래'의 유용함과 정서적 감응력을 충분히 인지했기 때문이라고 할 수 있다. 그는 가창뿐 아니라 춤까지 염두에 두고 이 노래를 지었던 것으로 보인다.

아이들로 하여금 아침저녁으로 익혀 노래하게 하고 안석에 기대어 그것을 들으며, 또한 아이들에게 스스로 노래하고 춤추게 하여 그럭저럭 비루함을 씻어낼 수 있을 것이며, 감발하여 융통할 수 있다면, 노래하는 자와 듣는 자가 서로 이로움이 없지 않을 것이다.

欲使兒輩朝夕習而歌之 憑几而聽之 亦令兒輩自歌 而自舞蹈之 庶幾可以

蕩滌鄙吝 感發融通 而歌者與聽者 不能無交有益焉

李滉,〈陶山十二曲跋〉

퇴계는 이 작품을 통해 시에서 노래로, 노래에서 춤으로 점차 정서의 고양을 이루는 가운데, 자연스럽게 윤리적 교화의 경지를 구현하고자 하였던 것이다. 시, 노래, 춤으로 이어지는 감정의 고양 단계는 앞서 살펴본 『모시』 서문에서 밝힌 시, 가, 무의 질서와도 일치하고 있다. 시속의 소리에 관심을 두지 않았던 도학자의 마음을 움직인 것은 인간 간의 소통을 매개하는 노래의 힘, 그에 대한 깨달음이었던 것이다.

시가일도 정신의 회복과 한글 노래집의 출현

본래 노래와 시가 한 길이라는 '시가일도詩歌一道'의 정신은 소리를 오롯이 살린 한글 노래가 존재해야했던 이유이기도 했다. 그러나 시가 노래의 본질에서 멀어지고, 노래가 문자성을 획득하지 못한 채, 멀어져 간 사이에 시가일도의 정신은 점차 자취를 감추게 되었다. 문인들의 한글 노래 창작이나 한역은 이러한 상황을 조금이나마 되돌리려는 모색의 일환이었던 셈이다. 그러나 시와 가로 위계화된 질서는 한글로 된 노래집의 편찬과 함께 점차 달라지게 되었다.

중인층 가객이 중심이 되어 편찬된 한글 노래집은 구어와 문어의 차이를 해소하고, 시와 노래를 통합하려는 실천적 노력을 보여주고 있다고 할 수 있다. 『청구영언』의 편찬자 김천택은 가집에 서문과 발문을 덧붙이는 등 사대부의 문집 체계를 따르면서, 시조의 격조를 시문의 격조로 끌어올리려는 의도를 보여주었다. 이들은 문집에 부분적으로 전하기는 하였지만 대개 부르는 '노래'로 존재하여 다분히 구비적 유동성을 지니고 있던 시조를 본격 기록의 대상으로 삼았다. 여기에서 주목할 것은 시와 노래는 사람을 움직인다는 점에서 하나라는 시가일도의 정신을 신흠과 홍만종 등 한글 노래에 대한 소평을 남긴 문인의 논의를 빌어 피력하고 있다는 것이다. 말하자면 김천택은 신흠과 홍만종에 의해 이론적, 비평적 차원에서 논의되던 한글 노래의 위상을 가집 편찬이라는 실천적 행위를 통해 입증하고자 했던 것이다.

한글 노래를 시와 동등한 지위로 끌어올리려는 가객들과 다른 지점에서 시가 갖지 못한 노래의 독자적 지위를 인정하고자 한 이론적 움직임도 살펴볼 만하다. 노래를 통한 관풍의 필요성을 역설한 이정섭李廷燮(1688~1744)과 홍대용洪大容(1731~1783)은 노래의 본질과 관련해서도 중요한 발언을 남기었다.

> 시가 어찌 반드시 주남·관저라야 하며, 노래가 어찌 순임금의 갱재뿐이리오. 성정에서 떠나지만 않으면 되는 것이다. 시는 『시경』 이후에 날로 옛날과 멀어져서 한·위 이후의 시 배우는 자는 한갖 용사와 자구의 꾸밈에 재빠른 것을 박식하다 하고 경치와 물색 꾸며내는 것을 공교롭다 했으며 심지어 성병을 따지고 자구를 다듬는 법이 나타나자 성정은 더욱 숨어버렸다. 우리나라에 와서는 그 폐단이 더욱 심하여 오직 노래 한 길만이 풍인이 남긴 뜻에 가까워져 정을 이끌고 연고를 펴내니 민간의 말로 읊조리고 노래하는 사이에 유연히 사람을 감동시킨다. 민간의 노래소리에 이르면 곡조는 비록 아름답고 세련되지 못하나 무릇 기뻐 즐기며 원망하고 탄식하고 미쳐 날뛰며 거칠게 구는 모습과 태도는 각각 자연의 진기에서 나온 것이다.
>
> 詩何必周南關雎 歌何必虞廷賡載 惟不離乎性情則幾矣 詩者風雅以降 日與背馳 而漢魏以後學詩者 徒馳騁事辭以爲博 藻繪景物以爲工 甚至於較聲病鍊字句之法出 而性情隱矣 下逮吾東其弊滋甚 獨有歌謠一路 此近風人之遺旨 率情而發 緣以俚語 吟諷之間 油然感人 至於里巷謳歈之音 腔

調雖不雅馴 凡其愉佚怨歎猖狂粗莽之情狀態色 各出於自然之眞機 使古

觀民風者采之 吾知不于詩而于歌 歌其可小乎哉

『靑丘永言』磨嶽老樵 後跋

노래란 그 정을 말한 것이다. 정이 움직여 말로 표현되고, 말이 글로 완성되니 이를 노래라고 부른다. 교졸을 따지지 않고, 선악을 잊어버리며, 자연에 의지하여 천기를 발하는 것이 노래의 미덕이다. …(중략)… 오직 그 입에서 나오는 대로 하는 노래라도 그 말이 가슴 깊은 곳에서 우러나오고, 꾸미고 다듬지 않아도 천진함이 그대로 드러나는 나무꾼의 노래와 농요 역시 자연에서 나온 것이다. 수식하고 퇴고하여 천기를 잃어버린 사대부의 시보다 도리어 낫다.

歌者言其情也 情動於言 言成於文 謂之歌 舍巧拙忘善惡 依乎自然 發乎天機 歌之善也 故詩之國風 多從里歌巷謠 …(중략)… 惟其信口成腔而言出衷曲 不容安排 而天眞呈露 則樵歌農謳 亦出於自然者 反復勝於士大夫之點竄敲推言則古昔而適足以斲喪其天機也

洪大容,『大東風謠』序

이들이 노래의 미덕으로 꼽고 있는 것은 자연의 진기이다. 진기란 '수식과 꾸밈이 없는, 있는 그대로의' 상태를 말한다. 이것을 수식과 기교에 묻힌 시에서는 사라져 가던, 오직 노래만이 간직한 가치라고 보았던 것이다. 이들은 궁봉석으로 매너리즘에 빠진 시작 경향에 대해 통렬한 비판을 가하고, 이의 대안을 자국어로 된 노래에서 찾았다. 이는 고답의 세계에 갇힌 시단에 대한 대안의 가능성을 민간의 노래에서 찾았다는 점에서, 시와 가로 위계화된 당대 문화 풍토에서 벗어난 모습을 보여주고 있다.

이들이 노래에 대한 중요한 발언을 한글로 된 노래집을 통해 밝혔다는 것은, 한글의 지위와 관련하여 다시금 주목해야 할 대목이라 할 수 있다. 한글 노래집의 편찬은 시와 가로 위계화된 질서를 바꾸고, 언문에 불과했던 한글의 지위를 바꾸는 데 기여했다는 점에서, 어문생활의 변화까지 예고하고 있다고 할 수 있다. 한글로 된 노래가 수집되고, 기록과 평가의 대상이 되면서 '전범'으로 예우받기 시작한 것은 한글로 된 노래를 의미 있는 실체로 인식하기 시작한 당대 문화적 풍토를 반영하는 것이라 할 수 있다.

한글이 국문이 되기까지

조선시대 문인들은 정도 차이는 있지만, 민간의 언어인 한글은 번역을 거쳐야 '문자'가 될 수 있다고 생각했다. 물론 한글로 된 저작의 품격을 높이려는 시도가 이어지고, 양적으로 축적되면서, 한글의 지위는 점차 상승하였지만, 언言과 문文이 분리된 상황이 근본적으로 바뀌지는 않았다. 한글의 문예적 잠재성을 끌어올리려는 노력이 이어지는 가운데 표기 자체의 중세적 성격으로 인하여 민간과의 소통에는 한계가 있을 수 밖에 없었던 한자문화권 내부에서도 의미 있는 변화가 일어나고 있었다. 18세기 이후 사대부 작가들에 의해 민요 취향의 한시나 구어를 반영한 야담이 다수 창작된 현상은 표기 방법, 담당층, 전승 방법 등에서 이질적일 수밖에 없었던 문화권을 보여 주는 상징적 사례라 할 수 있다. 한문을 중국의 원음과 가깝게 발음하여 문어를 구어에 일치시키려 하거나, 흔들린 한자의 규범을 재정비하고 한문을 표준화하여 한문의 소통력을 높이려는 시도 역시 언과 문이 분리된 상황을 타개하려는 모색의 일환으로 보인다.

그렇지만 언과 문이 분리되고 위계화된 이중언어 국면은 20세기 언저리에 이르면서 근본적인 변화를 맞이하게 되었다. 1897년 광무개혁 이후 공문서를 국문과 한문을 섞어 쓰라는 고종 황제의 칙령이 내려지면서 한글은 비로소 '국문'의 지위를 획득하게 되었다. 물론 칙령에서 언표한 국한문혼용이란 한문이 주가 되고, 한글은 토씨 등 보조적 수단으로 사용되는 한주국종체漢主國從體 혹은 한문현토체에 가까웠고, 공문서를 한글을 섞어 사용하라는 칙령에도 불구하고 대한제국기 관보나 판례는 여전히 한문으로 기록되었다.

그러나 민간 차원에서는 이미 동 시대에 한글로 이루어지는 공론장이 마련되고 있었다. 광무개혁 전해인 1896년에 독립협회의 기관지 『독립신문』이 순 한글로 창간되었다. 독립신문 창간사에는 "귀천을 막론하고 공론장에 참여할 수 있도록 한글 사용을 한다."고 하여, 한글이 '민권'의 언어임을 천명하였다. 독립신문은 순 한글 원칙 외에 줄글이 아닌 '띄어쓰기'를 시도하여 가독성을 높이기도 하였다. 1898년에는 순 한글 신문인 『제국신문』이 창간되었고, 창간호에 황제 폐하의 의지와 부녀자, 하층민의 계몽을 위해 한글로 발행한다는 원칙을 천명하였다. 1904년 『대한매일신보』가 순 한글·영문 양면으로 발행되어, 한글이 낭송의 언어에서 '가독可讀'의 언어로 나아가게 되었다.

신문의 창간은 이렇듯 인쇄매체의 보급과 한글 사용 확산에 기여하였다. 아울러 신문 매체는 민중의 계몽을 위해 시조, 가사, 민요, 창가 등 전통 시가 양식으로 메시지를 전파하여 전통의 혁신 사례를 보여주고 있다. 뿐만 아니라 고소설을 시대정신에 맞게 개작하거나 신소설을 연재하여 근대소설 발생에 기여하기도 하였다. 논설과 연설, 전통적 노래와 이야기 등 다양한 말하기와 글쓰기 방식이 공존하는 인쇄매체는 그야말로 한글로 된 공론장이라 할 수 있다. 한글 공론장의 출현은 시와 가, 진서와 언문, 문어와 구어로 확고하게 위계화된 질서가 근본적으로 바뀌고 있다는 것을 명백하게 보여준다고 할 수 있다. 물론 이러한 변화를 가능하게 한 것은 위로부터의 개혁이었지만, 인쇄 매체가 본격적으로 등장하는 근대 이전에도 내부로부터 조용한 변화와 모색이 꾸준히 일어나고 있었다는 점만은 기억해 둘 필요가 있다.

참고문헌

박애경, 「시와 가의 위계화와 가의 위상을 둘러싼 제 논의」, 『열상고전연구』 33집, 열상고전연구회, 2011.

김영희
한국 고전문학 읽기의 맥락과 지평

이야기의 연행과 전승

이야기는 하는 것이지 넣어두는 것이 아니다

"옛날에 어떤 도령이 있었어. 근데 이 도령에게는 아주 어려서부터 가지고 놀던 이야기들이 있었단다. 도령은 그 이야기들을 늘 주머니에 넣어 다녔대. 하지만 도령이 점점 자라면서, 어렸을 때는 즐겨 어울려 놀던 이야기들이 점차 도령의 관심 밖으로 밀려나기 시작했어. 어느덧 도령은 더이상 이야기들을 주머니 밖으로 꺼내지 않게 되었지.

그러던 어느 날 도령이 자기를 도와줄 종을 한 명 데리고 과거시험을 보기 위해 길을 떠났어. 몇 날 며칠을 걸으며 주막에 들러 쉬어가곤 했는데 어느날 밤 종이 주막의 부엌 근처를 지나다가 누군가 두런두런 이야기를 나누는 소리를 듣게 되었단다. 그래서 그 남자 노비가 무슨 일인가 하고 귀를 기울여보니 부엌이 아니라 방안에서 나는 소리였어. 주인이 잠든 방안을 기웃거려보니 방안에 도령이 벗어놓은 겉옷 안에 있던 이야기 주머니에서 나오는 소리더래. 자세히 들어보니 주머니 안의 이야기들이 소곤소곤 대화를 나누는데, 그 내용이 '우리가 어릴 때 얼마나 저 도령이랑 잘 놀아줬냐, 그런데 저 놈이 이제 우리를 거들떠보지도 않으니 괘씸하기 이를 데 없다, 저 놈에게 본때를 보여주자'는 것이었어.

　이야기들이 계획한 응징의 내용은 과거 보러 가는 길에 계속 함정을 만들어서 도령을 골탕먹이는 것이었어. 이 모든 내막을 알고 있던 종은 다음 날부터 도령에게 닥칠 위험을 미리 대비해 도령을 안전하게 지켜냈단다. 도령이 무사히 과거장에 도착한 후 종에게 고맙다고 말하자 종이 그간 있었던 일의 내막을 들려주었어. 그 후 도령은 다시 주머니 속 이야기들과 함께 어울려 놀았단다."

　〈이야기 주머니〉라는 제목으로 널리 알려진 구전서사다. 이야기를 연행한 이들은 "이야기는 하는 것이지 넣어두는 것이 아니다"라는 말로 연행을 시작하곤 한다. 이 이야기는 이야기하기가 인간의 가장 근원적인 욕망과 본능에 닿아 있는 일이며, 이야기하고자 하는 욕망에 개입된 표현의 본능이 인간 실존에 중요한 가치를 지니는 일이라는 사실을 암시한다.

　이야기를 한다는 것은 무엇이고, 이야기를 하지 않는다는 것은 무엇일까? 〈이야기 주머니〉는 이야기를 하지 않을 때 억압하거나 잃어버리는 것은 무엇인지, 또한 이야기를 할 때 만들어내거나 표현하는 것은 무엇인지 우리에게 질문한다. 살아간다는 것이 의미를 발견하고 구성해가는 과정이라면 이 의미는 이야기를 통해 만들어진다. 인간의 표현은 삶의 도처에서 의미를 찾아내고 그 의미를 자신만의 언어로 새롭게 재창조해내는 작업이라고 할 수 있다. 인간이 할 수 있는 표현 가운데 언어를 매개로 한 표현만큼 주요하며 본질적인 것은 없다. 인간은 언어적 사고와 표현을 통해 자기 존재를 구성하고 세계를 인식하며 행위를 수행해나간다. 이때 인간의 언어 가운데 가장 오래되고 직접적이며 일상적인 것은 글 이전에 '말', 곧 구술언어다.

〈이야기 주머니〉는 인간이 성장하고 사회화되는 과정에서 이야기하는 본능, 곧 자신만의 고유한 표현 역량을 점차 잃어버리게 된다는 사실을 비유적으로 보여준다. 표준화된 삶의 방식을 내면화하고 규범적 틀에 동화되는 순응과 순치의 과정에서 풍요롭던 삶의 의미를 점차 상실하여 삶의 경계를 축소해갈 수밖에 없음을 빗대어 설명하는 것이다. 이 이야기는 이와 같은 상실에 대한 인식과 성찰이 없다면 인간이 실존적 위기에 다다를 수 있다고 경고한다. 이야기하고자 하는 욕망을 거세하고 이야기하는 행위를 중단할 때 사회적 존재로서의 인간이 실존적 '죽음'에 가까운 위기를 경험할 수 있음을 일깨우는 것이다.

이야기는 어떻게 전승되는가 : 구술 연행

구전 서사oral narrative의 전승은 구술 연행oral performance에 의존한다. 구술 연행은 단순히 이야기를 말로 풀어간다는 의미를 넘어선 개념이다. 이야기를 할 때의 분위기와 조건, 이야기를 하거나 듣기 위해 모여든 사람들의 관계와 상호작용 양상, 이야기판에 참여한 사람들의 표정과 말투 같은 비언어적 요소들이 연행을 틀 지우는 주요 항목으로 기능한다. 사회언어학이나 연행 이론에서는 이를 맥락context이라는 말로 설명한다.

연행performance 또한 특별하게 패턴화된 행위의 개념을 넘어선다. 오랜 전승 과정을 거치면서 연행은 어떤 패턴화된 행위로 드러날 뿐 아니라 연행하는 이들의 자격과 역할을 제한하면서 특별한 계약 관계를 만들어낸다. 연행에 참여할 수 있는 사람과 배제되는 사람, 연행을 주도할 이와 관망할 이 사이의 경계를 만들어내며, 연행에 참여하는 순간 어떤 특정한 태도를 갖도록 연행자들을 강제하는 일정한 계약 관계를 형성하는 것이다.

예를 들어 도깨비를 만난 이웃 사람의 이야기를 듣는 이야기판의 사람들 중 누구도 그 사건이 실제로 일어났던 일인지 묻지 않는다. 오늘날에는 이를 논쟁하는 사람들이 간혹 나타나기도 하지만 전통적인 이야기판에 익숙한 사람들이나 이야기를 즐기는 사람들 사이에서는 이와 같은 이야기들이 모두 '진실한 이야기'로 공유된다. 이는 지역 공동체의 전통과 역사를 표상하는 특정 사물과 공간, 인물에 얽힌 이야기, 흔히 '전설'로 분류되는 이야기의 연행에서도 흔히 나타나는 현상이다. 이야기판에 참여한 사람들은 연행되는 이야기를 '진실한 것'으로 받아들이고 이야기가 표상하는 공동체의 역사와 전통을 존중하는 태도를 갖기로 이미 약속되어 있다. 연행에의 참여는 이와 같은 서사적 계약에의 참여를 의미하는 것이다.

이야기의 진실, 곧 서사적 진실은 서사가 재현하거나 기술하는 사건이 실제로 일어난 일이라거나 해당 서사가 역사 서술을 치환하는 권위를 갖는다는 맥락에서의 '진실'이 아니다. 여기서 이야기의 진실성은, 공동체로부터 자격과 권위를 인정받은 연행자가 연행하는 이야기이며 공동체의 전통이 승인한 이야기이기에 '연행과 전승에 참여한 이들이 공동체를 표상하는 이야기로 존중하고 인식하는 서사'라는 의미에서의 진실성을 암시한다. 이들이 연행 현장으로 표상된 일상적 담화의 장 속에서 공유하고 있는 서사적 계약의 핵심 코드는 이야기가 표상하는 일종의 문학적 진실, 서사적 진실을 의심하지 않고 이를 수용할 뿐 아니라 이와 같은 이야기의 연행과 전승에 자발적으로 참여하겠다는 약속이다. 이 약속은 공동체에 대한 일종의 의무와 사명을 암묵적으로 서약하는 행위이자 이와 같은 참여에 대한 공동체의 승인을 기꺼이 받아들이겠다는 의사의 표현이다.

한편 연행performance은 기록이 아니라 구술에 의거한 행위다. 때로 기록물을 참조하기도 하지만 연행의 본질은 언제나 구술에 있다. 기록이 글에 의존하는 데 반해 구술은 말에 의존한다. 말은 표정과 몸짓, 침묵과 휴지 간격 등 비언어적 요소까지를 포함하는 소통 및 표현 매체라고 할 수 있으며 다분히 맥락, 곧 콘텍스트context에 의존적이다. 구술 담화는 발화의 현장을 가로지르는 다양한 맥락에 민감하게 반응한다. 발화 시간이 밤인지 낮인지, 발화 장소가 공공 장소인지 개인적인 공간인지, 발화에 참여한 이가 다수인지 소수인지 등 다양한 조건에 따라 발화 양상은 다르게 구현된다.

구술의 상황의존성은 그 결과물인 텍스트를 유동적인 것으로 만든다. 독자에 해당하는 청중들이 텍스트 생성 과정에 참여할 수 있다는 점에서 구술 행위는 '열린 텍스트'를 지향한다. 기록물과 달리 구술 연행물은 텍스트 생성 및 향유 주체가 집단이다. 집단이 참여하여 텍스트를 만들고 향유한다는 것은 텍스트 생성 및 향유 현장이 여러 사람의 해석적 지평이 공유되거나 경합하는 장으로 기능함을 의미한다. 집단에 의해 만들어지는 텍스트는 집단의 가치나 규범, 집단 정체성 등을 표상하거나 지시하며, 이것이 만들어지거나 연행 주체에게 작동하는 방식 또한 집단적이다.

이에 따라 연행물로서의 이야기와 독서물로서의 이야기는 서로 다른 효과를 만들어낸다. 독서물이 비평적 거리를 만들면서 반성적인 사유를 이끌어내는 것과 달리 연행물은 목소리의 물질성에 이끌리면서 좀더 직접적이고 참여적인 효과를 만들어낸다. 연행에 참여한 이들은 이야기 속 상황에 쉽게 몰입하여 감정을 이입하거나 작중 인물과 자신을 동일시하기도 한다. 연행은 생활세계에 밀착된 담론을 구성하면서 때때로 논쟁을 이끌어내기도 한다.

대표적인 예로 소설을 독서물로 향유할 때와 연행물로 향유할 때 이야기가 만들어내는 효과는 다르게 구현된다. 소설은 조선 후기 이래 상당히 오랜 기간 동안 연행으로 향유되었으며 최근에도 소설을 노래로 부르는 이들을 만나는 것은 그리 어려운 일이 아니다. 아래 〈이야기책 노래〉를 연행한 강선용(남, 당시 86세)씨(2010년 2월 4일 강원도 원주시 지정면 판대1리 판관터 마을회관)도 어려서부터 귀동냥으로 어른들이 소설 연행하는 것을 들고 따라하다가 자신도 소설 연행을 할 수 있게 되었노라고 말했다.

〈이야기책 노래〉
명재는 선군이요 국호는 조선일레라
한양에다가 도읍을 하니
인왕산은 주산이 되고 종남산은 안산이 됐네
왕십리는 청룡이 되고 한강수는 백호가 됐네
억만정하니 둘러를 있는데 김남전은 날까도 말까
그 아이의 관상을 보니
얼굴은 관옥에 같고 몸채는 두목지라
두 살 먹어서 말 배우니 서빈장에는 귀빈이요
세 살 먹어서 걸음을 걸으니 효자충신이 아름답다
구구육갑에 천자나 문은 다섯 살에 다 외웠네
시전에 서전에 논어는 맹자는 십 세에 다 외워서
시전 서전에 백가나 수는 십오 세에 다 외워서
이때가 어느 때던가
춘삼월 호시절에 왕세자를 봉하려 하고
글제가 걸렸으니 강구나 연월에 엔문동이요
해제를 생각을 하고
서적을 옆에다 찌고 장안에 들어를 가서
사지를 펼쳐놓고 용현에다가 먹을 해 갈고
조명덕에 체를 받고 왕희지에 필법으로다
일이휘지 선장하니 상시관이야 보일시구서
어허- 그 글 잘 지었다
자자엔 관옥이요 글귀마다 관귀로구나
알성급자를 선장을 하니

> 얼굴은 두견화라 몸에는 청룡을 입고
> 구구육갑을 잡히는 소리 대도상에 썩 오르시니
> 어허 저 양반이 누구신가 호호청천 이른지라 …(하략)

소설이 이처럼 노래로 연행될 때 독서물로 읽힐 때와는 달리 이야기 향유자들은 쉽게 이야기 속 상황에 빠져들며 감정이입과 동일시, 심리적 투사와 몰입 등을 경험하게 된다. 그리고 무엇보다 이와 같은 과정이 집단적으로 수행된다는 점이 중요하다. 연행에 참여한 이들이 경험하는 정서적 고양과 세계 인식의 내용은 모두 집단적으로 공유되며 연행 집단은 하나의 감정공동체로 작동하기에 이른다. 집단적인 감정의 고양 속에서 특정 내용의 역사 인식이나 세계상 등이 더욱 강력한 효과를 발휘하며 연행에 참여한 개인들의 내면에 자리잡게 되는 것이다.

이와 같은 과정을 보여주는 대표적인 사례가 조선 후기 담배가게 살인사건의 장면이다. 조선 후기 소설 연행 장면 가운데 가장 큰 이슈가 되었던 것은 담배가게에서 〈임경업전〉을 연행하는 사람의 이야기를 듣다가 간신이 임경업을 해치는 대목에 이르러 담배 써는 칼로 연행자를 찔러 죽인 일명 '담배가게 살인 사건'이었다. 당시에 이 사건은 사회적 파장이 컸던 탓에 실록뿐 아니라 사대부들의 개인 문집과 일기 등에도 그에 관한 기록이 나타나고 있다.

> (전략)… 다음과 같이 판결하였다. "항간에 이런 말이 있다. 종로거리 담배가게에서 소사패설小史稗說(여기서는 〈임경업전〉) 읽는 것을 듣다가, 영웅이 뜻을 이루지 못한 대목에 이르러 눈을 부릅뜨고 입에 거품을 물면서 담배잎 썰던 칼을 들고 곧장 책 읽는 사람에게 달려들어 찌르니 바로 죽었다. 종종 이처럼 맹랑하게 죽는 일이 있으니 가소롭다." …(후략)
> 『정조실록正祖實錄』卷三十一,「正祖 十四年(1790) 八月 戊午(10일)」기사

(전략)… 옛날에 한 남자가 종로거리 담배가게에서 소사패설小史稗說 읽는 것을 듣다가, 영웅이 뜻을 이루지 못한 대목에 이르러 눈을 부릅뜨고 입에 거품을 물면서 담배잎 썰던 칼을 들고 곧장 책 읽는 사람에게 달려들어 찌르니 바로 죽었다. 종종 이처럼 맹랑하게 죽는 일이 있으니 가소롭다. 주도퇴朱桃椎・양각애羊角哀처럼 죽은 이가 예부터 몇이나 되는가? …(후략)

『청장관전서靑莊館全書』 권20 「아정유고雅亭遺稿」 12, 『국역 청장관전서』 4, 민족문화추진회, 1967, 8면.

소설 〈임경업전〉의 주제는 대체로 임경업의 민족 영웅으로서의 형상을 강조하거나 외적에 대한 분노를 드러내는 방향으로 초점화되어 있다. 그러나 외적에 대한 분노보다 더욱 강하게 드러나는 것은 간신 김자점에 대한 분노다. 소설 속에서 호국의 왕은 오히려 임경업의 영웅적인 면모에 감복하여 그의 존재를 인정하고 그에 대한 존경을 표하기까지 한다. 임경업의 인물됨에 대한 존경은 조선에 대한 정치적이고 외교적인 승복으로 이어질 정도로 강력한 것으로 묘사된다. 호국의 왕은 사신을 보내 조선에서 직접 임경업의 제사를 지내게 하며, 이 과정에서 '조선 국왕 만세'를 외쳐 부르기도 한다.

소설 〈임경업전〉이 연행될 때 간신의 목소리를 내는 연행자를 간신으로 착각하여 칼을 들어 그를 찌르게 할 만큼 연행에 참여한 이를 분노케 한 것은 무엇이었을까? 소설 〈임경업전〉의 핵심 갈등이 간신 김자점과 충신 임경업 사이의 대립이라는 점을 감안할 때, 그의 분노는 임경업에 대한 동일시와 작중 상황에 대한 감정이입의 결과다.

연행에 참여한 이들은 간신 김자점이 승리하고 충신 임경업이 죽어야 하는 작중 현실에 직면하여 작품 안팎의 경계를 허물고 이야기 속 상황을 자신들이 살고 있는 현실 세계로 끌어낸다. 이들이 느낀 분노와 울분이 더욱 증폭된 것은 이야기가 실감나게 '연행'되었고 이와 같은 연행이 집단적으로 이루어졌기 때문이다. 인식과 감정이 집단적으로 공유되면서 더욱 확대된 양상을 짐작할 수 있다. 이처럼 담배가게 살인사건은 이야기의 '연행'이 만들어내는 집단 정서 및 집단의식 공유의 진폭을 가늠케 한다.

누가 이야기를 연행하는가 : 연행 주체

구전이야기 연행은 오랜 전승 역사를 통해 형성된 '관습적 규칙'과 '공유된 이해'에 토대를 둔 표현 및 소통 행위라고 할 수 있다. 리차드 바우만Richard Bauman은 이를 '의사소통 양식으로서 연행이 지닌 독특한 해석적 틀이자 연행자와 청중 사이의 무언의 약속'이라고 설명하였다. 그에 따르면 이 약속에는 연행자가 스스로에게 부과한 책임과 청중에 대한 무언의 초대, 그리고 연행의 기술과 효과를 평가하겠다는, 청중이 스스로에게 부여한 책임과 무언의 응대가 포함되어 있다.[1] 초대 받았고 이에 응답한 이들만이 연행에 참여할 수 있으므로, 연행에 참여한 이들과 그렇지 못한 이들 사이에 경계가 만들어지는 셈이다. 이때 연행 참여를 가능하게 하는 것은 전제된 사회적 맥락에 대한 이해와 관습적 규칙의 공유다.

이렇게 볼 때 연행 현장은 일종의 권력 장이다. 어떤 사람들은 연행에 참여할 수 있으나 어떤 사람들은 연행에서 배제되기 때문이다. 또한 연행에 참여한 사람들 사이의 권력관계에 따라 연행은 다르게 구현된다. 특히 주도적 연행자와 비주도적 연행자 사이의 상호 관계나, 연행자와 조사자 사이의 상호 작용은 연행에 가장 크게 영향을 미치는 요소 가운데 하나다. 특히 청중의 기대와 요구에 대한 반응과 태도는 연행에 작용하는 권

---

[1] Richard Bauman, "The Nature of Performance", *Verbal Art as Performance*, Waveland Press, 1984, pp.7~14, pp.15~24.

력 요소 가운데 가장 주목해야 할 조건이라고 할 수 있다.

마리 매클린은 모든 연행이 특정한 기대에 부응하려는 연행자와 수용자들 사이에 존재하는 계약 관계를 ―수용자들이 적극적이든 소극적이든 상관없이― 암시한다고 말한다. 그에 따르면 서사적 행위는 정보를 제공하거나 즐거움을 주거나 가르침을 주거나 간에, 계약에 따른 최소한의 의무들을 반드시 지켜야 한다는 하나의 틀frame을 설정한다.[2]

마리 매클린은 "전통적인 의미의 연행은 보는 자와 보이는 것, 듣는 자와 들리는 것 사이의 합의된 관계에 의존하고, 포함과 배제의 관계에 의존한다."고 말한다. 그에 따르면 화자teller는 이야기하기가 이루어지는 공간 안에 특정 청자들만을 포함시킨다. 그리고 화자話者(말하는 자)는 이 특정 청자聽者(듣는 자)들에게, 배제당한 그 밖의 다른 사람들과 구별되는 의무나 특권이 있음을 인정한다. 또한 그는 "한 공간 안에서 일어나는 이러한 인정이 결코 일방적인 것만은 아니다. 화자 또한 특권화된 무대에 들어서기 때문이다."라고 언급한 바 있다.[3] 이는 곧 연행이 이루어지는 순간 화자와 청자, 곧 연행 주체가 특권화된 장 안으로 초대됨을 의미하며 이것은 곧 일종의 담론 권력이다.

사이토 준이치는 공동체 내부에 존재하는 비공식적 배제의 문제를 지적한 바 있다. 그에 따르면, '닫힌 공동체에 비해 비교적 열려 있는 공공성의 영역에도 공식적 배제가 존재'하는데 이때 주목해야 할 것은 '비공식적 배제의 문제'다.[4] 그는 이것을 '담론 자원discursive resources'이라는 개념으로 설명하였다. 여기서 '담론 자원'은 언어를 매개로 이루어지는, 의사소통을 포함한 헤게모니 기제를 의미하는데 문화의 지배적 코드를 습득

---

[2] 마리 매클린, 임병권 옮김, 『텍스트의 역학 - 연행으로서 서사』, 한나래, 1997 참조.
[3] 마리 매클린, 앞의 책, 21쪽.
[4] 사이토 준이치, 윤대석·류수연·윤미란 옮김, 『민주적 공공성』, 이음, 2009, 31~34쪽.

하고 있는지 여부가 '담론 자원'의 우열을 규정한다. 이때 장場의 성격에 부합하는 어휘를 사용하고, 그에 어울리는 주제를 선택하며, 담론 공간 안에서 승인될 수 있는 말하기 방식을 채택하는 것 등이 모두 '담론 자원'을 구성한다. 따라서 '담론 자원'의 비대칭적 불균형, 곧 '담론 자원'을 공유한 자와 그렇지 않은 자 사이의 불균형이 비공식적 배제의 기제로 작동할 수 있다.

이야기 연행의 장場에서 '담론 자원'의 불균형이 초래하는 비공식적 초대와 배제의 기제가 작동된다고 할 때 이는 언어적 상호 작용과 비언어적 상호 작용을 포괄하면서 그것들을 넘어서는 총체적인 의사소통 과정 내의 어떤 국면들을 암시한다. 특정 연행 공동체가 연행에 앞서 구성되고 이 공동체에 의해 연행이 주도되는 것이 아니라 연행을 통해 포함과 배제의 기제가 암암리에 작동되고 이 포함/배제 기제의 작동에 따라 특정 공동체의 경계가 만들어지는 것이다.

이는 연행의 효과로서 구성되는 존재이자 연행에 참여하여 연행을 만들어나가는 이들인 '연행 주체'가, 결코 단일 주체나 동질적인 집단으로 가정될 수 없음을 암시한다. 이른바 '구전이야기를 연행하고 전승하는 주체는 민중民衆이다'라는 전제는 연행 주체를 특정 집단 동일성을 공유한 추상적이고 동질적인 존재로 가정한다는 점에서 언제나 허구일 수밖에 없다.

토박이 주민인지 이주민인지, 젠더정체성이 남성인지 여성인지, 마을 공동체 내부의 네트워크 상에서 위치가 어떠한지, 마을 정치의 권력 관계 속에서 어떤 역할을 수행해왔는지 등에 따라 이야기 연행에 참여할 수도 있고 배제될 수도 있으며, 이야기 연행을 주도할 수도 있고 주도하지 못할 수도 있기 때문이다. 연행 및 전승의 전체 지형 안에서 이야기가 위치한 자리에 따라 이야기 연행은 서로 다른 결을 지닌 연행 주체를 구성한다. 이처럼 이야기 연행을 통해 구성되는 연행 주체는 이질적이고 다층적이며 복합적이다.

이야기는 어떻게 전통을 만드는가: 이야기 연행과 공동체

이야기 연행은 공동체를 근간으로 이루어진다. 연행에 참여한 모든 사람들은 서로 같거나 각기 다른 공동체의 일원으로 존재하며, 연행의 모든 조건과 환경은 공동체의 맥락context 위에 있다. 집단 연행이 아닌, 일대일의 개별 연행에서도 이와 같은 조건은 동일하게 적용된다. 이야기를 들려주는 이나 이야기를 듣는 이는 모두 가족이나 가문, 혹은 지역적 기반을 집단 동일성의 주된 내용으로 삼는 공동체의 구성원으로서 연행에 참여한다.

모든 공동체는 공동체를 구성하는 개인들을 공동체에 부합하는, 혹은 공동체적 몸과 마음을 소유한 일인一人으로 거듭나게 하는 고유의 기제를 가지고 있다. 공동체적 동질화와 통합의 전략을 실행하며 공동체를 유지하고 존속시키는 데 기여하는 다양한 사회적 맥락들이 그물망처럼 촘촘히 공동체적 삶을 가로질러 존재하는 것이다.

공동체의 시스템을 유지하는 데 기여하는 직접적인 규제와 훈육의 기제들도 존재한다. 그러나 언제나 중요한 것은 '자발적 종속'의 구도다. 구성원들 스스로가 사회적 시스템에 자발적으로 참여하고 동의하는 형식을 취할 때 비로소 이와 같은 기제들이 빛을 발한다. 이는 단순히 개인들이 공동체의 시스템에 동의하는 의사를 표현한다거나 공동체의 규범과 가치를 묵묵히 수행한다는 의미를 넘어서는 어떤 것이다. 공동체의 근간을 이루는 가치와 규범, 질서의 핵심 뼈대는 공동체의 구성원들에게 일종의 '자연'으로 존재하며, 이는 '정당화'될 필요조차 없는 대상이다. 의식적 참여와 동의를 넘어서는, 무의식적 공모와 동화의 기제들이 일상 구석구석을 메우고 있는 것이다.

공동체의 구성원으로 거듭난 한 사람은 자연화된 공동체의 규범과 가치, 질서의 존재 이유나 정당성을 따져 묻지 않는다. 물을 이유와 자격이 그에게 없기 때문이다. 존재 이유와 정당성에 의심을 품는 순간 그는 공동체의 경계 바깥으로 배제되거나 축출될 위기에 처한다. 그는 이미 무의식적으로 '그것들'을 묻지 않기로 약속한 상태이며 이와 같은 일종의 계약이 그로 하여금 공동체의 경계 안에 머물 수 있는 권리와 자격을 부여한다. 그는 일상의 다양한 순간과 계기들을 통해 공동체의 승인을 받은 존재, 곧 공동체적인 몸과 마음을 가진 '주체subject'로 형성된다.

이야기 연행을 주체의 자발적 참여와 공모에 토대를 둔 주체 형성 과정으로 재해석할 때 이 자발성과 능동성을 이해하는 계기는 이야기 연행을 정체성 수행으로 해석하는 과정을 통해 비로소 열린다. 이야기 연행을 주체 형성 과정으로 이해할 때 이야기는 동화와 공모의 대상이 되는 '표준화' 내용을 실어나르는 기제가 되며, 이야기의 연행은 주체를 생산해내는 담론적 모형matrix으로 기능한다. 연행에 참여한 이들은 구전이야기가 지시하는 정체성의 시나리오를 확인하고 이를 내면화하는 단계를 넘어서, 정체성 수행을 반복함으로써 이에 부합하는 주체로 거듭나게 된다. 정체성 수행은 정체성의 내용을 몸에 기입하는 과정일 뿐 아니라 정체성을 행함doing으로써 주체로 만들어지는 과정이다.

정체성을 담론적 구성물로 인식하면 정체성의 내용을 지시하는 서사는 일종의 시나리오로 간주될 수 있다. 정체성을 암시하는 허구적 구성물인 동시에 그 자체로 훈육적 효과를 발생시키는 담론적 틀이자 주체를 호명하는 이데올로기적 기제가 되는 셈이다. 이야기 연행은 가장 지속적이며 일상화된 정체성 수행의 매트릭스라고 할 수 있다.

예를 들어 마을 공동체를 대표하는 인물이나 지형에 관한 이야기를 연행함으로써 연행 주체는 공동체의 역사와 전통에 참여하는 동시에 이를 통해 공동체의 일원으로 거듭나게 된다. 또한 성적 욕망을 다루는 이야기를 연행하는 과정을 통해 연행 주체는 특정 내용의 젠더정체성을 수행遂行케 되며 이를 통해 '남성' 혹은 '여성'으로 거듭나게 된다. 때론 공동체의 가치와 규범을 전수하고 이를 통해 공동체를 유지·존속하는 것이 연행에 참여하는 핵심 동기를 구성하기도 한다. 이런 경우 연행을 통한 집단 정체성의 수행은 공동체의 표준화normalization 기제에 부합하는 주체의 생산이라는 사회적 효과를 만들어낸다.

결국 이야기 연행의 이와 같은 효과는 연행에 참여한 이들을 집단으로 통합하는 동시에 기존 질서로 편입시키는 사회입문, 곧 입사적入社的 기능에 가깝다. 이야기 연행의 사회입문적 기능은 여러 신화학자들의 주장을 통해 이미 확인된 바 있다. 그들은 신화가 오래 전부터 입사식入社式(initiation)에서 신참자를 이끄는 입문 안내의 기능을 수행하였으며 이와 같은 기능은 전통적인 신화 연행이 축소되거나 사라진 이후에도 공동체 결속에 기여하는 방식으로 여전히 지속되었다고 주장한다.

모든 공동체는 집단 동일성에서 벗어난 요소들을 배제하고 축출하는 동시에 이와 같은 폭력을 은폐하거나 정당화하는 고유의 정치적 기제를 갖는다. 위기를 초래할 위험 요인으로 집단 내 비동질적 요소들을 지목하고 이를 공동체 바깥으로 축출하는 과정을 반복함으로써 공동체를 유지하고 존속시키는 독특한 메커니즘을 보유하는 것이다. 이때 비동질적 요소들에 대한 폭력은 공동체를 위기에서 구원하는 행위로 정당화되며 이를 위해 온갖 부정적이고 비윤리적인 혐의들이 비동질적 요소들에 덮어씌워진다.

이야기는 비동질적 요소들의 혐의를 고발함으로써 배제와 축출의 폭력을 정당화하는 동시에, 집단 동일성에서 벗어났을 때 겪게 될 폭력을 예고함으로써 연행에 참여한 이들로 하여금 공포와 불안을 경험하게 하며 이를 통해 사회입문적 과제 수행에 대한 강박에 휩싸이게 만든다. 구전이야기 연행에 참여함으로써 공동체의 규범과 가치를 내면화하고 동질화 요구에 자발적으로 굴복하는 동화와 순응의 과정을 수행케 되는 것이다. 이는 곧 공동체 내 표준화 규준을 인식하고 수용하는 과정인 동시에 집단적 통제와 훈육 시스템을 승인하는 과정이라 할 수 있다. 공동체적 '육체'와 '정신'을 생산해내는 이와 같은 과정에의 참여는 말 그대로 공동체의 일원으로 거듭나는 '재생'과 '부활'의 신화를 재현한다.

이야기 연행이 사회적 '호명interpellation'[5]에 부응하는 주체를 생산하는 효과를 만들어낸다면, 이는 곧 사회적으로 무의미한 존재에서 벗어나 주체로 거듭나는 통과의례적 과정으로 재해석될 수 있다. 전前 존재로서는 죽고(단절 내지는 절연) 공동체가 승인하는 존재로 거듭나는(재생 내지는 재접속) 입사식에 비견할 만한 상징성을 드러내는 것이다. 그리고 이것은 통과의례가 그러한 것과 마찬가지로 공동체의 지속과 유지에 기여하는 것은 물론, 공동체의 존립 자체를 가능케 하는 핵심 조건으로 기능한다.

사회적 주체로 거듭나는 '주체되기'의 과정을 통과의례적 상징성에 빗대어 재기술하면 사회적 경계 안으로의 편입을 의미하며, 이는 경계 바깥의 존재로서의 죽음을 전제로 한다. 사회적 경계 안은 집단적 동일성이나 표준화에 따른 동질화의 내용들로 가득차 있기에 경계 안으로의 진입은 비동질적 요소들의 연소燃燒를 전제로 하지 않을 수 없다. 입문을 앞둔 개인이 집단적 동일성에서 벗어난 '남다름'의 요소들을 스스로 제거하는 자기 거세의 과정을 거치지 않고서는 경계 안의 존재가 될 수 없는 것이다. 이때 경계 바깥의 요소들은 경계의 안정성을 위협하는 치명적인 요인들로 간주되며 불안과 공포의 대상이 된다.

주술적 관념과 토템적 사고의 모든 기원이 사회적인 것으로부터 나왔으며 사회적인 필요와 관계에 의해 구성된 것임을 논증한 에밀 뒤르켐은, 개인을 집단에 통합시기고 집단을 결속시키는 역할을 수행하는 '토템적

5_ 알튀세는 이데올로기가 주체를 구성하는 과정에서 주체의 승인이 반드시 전제됨을 '호명interpellation' 이론으로 설명한 바 있다(루이 알튀세, 이진수 옮김, 『레닌과 철학』, 도서출판 백의, 1991, 175~178쪽 참조).

상징'에 대해 언급한 바 있다.[6] 예를 들어 입사식 때 신체에 새겨 넣는 문양이나 문신, 혹은 토템과 연관된 고유의 상징 체계 등이 토템적 상징이라 할 수 있는데 오늘날 특정 민족이나 국가를 표상하는 상징물이나 특정 집단을 대표하는 고유 문양 등이 여기에 속한다. 이와 같은 표상은 단순한 이미지만으로도 집단을 하나로 묶어세우는 강력한 힘을 발휘하며 집단에 대한 자부심이나 일체감을 고양하는 데 효과적인 영향력을 드러낸다.

'토템적 상징'에 관한 논의를 참고할 때, 공동체를 상징적으로 표상하는 특정 지형이나 인물 등에 관한 이야기는 공동체 내에서 토템적 상징과 같은 역할을 수행할 수 있다. 공동체를 대표하는 특정 바위나 산, 이름난 인물에 관한 이야기는 그 자체로 공동체의 역사와 전통을 상징하면서 공동체 구성원을 결속시키는 '깃발'과 같은 효과를 만들어낸다. 공동체를 대표하는 특정 대상에 결부된 이와 같은 이야기들이 공동체 구성원들에게 토템적 상징으로 기능하는 것이다.

이때 집단 동일성의 내용을 구현하거나 여기서 벗어난 비동질화의 위험을 경고하는 사건을 직접적으로 재현하지 않더라도, 예를 들어 공동체를 표상하는 특정 대상에 대한 이미지나 이에 결부된 사건을 단순히 암시하거나 간접적으로 드러내는 이야기라 하더라도 토템적 상징과 마찬가지로 공동체의 역사와 전통을 환기하는 효과를 만들어낼 수 있다. 그리고 이와 같은 이야기의 연행은 개별 구성원을 공동체로 통합하는 효과를 만들어낸다는 점에서 사회 입문 의례와 같은 기능을 수행한다. 이처럼 이야기 연행의 사회입문적 기능은 입문 시나리오에 부합하는 정체성을 지시하는 데서 한 걸음 더 나아가 훨씬 더 다채롭게 확장될 수 있다.

---

[6] 에밀 뒤르케임, 노치준·민혜숙 옮김, 『종교 생활의 원초적 형태』, 민영사, 1992 참조.

이야기가 모든 것을 해결하는가 : 이야기 연행의 양가적 효과

이야기의 연행이 공동체 성원 중의 일인一人인 주체를 구성하는 과정이라면, 이것은 곧 이야기 연행이 주체 형성을 통해 공동체를 구성하는 효과를 발휘하는 것으로 이해할 수 있다. 구전이야기 연행을 통해 형성되는 주체는 특정 공동체에 소속된 주체이자 구전이야기 연행이 세운 공동체 경계 내부의 일인이기 때문이다. 바로 이 지점에서, 공동체 안과 밖을 가르는 경계를 세움으로써 연행 주체로 하여금 스스로를 경계 내부로 귀속시키고 이에 안주하게 만드는 이야기 연행의 효과와 작용, 곧 '이야기의 힘'에 다시금 주목하게 된다.

'이야기의 힘'을 좀더 폭넓게 이해할 때 이야기는 세계 인식의 상을 구성하고 역사적 해석과 집단의 기억에 작용함으로써 정체성을 생산할 뿐 아니라 정체성 수행에 관여하는 효과를 발휘하는 것으로 인식된다. 공동체 내부에 동질적으로 공유된 해석과 기억이 역사를 구성하고, 세계 인식의 지평과 정체성의 내용이 행위와 실천을 규정한다고 할 때 이야기는 주체subject 구성을 넘어 세계 구성의 힘을 발휘하는 것으로 해석될 수 있다.

이야기가 이와 같은 힘을 발휘할 수 있는 것은 이것이 공식적인 담화를 넘어 생활세계 깊숙이 파고드는 비공식적인 담화 세계에 관여하기 때문이다. 알프 뤼트케는 일상적이고 비공식적인 소통 공간인 준공공영역이 때로는 공공영역보다 훨씬 더 강력한 정치적 효과를 발휘할 수 있다고 말한다.[7] 준공공영역은 일종의 유언비어流言蜚語 등이 만들어지고 유포되는 장으로서 지배 담론이 생활 세계의 틀 내에서 가장 직접적으로 영향력을 행사하는 영역이면서, 동시에 지배 담론이 결코 전일적인 효과를 발휘

---

[7] 알프 뤼트케 외 지음, 이동기 외 옮김, 『일상사란 무엇인가』, 청년사, 2002, 472~473쪽.

할 수 없는 비공식성과 일상성에 기초한 틈새 영역이다. 이는 학교에서 교사가 하는 발언이나 텔레비전 뉴스에서 아나운서가 하는 발언보다 가정에서 자녀와 부모 사이나 할아버지와 손자 사이에 오고가는 대화를 통해, 또는 회식이나 술자리 모임에서 나눈 이야기들을 통해 더욱 강력한 정치적 효과가 실현됨을 암시한다.

일상적 대화는 사회적 문제들에 관련된 직접적인 주제의 담화가 아니더라도, 예를 들어 단순한 스캔들이나 우스갯거리에 해당하는 잡다한 소재를 다루는 이야기라 할지라도 다양한 정치적 의도를 실현한다. 무엇보다 이것이 단순한 '말'이 아니라 '이야기'로 구성될 때 그 효과는 더욱 배가된다. 더구나 이 이야기를 말하고 듣는 이들이 오랜 역사와 전통을 자랑하는 공동체를 배경으로 만나며, 이들의 대화가 유구한 전승 역사에 토대를 둔 '이야기' 레퍼토리로 구성될 때 이야기 연행을 둘러싼 대화의 장면은 공동체의 정치적 기제들에 한 발짝 더 가깝게 다가선다.

이야기 연행이 공동체의 경계를 만드는 효과를 창출한다고 할 때 연행을 통해 구성되는 공동체는 일반적으로 젠더, 가문, 계층 등의 내적 동일성을 표상하는 집단으로서, 포함과 배제를 핵심 기제로 하는 이른바 '닫힌 영역'이다. 이는 균질적 가치로 채워진 공간이며 구성원이 내면에 품고 있는 정념(집단에 대한 소속감이나 동질감, 자부심 등)을 통합 매체로 삼는 영역이다. 이와 같은 공동체는 구성원에게 일원적이고 배타적인 귀속과 집단적 정체성에의 동화를 요구한다. 따라서 집단적 정체성을 지시하고 훈육하는 연행은 집단적 동일성으로의 동화와 배제 —자발적 복종으로 불리는— 에 기반한 공동체로의 귀속과 자기동일적 시나리오를 강제한다는 측면에서 고도의 정치적 기능을 수행하는 표준화 기제일 수 있다.

문제는 이야기 연행을 통해 구성되는 공동체가 단수가 아니라 복수이며 때로 연행 현장이나 연행 주체의 내면에서 서로 다른 층위의 공동체가 충돌하기도 한다는 사실이다. 이는 이야기 연행을 통해 작동하는 정체성의 정치identity politics가 순일하게 지배 담론의 목표만을 실현하는 것이 아니라 다른 부수적 효과를 낳을 수도 있음을 암시하면서, 연행을 통해 형성되는 공동체의 지형도가 다소 복잡한 양상으로 전개될 수 있음을 징후적으로 예고한다. 공동체가 다중, 혹은 다원적으로 구성될 수 있다면, 또 이렇게 형성된 복수의 공동체가 상호 길항하는 가운데 새로운 에너지를 만들어낸다면 이는 연행 주체의 분열을 초래할 수 있으며 이와 같은 분열은 닫힌 공간으로서의 공동체를 넘어서는 새로운 가능성을 열어 보일 수도 있을 것이다.

이렇게 해서 구전이야기 연행은 충돌하면서도 때로 공존하는 서로 다른 위계의 공동체, 복수複數의 공동체를 구성해낸다. 이야기 연행이 균질적인 공동체, '틈'이나 '흠'이 없는 공동체를 만들어내는 것이 아니라 오히려 연행 주체 내부에 균열을 만들어 다원적이고 다중적인 요인agent에 따라 구성된 복수의 공동체를 생산해내는 것이다. 경계를 구성하는 것은 내부가 아니라 외부이며, 기획과 의도는 언제든지 완벽하게 실행되지 못한 채 잉여를 남기기 때문이다. 특히 이 과정에서 다양한 목소리와 언어를 담을 수밖에 없는 연행의 다성성多聲性이 복합적인 층을 만들어낼 때 동질화 전략을 비껴가거나 이에 '어긋난' 수행의 결과들이 발견되기도 한다. 연행의 이질성, 연행을 통한 공동체 경계 구성의 복수성複數性 등으로 인해 이야기 연행이 공동체적 동질화나 이데올로기적 호명 기능만을 수행하는 것이 아니라 공동체 수호의 전략에서 벗어난 결과를 만들기도 하는 것이다.

옛 이야기는 종종 우리가 살아가면서 부닺히게 되는 모든 문제를 해결해주거나 삶의 모든 실존적 질문들에 가장 지혜롭고 현명한 답을 주는 것으로 인식되곤 한다. 그러나 양날의 칼처럼 이야기는 우리를 억압과 순응의 길로 안내하여 우리들 스스로 자신의 불행을 인식하지 못하게 만들기도 하고 반대로 가장 치열하게 우리가 처하는 실존적 모순과 삶의 불합리에 직면하게 만들기도 한다. 이야기가 만들어내는 효과에 대한 낭만적 기대는 이야기의 칼날을 잘못 휘둘러 우리들 자신을 해치는 결과를 초래할 수도 있다. 사회적 존재로서 인간은 순응의 길을 완전히 벗어나 일탈과 반항만을 일삼을 수도 없고 오로지 사회적 규범과 표준화의 틀에 적응해 살아갈 수도 없다. 이야기가 사회적 시스템에 적응하며 살아가는 '오른손의 길'을 안내하면서, 동시에 다른 한편으로 이 길만을 쫓아갈 때 심각한 위기에 봉착할 수 있음을 경고하는 것은 이와 같은 인간 실존의 모순적 상황에 기인한다.

> **참고문헌**
>
> 이 글은 동일 저자의 책인 『구전이야기 연행과 공동체』(민속원, 2013)와 「고소설과 구전서사를 통해 살펴본 '구전'과 '기록'의 교섭과 재분화」(『온지논총』 36, 온지학회, 2013)를 참조하여 알기 쉽게 풀어쓴 글이다.

한국 고전문학 읽기의 맥락과 지평

제2장

한국 고전문학의 텍스트와 콘텍스트

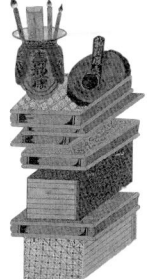

박애경

한국 고전문학 읽기의 맥락과 지평

신라 불교문화와 향가
〈도천수대비가〉를 중심으로

향가와 사뇌가

향가는 삼국시대부터 통일신라시대에 걸쳐 전승된 자국어 시가를 총칭하는 말이다. 따라서 향가란 단일한 갈래를 지칭한다기보다는 자국어로 불린 향찰로 쓰인 우리말 노래를 총칭하는 말이라 할 수 있다. 그런데 대개 역사적 갈래로서 향가를 말할 때에는 이 시기 우리말 노래 중 일정한 격식을 갖추고 향찰로 기록된 노래만을 지칭한다.

향가는 삼국의 역사를 이야기로 풀은 『삼국유사』와 고려 초 균여대사의 행적을 기록한 『균여전』에 전한다. 그런데 현전하는 향가에 접근하기 위해서는 신라 사회의 특수성, 특히 불교문화의 영향을 거론하지 않을 수 없다. 향가가 융성하게 된 데에는 삼국의 가악 전통과 '우리말 노래의 필요성의 자각'이라는 주체적 의지가 물론 작용하였겠지만, 서역으로부터 들어 온 불교를 전교하는 데 우리말 노래를 이용해야 한다는 현실적 목적 또한 간과할 수 없다.[1] 말하자면 향가는 외래 종교인 불교의 의례와 포교를 우리 식으로 토착화하는 가운데 부상한 불교적 성격의 노래라고 할 수 있다. 특히 불교 유입 과정에서 토착 신앙과 갈등을 겪었고, 그 해결책을 다각도로 모색하고자 했던 신라 사회의 경우 '포교방식의 자국화'는 한결 긴급한 문제였다고 할 수 있다. 이는 비단 종교의 차원을 넘어 사회적 통합과도 직결되는 문제이기 때문이다. 포교방식의 다양화, 자국화를 위해서는 종교적 근기에 상관없이 교리의 핵심에 전달할 수 있는 간명하고도 집단적인 전승 방식이 요구되었다. 향가는 바로 이 지점, 즉 노래의 힘과 불교가 만나는 지점에서 그 세력을 넓히고, 형식과 내용이 정교해졌다고 할 수 있다.

향가는 시가 일반의 경우와 마찬가지로 소박한 민간의 노래에서 출발하였겠지만, 발전과 전승 과정에서 자연스럽게 종교적 성격을 지녔다고 할 수 있다. 그리하여 향가에서는 종종 초자연적 신이의 세계를 표현했지만, 어디까지나 이를 세속의 언어와 세속의 논리로 풀고자 하였다.『보현십원가普賢十願歌』의 서문은 세속의 언어로 종교적 신이의 세계를 표현하고, 신이한 경험을 통해 세속의 원리를 깨우치고자 했던 향가의 본질을 보여준다고 할 수 있다.

> 대저 사뇌詞腦라 하는 것은 세상 사람들이 놀고 즐기는 데 쓰는 도구요, 원왕願王이라 하는 것은 보살이 수행하는 데 줏대가 되는 것이다. 그리하여 얕은 데를 지나서야 깊은 곳으로 갈 있고, 가까운 데부터 시작해야 먼 곳에 다다를 수가 있는 것이니, 세속의 이치에 기대지 않고는 저열한 바탕을 인도할 길이 없고, 비속한 언사에 의지하지 않고는 큰 인연을 드러낼 길이 없도다. 이제 쉬 알 수 있는 비근한 일을 바탕으로 생각키 어려운 심원한 종지宗旨를

1_ 최철,『향가의 문학적 해석』, 연세대학교출판부, 1990, 249쪽.

깨우치게 하고자 열 가지 큰 서원의 글에 바탕하여 열 한 마리 거친 노래의 구를 짓노니 뭇사람의 눈에 보이기에는 몹시 부끄러운 일이나 든 부처님의 마음에는 부합될 것을 바라노라.

夫詞腦歌者 世人戲樂之具 原王者 幷修行之樞 故得涉淺歸深 從近至遠 不憑世道 無引劣根之由 非寄陋言 莫現善因之路 今托易知之近事 還會 難事之遠宗 依二五大願之文 課十一荒歌之句 慙極於衆人之眼 冀符於諸 佛之心

『均如傳』 第七 歌行化世分者

사뇌詞腦라 하는 것은 향가 중 사뇌의 격을 갖춘 노래를 선별적으로 일컫는 말이다. 따라서 향가의 하위 갈래인 사뇌가는 향가가 지닌 수사적 특징과 시의식이 더욱 정제되고, 세련화한 형태라 할 수 있다. 사뇌가가 '세인희락지구世人戲樂之具'라는 말은 향가가 세속의 사람들에게 불교의 교리를 널리, 쉽게 전달하기 위한 '당의정'으로 선택되었음을 보여주고 있다.

심오한 교리를 즐겁게 대중들에게 전달하기 위해 향가를 사용한 사례는 대중을 상대로 한 포교와 수행법 계발에 힘썼던 원효의 사례에서 대표적으로 찾아볼 수 있다.

우연히 광대들이 굴리는 큰 탈바가지를 얻었는데, 그 모양이 괴이하였으므로 그 형상을 따라 도구를 만들었다. 『화엄경』의 "일체무애인一切無㝵人은 한 번에 생사를 벗어난다."라는 구절을 따서 무애라 이름짓고, 노래를 지어 세상에 유포시켰다. 일찍이 원효는 이것을 지니고 수많은 부락을 돌아다니면서 노래하고 춤을 추며 교화시키고 읊다가 돌아왔다. 그래서 뽕나무 농사 짓는 늙은이와 옹기장이나 무지몽매한 무리에게도 모두 불타의 이름을 알게 하고 나무아미타불을 부르게 하였으니, 원효의 교화가 컸다고 할 수 있구나.

『삼국유사』 권4 〈元曉不羈〉

원효 이전에 불교의 대중화에 힘썼던 혜공 역시 늘 미친 것처럼 취하여 삼태기를 지고 거리를 노래하고 춤추고 다니면서 불법을 전했던 것으로 미루어 볼 때, 노래는 포교를 하는 데 매우 유효한 수단이었던 것으로 보인다. 원효의 전교에서 주목할 것은 가무와 함께 아미타불의 이름을 부르는 칭명염불稱名念佛이 주요한 교화의 방식이었다는 점이다. 염불은 위의 사례에서 드러나듯 대개 무지몽매한 이들에게도 불교를 알리는 유효한 수단이었던 것이다. 이처럼 향가는 생활 속에서도 불법을 실천할 수 있는 홍법의 도구이자, 신앙의 강렬한 표현이었던 것이다. 이 점에서 '섭천귀심 종근지원涉淺歸深 從近至遠'의 원리와 향가는 만날 수 있었다고 할 수 있다. 나아가 대중의 삶과 가까이하고자 했던 원효의 교화는 타력에 의한 구제를 본질로 하면서, 불제자와 신도들을 결집하고 신행을 함께 하는 대승불교 공동체의 유력한 동력이 되기도 하였다.

이 글에서는 '향가'를 통해 불교문화가 저변화된 신라사회의 단면을 관음신앙과 이를 전면화한 향가 〈도천수대비가〉를 통해 살펴보고자 한다.

관음보살의 기적-〈도천수대비가〉

〈도천수대비가〉는 시력을 잃은 어린 아이가 분황사 천수관음도 앞에 나아가 기도하여, 시력을 되찾은 내력을 담은 노래로 『삼국유사』 권4 탑상편 〈芬皇寺千手大悲盲兒得眼〉조에 실려 있다. 관음보살의 구제력에 기대어 광명을 찾으려는 간절한 마음을 담은 이 노래는 천수관음이라는 기원의 대상, 기원요라는 특성이 명백히 드러난다는 점에 주목한 연구자들에 의해 〈도천수관음가〉로도 불리고, 〈천수대비가〉로도 불린다. 또한 편목의 제목과 '개안' 모티프가 초점화된다는 점에 주목하여, 〈맹아득안가〉로 불리기도 한다. '득안'은 천수관음보살에게 지극한 정성으로 기도한 감응의 결과일 뿐 아니라, 이 노래가 전달하고자 하는 의미를 간명하게 드러내고 있다.

다섯 살 아이의 기원이 전면화된 작품인 만큼, 이 작품에서 고도의 비유나, 탁월한 종교적 서정성의 성취는 보이지 않는다. 어느날 갑자기 세상의 빛을 잃어버린 어린아이의 간절한 마음이 전해질 뿐이다. 이 노래와 이야기는 관음 화신의 도움으로 영험을 간접적으로 받던 방식이 아닌 천수관음을 향한 기도가 곧 구제로 이어지는 직접적 방식을 택한다는 점이 주목할 만하다. 동시에 이 작품은 천수관음의 구제력과 영험을 직접적으로 보여주어, 신라 사회에 널리 퍼진 관음신앙의 면모를 보여주는 대표적 작품으로 알려져 왔다. 이러한 발화 방식과 서사적 특성으로 인해 〈도천수대비가〉는 향가 중에서도 기원요의 구조와 성격을 지닌 대표적 노래로 인식되어 왔다.

〈도천수대비가〉에 대한 연구는 주로, 해독과 작가를 밝히는 문제에 집중되어 있다. 해독에 따라 부분적인 의미의 차이는 발생하지만, 관음보살의 구제력에 기대어 현실의 고통을 소멸하려는 기원자의 의지가 드러난 작품이라는 데에는 이견이 없어 보인다. 작자 문제는 배경설화 중 노래의 유래를 설명하는 "아이에게 노래를 지어 기도하게 하였다令兒作歌禱之."라는 구절의 해석을 둘러싸고 생겨나고 있다. 즉, 작자 문제는 발화의 주체인 아이와 아이에게 노래를 지어 기도하도록 명한 어머니 중 누구를 실질적 작가로 보느냐의 문제로 집중된다고 할 수 있다. 나아가 이 노래가 기원요의 전형적 구조를 갖추었다는 점에 주목하여, 기도할 때 불린 의식요로 보기도 한다. 이 경우 작자는 특정 개인이 아닌, 기도하는 집단적 주체가 되는 것이다.

이 작품은 이렇듯 아이와 어머니의 교감과 기도에 의한 '득안'이 주조를 이루고, 천수관음이라는 신앙의 대상이 명시된 만큼, 관음보살의 치유력과 치유를 유도하는 어머니의 원력이 부각되고 있다. 이에 주목하여,

개안과 모성의 의미를 여성주의적으로 독해할 수도 있다. 또한 노래를 통한 원력을 강조했다는 점에서 무불습합의 징후를 읽을 수도 있다.

이 작품은 고도로 정제된 시형인 사뇌가가 저변화된 양상을 보여준다는 점, 천수관음도라는 조형예술이 신앙의 대상으로 등장하고 있다는 점, 관음신앙이 개인과 집단의 삶 속에 어떻게 자리 잡고 있는지를 대표적으로 보여주고 있는 작품이라는 것이 특징적이다. 특히, 신라문화 형성에 깊은 영감을 준 불교가 일상, 신앙, 예술에 어떻게 구현되고 표현되는지를 살필 수 있는 작품이기도 하다. 아울러 향가를 향유했던 수용자의 의지와 삶의 경험의 구체성이 구현되는 방식을 살피고, 이것이 궁극적으로 종교적 서정성을 어떻게 획득하는지 살피는 데에도 유효한 작품이라 할 수 있다.

〈도천수대비가〉의 구조와 의미-송頌과 찬讚의 의례성과 일상성

〈도천수대비가〉는 2장의 의미구조에 차사를 갖춘 사뇌가의 형식으로 되어있다. 사뇌가는 종종 초자연적 신이의 세계를 구현하거나, 절제된 시어 안에 고도의 서정성을 담아내고 있다. 이러한 사뇌가의 특성은 '그 의미가 깊고도 높다其意甚高'라는 구절이나 '시어는 맑고 구는 유려하다詞淸句麗'라는 말에 함축되어 있다. 이것은 사뇌가가 가진 품격과 함께 고도의 종교적 서정성을 압축적으로 표현한 수사라 할 수 있다. 그렇지만, 고도의 사변성과 주제의식을 갖춘 다른 사뇌가와 달리 이 작품은 평이한 일상어로 이루어진 직접적 발화 위주로 구성되어 있다. 이것은 사뇌가가 비록 고도의 종교적 서정성을 표방하였지만, 일상의 언어로 종교적 신이의 세계를 표현하고, 신비한 종교적 체험을 통해 세속의 원리를 깨우치고자 했던 것과 자연스럽게 일치하고 있다. 어린 아이의 천진한 어조와 간절한 기원이 〈도천수대비가〉는 일견 사뇌가의 격조와는 거리가 있어 보이지만, 앞서 살펴 본 사뇌가의 본질에서 멀지 않은 작품이라 할 수 있다. 작품 전문은 다음과 같다.[2]

膝肹古召旀	무릎을 곧추며
二尸掌音手乎支內良	두 손바닥 모으아
千手觀音叱前良中	천수관음전에
祈以支白屋尸置內乎多	비옴을 두노이다
千隱手 叱千隱目肹	천개의 손에 천개의 눈을
一等下叱放一等肹除惡支	하나를 놓고 하나를 더옵기
二于萬隱吾羅	둘 없는 내라
一等沙隱賜以古只內乎叱等邪	하나야 그으기 고치올러라
阿邪也 吾良遺知支賜尸等焉	아으으 내게 끼처주시면
放冬矣用屋尸慈悲也根古	놓되 쓰올 자비여 큰고

첫 장(1~4구)에서는 기원의 자세와 기원의 대상이 나타나 있다. 두 번째 장(5~8구)에서는 기원의 대상이 가진 미덕과 그에 직접적으로 전하는 기원의 내용이 나타난 있다. 후구(9~10구)에서는 기원의 대상에 대한 찬탄과 다짐이 보이고 있다. 기원의 대상을 호명하고, 발원의 내용을 구체적으로 나열하고, 대상의 미덕을 찬미하는 구성은 기도문의 그것과 일치한다. 이는 〈도천수대비가〉가 사뇌가 중에서도 기원요의 성격을 지닌 노래라는 것을 명시적으로 보여주고 있다. 따라서 이 노래는 신격에게 고하는 의례의 노래인 송頌의 성격을 공유하고 있다고 할 수 있다.

---

[2] 작품의 해독은 양주동, 『고가연구』를 따랐다.

이 노래는 기원요의 구성과 전형적 어법을 따르면서도, 그 안에 기원하는 자가 지닌 경험의 구체성, 개별성이 드러난다. 이 점은 작품의 시작을 신격 혹은 기원을 대상을 직접적으로 거명하는 칭명의 방식이 아닌 간절한 기원의 자세에서 시작하는 데에서도 발견된다. 무릎을 낮추고, 합장하는 기도자의 모습은 기도의 순간을 사실적으로 포착할 뿐 아니라, 기도자의 개별성, 기원의 간절함을 드러내는 효과를 거두고 있다.

눈 잃은 아이의 간절함은 천수관음에게 직접적으로 청원하는 두 번째 장에서부터 본격적으로 제시되어 있다. 이 부분은 성대한 덕이나 용태를 기원의 대상 즉, 신명에게 직접적으로 고하는 송의 수사적 특성[3]을 따르면서도 기도하는 주체의 개별적 경험이 드러나는 대목이기도 하다. 송은 본래 성덕의 형용을 찬미하여 그 성공을 신명에게 고하는 종묘의 악가를 지칭[4]하는 만큼, 의례성을 본질로 한다. 그런데 〈도천수대비가〉는 고전적인 정통성을 특질로 하고, 우아한 아름다움이 있어야 한다는 송의 관습을 따르면서도, 애원, 호소 등의 화법을 통해 개인이 가지고 있는 고통의 깊이와 염원의 간절함을 드러낸다. 이 노래에서는 천 개의 손과 천 개의 눈을 가진 관음보살의 위엄을 기린 후, 이 중에서 단 하나의 눈을 덜어내어 두 눈 모두 없는 자신에게 자비를 베풀어 줄 것을 기원하고 있다. 두 눈을 모두 잃어 갑자기 세상의 빛과 차단된 어린 아이가 원한 것은 둘도 아닌 단 하나의 눈이었다. 그 정점에 놓인 '하나야'라는 시어에는 고통을 소멸하기 위해 가장 원하고 필요한 것이 무엇인지를 드러내고 있다고 할 수 있다.

마지막에서는 그에게 끼칠 자비의 위대함에 대해 찬탄하고 있다. 미덕

---

3 유협 지음, 최신호 역, 『문심조룡』, 현암사, 1975, 37쪽.
4 頌者宗廟之樂歌 大序所謂美盛德之形容 以其成功告于神明者也, 『詩經集傳』 卷十九 頌四.

을 형용하는 것이 송이라면, 찬讚은 빼어난 공을 감탄을 발하여 드러내는 것이라 할 수 있다. 관음보살은 중생의 부름에 응하여 그들의 고통을 소멸해주고, 세상을 구제해주므로 종종 찬탄의 대상이 된다. 그런데 이 노래에서의 찬탄은 '이미 이루어진 공덕'이 아닌 아직 실현되지 않은 미래의 일을 향하고 있다. 자신의 소망이 이미 이루어진 것으로 기정사실화함으로써 기도자는 간절한 발원이 실현될 수밖에 없다는 강한 신념을 표출하고 있다. 〈도천수대비가〉의 화자인 어린 아이는 간절히 기도하여 얻을 미래의 광명을 천수관음에 대한 찬탄을 통해 선취함으로써, 노래의 초점을 찬탄의 대상인 천수관음이 아닌 자기 자신, 자신의 현실로 돌리고 있다.

〈도천수대비가〉는 이렇듯, 송과 찬이 어우러진 기원요의 전형적 형식 안에 현실적인 고통을 반복과 애원의 어조로 호소함으로써, 종교적 숭고미 이전에 현실적 공감을 이끌어낼 수 있었다. 이는 '천지귀신마저 감동하게 하는' 감응력을 지닌 노래의 힘을 보여준 것이라 할 수 있다.

일연이 붙인 찬시는 고통의 소멸이, 육체의 눈을 뜨는 데 그치지 않고, 불성에 대한 깨달음으로 나아갔음을 천명하고 있다.

竹馬蔥笙戱陌塵	죽마 타고 파피리 불며 거리에서 놀더니
一朝雙碧失瞳人	하루 아침에 푸른 두 눈 멀었네
不因大士廻慈眼	대사님의 자비로 눈을 돌려주지 않았다면
虛度楊花幾社春	몇 번의 봄을 헛되이 보냈을 것인가

천수관음의 놀라운 사비로 아이의 눈을 되찾게 해준 공덕을 기렸다는 점에서 이 시는 찬의 본질에 부합하고 있다. 〈도천수대비가〉에서 보였던 아이의 천진함을 일연은 '죽마'와 '파피리'로 구현하고 있다. '하나야'라는 말로 기원의 간절함을 표현했다면, 찬시에서는 '하루 아침'이라는 말로 비극적 상황을 부각시키고 있다. 후 두구에서는 고통과 재앙을 사라지게 한

관음의 자비를 기리고 있다. 여기에서 주목할 것은 '득안'의 의미이다. '득안'은 앞이 보이지 않는 육체적 고통의 소멸뿐만 아니라, 세상의 모든 빛과 차단된 고립, 무명의 상태에서 벗어남을 의미한다. 아이가 소망이 선취된 미래를 발함으로써 자비의 공덕을 찬양했다면, 일연은 소원이 실현되기 이전의 과거를 가정형으로 설정함으로써 역설적으로 관음의 자비를 높이고 있다. 찬시는 이렇듯 '득안'의 참 의미, 즉 육신의 치유를 통해 마음의 눈을 뜨고, 관음으로 표상되는 위대한 불성과 대면한 사실을 드러냄으로써, 어린아이의 천진한 외침이 어떤 종교적 울림을 갖는 지를 함축적으로 보여주고 있다. 요컨대 일연의 찬시는 일상의 영역에 개입한 '신앙'이라는 경험을 종교적 본질의 문제로 돌려놓고, 그 의미를 되묻고 있는 것이다.

이 지점에서 세속의 언어와 논리는 종교적 숭고와 신이의 세계와 자연스럽게 합치된다고 할 수 있다. 이것이 곧 사뇌의 본질임은 두말할 나위가 없다. 종교와 일상, 성聖과 속俗의 거리는 그리 멀지 않았던 것이다. 승려와 화랑 등 상류 교양층의 문학으로 향유되었던 향가의 전통에 이례적으로 끼어든 듯 보이는 이 작품이 실은 사뇌의 요체를 내재하고 있다는 사실을 여기에서도 확인해 볼 수 있다.

낮은 곳을 향한 자비의 손길-〈도천수대비가〉에 나타난 문화적 전유의 양상

〈도천수대비가〉는 사뇌가가 일상의 영역으로 저변화된 사례를 보여주고 있다. 이 노래를 둘러싼 이야기는 매우 소략하지만, 매우 풍부한 문화적 함의를 담고 있다. 전문을 옮기면 다음과 같다.

경덕왕대 한기리에 사는 여자 희명의 아이가 태어나 5세가 되었을 때 갑자기 눈이 멀었다. 하루는 그의 어머니가 아이를 안고, 분황사 좌전에 북벽에 있는 천수대비 전에 나아가 아이를 시켜 노래를 지어 기도하게 했더니 드디어 (아이가) 눈을 떴다.

景德王代 漢岐里女希明之兒 生五稔而忽盲 一日其母抱兒 詣芬皇寺左殿
北壁畫千手大悲前 令兒作歌 禱之 遂得明

『三國遺事』 卷3 塔像 〈芬皇寺千手大悲盲兒得眼〉

이 이야기에서 특히 주목할 점은 크게 세 가지라 할 수 있다. 첫째, 이 노래가 경덕왕 대를 배경으로 하고 있다는 점이다. 경덕왕 대는 정치적 격변기이자, 대형 불사가 집중적으로 이루어진 조형예술의 전성기라 할 수 있다. 뿐만 아니라, 월명사와 충담사의 명편들이 쏟아져 나온 시기이기도 한다. 월명사와 충담사의 향가는 공통적으로 왕권의 문제를 다루고, 왕권의 강화를 위한 다양한 해법을 담고 있다. 경덕왕 대의 향가와 풍부한 조형예술은 이 시기가 천재지변, 도적의 창궐, 왕권 도전 음모 등이 이어지면서 대립과 분열상이 두드러졌던 시기라는 점과 묘하게 상응하고 있다.

다음으로는 이야기의 주체가 '어린 아이, 여성, 눈멀고 아픈 이' 등 사회적 약자이며, 불교와 관련 한 이들의 생활과 신앙의 단면을 제시했다는 것이다. 어린 아이의 기도에 감응한 관음보살의 구제에 힘입어 광명을 되찾은 이야기는 가장 비천한 여종의 신분으로 성불한 욱면郁面의 이야기를 떠오르게 한다. 아이의 고통은 눈이 보이지 않는 것, 즉 몸의 문제에서 시작된다. 욱면은 여종의 몸 그대로 성불하는 놀라운 종교적 체험을 하였다. '몸'에서 출발하여, '몸'을 통해 종교적 신이를 구현한 이들은, 성속聖俗을 아우르는 종교적 신이의 세계, 그가 처한 곳이 모두 인연 있는 불국토라는 일연의 불교관이 돋보이는 부분이다. 여기에는 일체의 중생들은 모두 불성을 갖고 있다는 사유, 즉 만물은 모두 평등하게 불성을 깨우칠 수 있다는 대승불교의 사고를 보여주고 있다. 이들이 이루어낸 놀라운 종교적 성취는 불교와 불교문화가 일반 백성의 삶 속에 어떤 의미였는지 되묻게 한다.

　마지막으로 분황사 북벽에 위치한 천수관음도라는 신앙의 대상이다. 분황사의 천수관음도는 신라의 천재 화가인 솔거가 그린 것으로 전해지고 있다. 솔거가 분황사에 벽화를 그린 이유는 분황사의 존재감에서 비롯된 것이라 볼 수 있다. 분황사를 배경으로 한 향가에는 〈도천수대비가〉 외에 〈원왕생가〉도 있다. 이 두 편의 노래에서 알 수 있듯, 분황사는 불교 신행을 실천하는 신도들에게 의미 있는 사찰이자 신행의 중심에 선 사찰이었다고 할 수 있다. 따라서 이 이야기는 민간에 저변화된 관음신앙에 대한 보고인 동시에 불사를 중심으로 한 신라 조형예술의 한 면모를 반영하고 있다. 이것은 이 이야기가 실려 있는 「탑상」의 성격에서도 드러난다. 「탑상」 편에는 사찰, 탑, 불상 등에 관련한 이야기 30편이 실려있다. 탑상 편 소재 이야기는 탑이나 불상이 불교의 예배 대상이 되면서, 그 자체가 신앙의례와 밀접한 관련을 가진 성소聖所와 성물聖物이라는 의미를 가지고 있다. 천수관음도는 천 개의 눈과 천 개의 손을 가진 보살의 모습을 형용한 것이다. 천 개의 눈과 천 개의 손은 중생을 구하는 관음보살의 구제력을 형용한 것으로, 관음신앙의 대승적 면모를 가시화한 것이라 할 수 있다. 그런데 천수관음도란 다면다비多面多臂로 상징되는 동물의 표현 방식을 관음도상에 적용한 일종의 변화관음상에서 유래한 것이다. 따라서 천수관음에 대한 예배와 기도는 관음신앙 안에서도 특수한 지위를 점한다고 할 수 있다.

　희명과 그 자식이 문화적 엘리트들이 주로 향유했던 사뇌가를 수용하여 그들의 언어로 받아들였듯, '천수관음'을 그들의 방식으로 신앙의 대상으로 받아들이는 문화적 전유의 사례를 보여주고 있다. 분황사 천수관음도에 기도하여 광명을 얻고 불성의 의미을 깨우쳤던 이들의 신행을 통해 격변기이자, 불교 조형예술의 일대 중흥기였던 경덕왕 대의 이면이 자연스럽게 드러날 것이다.

『천수경』의 수용과 천수관음신앙

〈도천수대비가〉는 천수관음의 영험에 의한 치유를 다루고 있다. '치유'는 일체 중생의 고통을 소멸케 하는 관음보살의 구제력을 가장 대표적으로 드러낸 것이라 할 수 있다. 바로 이 점 때문에 〈도천수대비가〉는 신라사회에 널리 확산된 관음신앙의 사례를 보여주는 대표적 작품으로 거론되어 왔다. 관음신앙은 대승불교권의 대표적 신앙 형태라 할 수 있다. 불교문화권 전반에 걸쳐 광범위하게 뿌리 내린 관음신앙은 경전연구와 같은 교학적 전통에 근거한 것이 아니라, 민간에 유포된 타력신앙에 기반하고 있다.

관음보살은 본래 원시불교에서 대승불교가 흥기하기 시작하던 기원 전후 1~2세기 경 인도불교사에 나타난 수많은 보살 중 하나이다. 본존불을 보좌하던 보살 중 하나였던 관음보살은 중국 육조시대에 근본 경전이 성립되면서 번성하게 되었다. 그러나 관음보살에 대한 신앙은 경전과 전적 이전에 이미 민간에 뿌리내리고 있었다. 관음보살은 항상 대자비로 늘 중생을 굽어보며, 어디서나 중생이 부르는 곳을 따라 임하고 있다.

관세음보살의 이름을 일심으로 부르면 두려움을 없애주고, 고통에서 구제해 주기에 관음신앙에서는 관세음보살의 이름을 부르는 칭명의 방식이 주요한 신앙 행태로 수용되고 있다.

신행의 용이함, 중생의 고통을 직접적으로 덜어주고 현실적인 욕망의 실현을 가능케 해주는 관음보살의 구제력으로 인해 관음신앙은 우리 불교문화에도 광범위하게 자리잡게 되었다. 우리나라에 관음신앙이 유입된 시기는 확실하지 않으나, 대개 백제 25대 왕인 무녕왕武寧王 연간에 들어온 것으로 전해지고 있다.

천수관음신앙은 관음신앙의 한 형태로 그 대승적 면모를 전경화하여 보여주고 있다. 천수관음신앙은 7세기 경 인도에서 당나라로 건너간 기범달마가 번역한 것으로 알려진 『千手千眼觀自在菩薩大圓滿無礙大悲心大陀羅尼經(천수천안관자재보살대원만무의대비심대다라니경)』(이하 『천수경』)에 경전적 근거를 두고 있다. '천千'은 천수관음보살이 가진 자비심과 구제력의 온전함을 표상한 것이다. 천 개의 손과 천 개의 눈을 갖추었기에, 천수관음보살의 구제력은 크고도 넓다고 할 수 있다. 자연스럽게 천수관음보살은 현실적 욕망을 실현시켜주는 기도의 대상으로 자리잡게 되었다.

중생의 음성에 응하는 천수관음보살의 놀라운 구제력 때문에 우리나라에서 『천수경』은 독송용 경전으로 널리 수용되었다. 한국에서 『천수경』과 관련한 신행과 경전의 수용은 신라의 의상대사義湘大師(625~702)에 의해 이루어진 것으로 알려져 있다. 『천수경』의 독송은 입을 깨끗이 하는 정구업定口業의 진언을 시작으로 천수다라니의 독송을 통해 삼매를 얻고, 죄업을 참회하는 할 수 있다는 믿음에 기초하고 있다.[5] 이로 보아 『천수경』은 관음보살의 광범위한 구제력에 바탕한 대승불교적 성격에 다라니의 독송이라는 밀교적 성격이 가미된 것으로 볼 수 있다.

그런데 〈도천수대비가〉에서는 천수관음신앙과 관련하여 의미 있는 변이를 보이고 있다. 천수다라니의 독송을 통해 깨달음을 얻는 것은 기본적으로 자력에 의한 구제라 할 수 있다. 그런데 희명은 천수다라니를 독송하는 대신, 천수관음도에 직접 발원하는 방식을 택했고, 원하는 바를 성취하였다. 이는 타력에 의한 구제를 보여주는 것으로, 의례와 경전 중심이 아닌 민풍화된 천수관음신앙의 한 예를 보여주는 것이라 할 수 있

5_ 김호성, 「'原本『천수경』'과 '讀誦用『천수경』'의 대비」, 김호성, 『천수경의 새로운 연구』, 민족사, 2006, 78쪽.

다. 이러한 모습은 다라니의 독송이 아닌 노래를 통한 구제라는 데에서 더 선명하게 부각되고 있다. 노래는 생활 속에서도 불법을 실천할 수 있는 홍법의 도구이자, 신앙의 표현이라 할 수 있다. 노래가 가진 힘에 주목했기에 학승 원효는 가무를 통해 불교를 알렸고, 혜공 역시 늘 미친 것처럼 취하여 삼태기를 지고 거리를 노래하고 춤추고 다니면서 불법을 전했던 것이다. 노래를 통한 신이의 경험은 다라니를 통한 신비 체험과 그리 먼 거리에 위치하지 않았다. 〈도천수대비가〉는 노래 역시 진언의 원리와 상통하고 있음을 보여주고 있다.

다면관음상의 문화적 함의

희명이 기도와 예배의 대상으로 삼은 천수관음도는 11면관음상처럼 다면과 다비를 구족한 변화관음상의 한 형태이다. 11면관음상은 자애로운 모습 뿐 아니라 분노하는 모습, 포악한 모습까지 보여주고 있다. 다면관음상은 밀교와 관련이 있는 다라니에 자주 등장하는 것으로 보아, 신라시대에 초기 밀교가 전해지면서 변화관음상이 조성되었을 것이라 추측된다.[6] 그러나 그 수와 종류가 매우 적은 변화관음상 관련 기록이 경덕왕 대에 두 건이나 나타난 것은 눈여겨 볼 대목이다. 경덕왕 대에는 신라 불교조형예술을 대표하는 불국사와 석굴암이 조성되었다. 이 중 석굴암의 11면관음상은 고도의 균형미를 구현하고 있다.

석굴암의 11면관음상은 천수다라니에 나오는 '십지+地'를 구상화한 것이라고 볼 수 있다. '십지'는 선지식의 단계를 형상화한 화엄의 십지인 동시에 온 세상을 표상하는 불교의 시방+方이 될 수 도 있다. 즉 천수관

---

[6] 이희숙, 「통일신라시대의 변화관음보살상-11면관음상과 천수관음상을 중심으로」, 향산안휘준교수기념논문집간행위원회, 『미술사의 정립과 확산』 2권, 사회평론, 2006, 54쪽.

음도는 십지에 대한 종교적 상상력이 신라 사회에 수용된 천수관음사상과 결합하여 나타난 것이라 할 수 있다.

11면관음상과 천수관음도상은 경덕왕대 불교계의 동향과 관련이 깊다고 할 수 있다. 경덕왕 대에는 밀교의 도입과 함께 신비주의가 강화되었을 뿐 아니라, 왕권과 가장 밀착된 시기로 알려져 있다.[7] 〈도솔가〉는 왕권과 밀교의 결합을 통해, 조화를 추구했던 정치적 이상을 가장 상징적으로 보여주는 작품이라 할 수 있다. 이렇게 본다면 경덕왕대 이루어진 대형불사와 변화관음상 조성은 중앙집권적 왕권강화 의도와 맞물려 있다고 할 수 있다.

〈도천수대비가〉는 신비주의의 강화를 통해 왕권의 안정을 도모하고자 조성되었던 변화관음상이 통치적 권좌에서 생활의 현장으로 내려온 흔적을 보여주고 있다.

나오는 말

〈도천수대비가〉와 그 배경이야기는 사회 주도층이자 문화적 엘리트에 의해 향유되었던 사뇌가가 민간의 생활 속에 어떻게 자리잡았는지를 보여주는 사례라 할 수 있다. 전형적인 기원요의 외피를 입은 노래는 의례적인 노래의 공식을 따르면서도, 그 안에 개별적, 구체적 경험을 드러내는 미묘한 변이를 보여주고 있다. 이러한 모습은 일견 사뇌가의 전통에서 벗어난 듯 보이지만, 실은 얕은 곳을 지나야 깊은 곳으로 갈 수 있고, 가까운 곳에서 시작하여 먼 곳에 이르는 사뇌가의 원리를 궁극적으로 구

---

[7] 김재경, 『신라 토착신앙과 불교의 융합사상사 연구』, 민족사, 2007, 208쪽.

현하고 있다고 할 수 있다.

〈도천수대비가〉의 이러한 면모는 사뇌가가 민간의 삶 속으로 확산된 결과라 할 수 있다. 이는 사뇌가의 바탕이 된 신라 불교문화의 저변화와 분리하여 생각할 수 없다. 이 작품에서는 왕권 강화 차원에서 위로부터 수용되었던 불교 의례와 예술이 민간에 뿌리 내리게 된 저간의 사정을 보여주고 있다. 즉 경덕왕 연간에 왕권을 강화하기 위해 적극적으로 시도되었던 밀교적 의례와 『천수경』 수용, 불사와 관련한 조형예술이 민간에 수용되면서, 본래의 문화적 기반을 떠나 생활현장에 자리잡는 과정을 보여주는 것이다. 〈도천수대비가〉와 그 이야기는 종교적 숭고미를 담지한 불교문화가 생활과 가까워지고, 이를 통해 자연스럽게 불성을 구현하는 모습을 보여줌으로써, '신이神異'라는 것이 초경험적, 초현실적 현상이 아닌 삶의 한 측면임을 자연스럽게 드러내고 있다. 이처럼 〈도천수대비가〉는 '낮은 곳'을 주목함으로써, 이 땅이 인연 있는 불국토임을 드러내고자 하였다. 성과 속, 부처와 인간, 귀족과 백성은 이 안에서 조화롭게 통합되고 있다.

그러나 그 순조로운 결합은 역설적으로 사회 통합을 심각하게 고민하지 않을 수 없었던 신라 귀족사회의 위기감을 보여준다고 할 수 있다. 신라는 기본적으로 신분제에 기초한 귀족사회였지만, 상층과 하층의 이질화 작업은 노골적으로 하지 않는 독특한 계층관계를 이루고 있었다.[8] 한마디로 〈도천수대비가〉와 이를 둘러싼 일화는 왕권 강화와 민족통합의 문제를 심각하게 고민해야 했던 경덕왕 대의 시대적 징후를 보여준다고 할 수 있다.

---

[8] 최정선, 「鄕歌.和歌 歌論 비교 교찰」, 『비교문학』 40집, 한국비교문학회, 2006, 8쪽.

참고문헌

박애경, 「정토신앙공동체와 향가」, 『인문과학』 88집, 연세대학교 인문학연구원, 2008.
박애경, 「불교문화의 저변화와 맹아득안가」, 고가연구회 편, 『향가의 수사와 상상력』, 보고사, 2010.

이윤석

한국 고전문학 읽기의 맥락과 지평

『삼국유사』는 어떤 책인가

작자

『삼국유사三國遺事』 5권의 첫머리에 "국존 조계종 가지산하 인각사 주지 원경충조 대선사 일연 찬國尊曹溪宗迦智山下麟角寺住持圓鏡沖照大禪師一然撰"이라는 글귀가 있어서 작자를 일연一然 스님이라고 얘기하나, 여기에 대해서는 여러 가지 다른 의견이 있다. 전체 5권 가운데 나머지 네 권에는 찬자撰者에 대해 아무런 언급이 없기 때문이다. 특히 그의 제자 무극無極이 썼다는 내용의 글이 『삼국유사』에 들어 있기 때문에 일연의 단독 저서라고 보기 힘들다는 견해가 있고, 또 일연의 문도門徒들이 대거 참여하여 만든 공동작일 것이라는 설도 나왔다. 그러나 적어도 5권 하나는 일연이 찬술한 것이므로, 이 글에서는 『삼국유사』의 저자는 일연이라는 통설을 바탕으로 얘기하기로 한다.

일연의 생애를 알 수 있는 구체적 자료는 인각사麟角寺에 있던 〈고려국 의흥 화산 조계종 인각사 가지산하 보각국존비高麗國義興花山曹溪宗麟角

寺迦智山下普覺國尊碑)이다. 이 비석은 일찍이 파손되었으나, 여러 군데 이 비문의 탁본이 남아 있어 이것으로 비문의 복원이 가능해졌다. 이 비문의 내용을 바탕으로 일연의 생애를 간단히 보기로 한다.

1세(1206, 희종 2년) : 장산군章山郡(현재 경상북도 경산)에서 태어났다. 출가 전의 이름은 김견명金見明. 자字는 회연晦然.

9세(1214, 고종 1년) : 해양海陽(현재 전남 광주) 무등산에 있던 무량사無量寺에서 불법을 공부하기 시작했다.

14세(1219, 고종 6년) : 설악산 진전사陳田寺의 대웅大雄 장로에게 구족계具足戒를 받았다. 이후 9산 종파 차원에서 실시하던 여러 시험에서 우수한 성적으로 합격하였다.

22세(1227, 고종 14년) : 국가에서 주관하는 승과僧科에 응시하여 상상과上上科에 합격한 다음, 귀향하여 포산包山(현재 대구 달성군 현풍면) 보당암寶幢庵에서 수행했다.

31세(1236, 고종 23년) : 1231년(고종 18년) 몽고군이 고려를 침략하여 영남까지 밀려오자, 피난을 생각하며 문수오자주文殊五字呪[1]-를 염송하면서 감응이 있기를 기다리다가 문수보살의 가르침으로 다음 해 여름 잠시 포산의 묘문암妙門庵에 머물다가 다시 포산의 무주암無住庵으로 피난하였다. 여기서 일연은 "중생의 세계는 줄지도 않고, 부처의 세계는 늘지도 않는다生界不滅 佛界不增."라는 화두를 참선하며 연구하여 깨달음을 얻었다고 한다. 이 해에 삼중대사三重大師로 승계가 올랐다.

41세(1246, 고종 33년) : 선사禪師로 승계가 올랐다.

1_ 문수사리가 설하는 5자 다라니는 '아라파자낭' 다섯 글자이다. 이 글자들 속에는 모든 부처님들이 설한 교리가 담겨져 있으며, 이것을 외우면 능히 반야바라밀의 지혜를 얻는다고 한다.

44세(1249, 고종 36년) : 정안鄭晏의 초청으로 남해南海 정림사定林社의 주지가 되었다.

51세(1256, 고종 43년) : 길상암吉祥庵에서 『조동오위曹洞五位』를 다시 편집하여 『중편조동오위重篇曹洞五位』[2]를 펴냈다.

54세(1259, 고종 46년) : 대선사가 되었다.

56세(1261, 원종 2년) : 왕명으로 강화에 초청되어 선월사禪月社에서 활동하였는데, 이 때 일연은 보조국사普照國師 지눌知訥(1158~1210)의 사상을 계승하였음을 자처하였다.

59세(1264, 원종 5년) : 김준金俊이 정권을 장악한 후 영일 운제산의 오어사吾魚寺로 물러났다가, 얼마 후 다시 포산 인홍사仁弘寺로 옮겼다.

63세(1268, 원종 9년) : 김준이 몰락한 후 강화도 운해사雲海寺에서 대장낙성회大藏落成會를 주도하였다.

69세(1274, 충렬 원년) : 11년간 지내오던 포산 인홍사를 수리하여 사액을 받아 인홍사仁興寺로 사찰명을 바꾸었으며, 포산 동쪽에 있는 용천사湧泉寺를 중창하고 불일사佛日社로 개명하였다.

70세(1275, 충렬 1년) : 인홍사에서 『역대연표歷代年表』를 간행하여 『삼국유사』 왕력 편의 토대를 마련하였다.[3]

72세(1277, 충렬 3년) : 왕명으로 청도 운문사雲門寺에 주석했다.

76세(1281, 충렬 7년) : 왕이 원나라의 일본 침공을 격려하고자 경주에 머물 때 일연을 만나 보았다.

77세(1282, 충렬 8년) : 왕명으로 대궐을 방문하였고, 개경 광명사廣明寺에

---

2. 민영규閔泳珪 교수가 교토京都대학 소장의 1680년(숙종 6) 간행본이 일연의 저술임을 밝혀냄으로써 세상에 알려졌다. 이 책은 중국 선종의 일파인 조동종曹洞宗의 오위설에 대해서 일연이 주註를 보완하여 엮은 것이다.
3. 『역대연표』와 『삼국유사』는 무관하다는 견해도 있음.

서 주석하였는데, 그해 12월 왕이 직접 일연을 방문하여 법문을 들은 일도 있다.

78세(1283, 충렬 9년) : 4월 국존國尊으로 책봉되었고, 원경충조圓經沖照라는 호를 받았다. 그해 노모 봉양을 이유로 귀향하였다.

79세(1284, 충렬 10년) : 노모가 죽자, 국가에서는 인각사麟角寺를 하안소下安所로 삼아 전답 1백여 경頃을 주어 사찰 운영에 필요한 경비로 삼게 하였다. 일연은 이 해 이후 인각사를 중심으로 두 차례에 걸쳐 구산문도회九山門徒會를 개최하였다.

84세(1289, 충렬 15년) : 인각사에서 『인천보감人天寶鑑』의 간행을 명하고, 7월에 입적.

간행 및 체재

간행

『삼국유사』가 언제 편찬되었으며, 또 언제 처음으로 간행되었는가 하는 것은 정확하게 알 수 없다. 그러나 『삼국유사』 안에 들어 있는 내용으로 보아 자료수집은 일찍부터 시작되었지만, 편찬은 일연이 인각사에 있던 1284에서 1289년 사이라고 보는 것이 일반적이다. 또 『삼국유사』가 편찬된 후에 바로 판본으로 간행이 되었는지, 또는 필사본으로만 전해졌는지는 분명치 않다. 현재 완전한 한 질로 남아 있는 것은 조선 중종 7년(1512) 경주에서 간행된 것으로, 이 책의 마지막에 '황명정덕임신계동皇明正德任申季冬(명나라 정덕 임신년 12월)'으로 시작하는 경주부윤 이계복李繼福의 발문跋文이 있어서 학계에서는 정덕본正德本 또는 임신본壬申本이라고 한다. 이 책에는 많은 오류가 있는데, 근래에 임신본에 선행하는 조선 초기에 간행된 것이 알려져서 두 종을 대조하고 비교하여 여러 가지 오류를 바로잡을 수 있게 되었다.

이와 같이 일연이 편찬하여 간행한 원본의 정확한 모습을 알 수 없고, 또 『삼국유사』가 편찬된 경위나 의도를 분명하게 보여주는 글이 없으므로 『삼국유사』 편찬의 경위에 대해서는 연구자들의 다양한 견해가 있다.

『삼국유사』를 이해하기 위해서는 먼저 '遺事'('遺史'가 아님)라는 단어의 의미가 무엇인가 하는 점을 이해할 필요가 있는데, 대체로 정통 역사 서술에서 빠뜨린 일을 기술한다는 의미로 보고 있다. 이것은 김부식의 『삼국사기』나 불교의 역사를 기록한 『해동고승전』 등에서 중요하게 생각하지 않았기 때문에 기록하지 않은 것을 쓴다는 뜻이라고 할 수 있다. 『삼국유사』에서는 『삼국사기』를 '國史' 또는 '本史' 등으로 쓰고 있고, 김부식 등 삼국사기 편찬자를 '史臣'으로 기록하고 있으며, 『해동고승전』을 '僧傳', '海東僧傳', '高僧傳'이라고 했다. 이를 통해 일연이 일반사나 불교사의 정사正史가 갖고 있는 의미와 가치를 충분히 인정하고 있었음을 알 수 있다. 그럼에도 불구하고 일연이 별도로 '遺事'를 쓴 것은, 정사에서는 생략되었을 수많은 이야기를 기록할 필요가 있다고 생각했기 때문일 것이다.

체재에서 다시 얘기하겠지만, 『삼국유사』는 크게 1, 2권과 3, 4, 5권의 두 부분으로 나눌 수 있어서, 앞부분이 일반사를 기술한 것이라면, 뒷부분은 불교사라고 할 수 있다. 그런데 이 일반사를 기술한 부분인 기이記異 편에 서문이 있어서 이를 통해 일연의 『삼국유사』 간행 의도를 추정해볼 수 있다. 기이편 서문은 다음과 같다.

> 대체로 옛 성인聖人이 바야흐로 예악禮樂으로 나라를 다스리고, 인의仁義로 가르침을 베풀 때, 괴이한 일과 헛된 용맹, 그리고 어지러운 일과 귀신에 대해서는 말하지 않았다. 그러나 제왕이 장차 일어날 때는, 부명符命을 응하고 도록圖錄을 받아 반드시 보통 사람보다 다름이 있은 뒤에 큰 변화를 타고 큰

그릇을 쥐고 큰 사업을 이루는 것이었다. 그러므로 하수河水에서 그림이 나오고, 낙수洛水[4]에서 글씨가 나와서 성인이 탄생하였다. 심지어 무지개가 신모神母를 둘러서 복희伏羲를 낳고, 용龍이 여등女登을 느끼게 하여 염제炎帝를 낳았으며, 황아는 궁상窮桑의 들판에서 놀다가 스스로 백제白帝의 아들이라 일컫는 신동과 잠자리를 같이 하여 소호少昊를 낳았고, 간적簡狄은 알을 삼키고 설契을 낳았으며, 강원姜嫄은 거인의 발자국을 밟고 기弃를 낳았고, 잉태된 지 십사 개월 만에 요堯는 태어났고, 패공沛公[5]은 용이 큰 못에서 교접하여 낳았다. 그 뒤의 일들을 어찌 이루 다 기록할 수 있으랴. 그렇다면 삼국三國의 시조始祖가 모두 신이新異한 데서 나왔다 한들 무엇이 괴이할 것이 있으랴. 이것이 곧 신이한 일을 모든 편編의 머리에 두는 까닭이다. 나의 뜻이 바로 여기에 있다.

> 叙曰 大抵古之聖人 方其禮樂興邦 仁義設教 則怪力亂神 在所不語 然而帝王之將興也 膺符命 受圖籙 必有以異於人者 然後能乘大變 握大器 成大業也 故 河出圖 洛出書 而聖人作 以至虹繞神母而誕羲 龍感女登而注炎 皇娥遊窮桑之野 有神童自稱白帝子 交通而生小昊 簡狄吞卵而生契 姜嫄履跡而生弃 胎孕十四月而生堯 龍交大澤而生沛公 自此而降 豈可殫記 然則三國之始祖 皆發乎神異 何足怪哉 此紀異之所以慚諸篇也 意在斯焉

이 글에서 주목할 것은 『논어論語』 술이述而 편의 "子不語怪力亂神(공자께서는 괴력난신은 말씀하지 않았다)"을 인용하여 '怪力亂神 在所不語'라고 했다는 점이다. 스님인 일연이 공자의 이 말을 인용한 것은, 당시에 큰 세력이

---

[4] 복희 때에 황하黃河에서 등에 그림이 그려진 용마가 나왔는데, 이 그림을 하도河圖라고 한다. 복희는 이 그림에 의해 팔괘八卦를 그렸다고 한다. 우임금이 홍수를 다스릴 때, 낙수에서 등에 글이 쓰인 거북이 나왔는데, 이 글을 낙서洛書라고 한다. 우임금은 이 글에 의해서 홍범구주洪範九疇를 만들었다고 한다.

[5] 복희, 염제, 소호, 설, 기 등은 모두 중국의 전설적 인물이고, 패공은 중국의 한漢나라를 세운 유방劉邦이다.

되어 위세를 떨치기 시작한 유교의 논리를 이용해 자신의 생각을 펴나간 것으로 볼 수 있다.

체재와 내용

『삼국유사』는 5권 9편으로 되어 있는데, 앞에서 얘기한 대로 크게 두 부분으로 나눌 수 있다. 전반부 1, 2권은 연표와 역사적 사건인 왕력王曆과 기이紀異이고, 나머지 3, 4, 5권은 불교적 내용으로 홍법興法, 탑상塔像, 의해義解, 신주神呪, 감통感通, 피은避隱, 효선孝善 편이 들어 있다. 이를 도표로 보이면 다음과 같다.

	제1권	제1 왕력	
일반 역사편	제1권 제2권	제2 기이	59항목
불교 신앙편	제3권	제3 흥법	7항목	79항목
		제4 탑상	30항목	
	제4권	제5 의해	14항목	
	제5권	제6 신주	3항목	
		제7 감통	10항목	
		제8 피은	10항목	
		제9 효선	5항목	

제1권 제1 왕력王曆편은 고구려, 백제, 신라, 가락국, 후고구려, 후백제 등의 간략한 연표이다. 신라 시조 박혁거세에서 고려 태조 왕건의 통일까지의 왕력을 중국 기록과 함께 비교하여 볼 수 있도록 기록하였다. 전체를 다섯 단으로 나누어 첫째 단에는 중국의 역대 왕조와 왕의 연호 및 연도를 싣고, 아래 네 단에는 신라, 고구려, 백제, 가락국 순서로 각 왕과 관련된 사실을 기재하였다. 그 내용 가운데에는 『삼국사기』와 다른 기록도 많다.

제2 기이紀異편은 고조선부터 후백제에 이르는 시기의 역사적 사실을 59항목으로 나누어 서술하였다. 대체로 신이한 기록들을 쓰고 있는데, 이는 일연이 서문에서 밝힌 바와 같다. 그러므로 기이란 편명도 신이한 내용들을 기록한다는 뜻이라 할 수 있다.

일연의 일반사 서술은 고조선에서 시작한다. 유교사관에서는 당시 기자를 중심으로 한 역사서술이 일반적이었던 데 반하여 일연은 기자를 제외하고 단군조선에서 위만조선과 마한으로 이어지는 계통을 정통으로 보았다. 위만조선과 마한의 두 국가 이후 국가체제는 마한에서 고구려로 계승되고, 변한에서 백제로, 진한에서 신라로 계승됨을 밝혔다. 고조선과 삼한·삼국과의 관계에서 요즘 서술과 다른 것은 한사군의 영향에 대해서 서술하지 않았다는 것이다. 이 점은 고조선 서술에서 기자에 관한 기록을 주요 흐름에서 제외했다는 것과 같은 맥락에서 이해할 수 있다.

위만조선·마한과 삼한·삼국에는 사이四夷와 구이九夷, 구한, 예맥, 이부, 칠십이국, 낙랑국, 북대방, 남대방, 말갈, 발해, 흑수, 옥저, 이서국, 오가야, 북부여, 동부여 등 다양한 정치세력이 혼재하여 있는 것으로 서술했다.

삼국의 건국은 고구려, 백제, 신라 순으로 기록하였다. 특히 신라의 기록이 많이 있는데, 대부분 신라 역대 왕의 기록을 서술하였다. 그리고 신라 기사에 계속하여 남부여 항목을 설정하여 백제의 건국설화 등 실제 백제 기사를 싣고, 무왕과 후백제 기록을 넣었다. 기이편의 마지막에는 삼국사기에 없는 가락국기駕洛國記를 첨부했다.

제3 흥법興法편은 모두 7항목으로 나누어 서술하였는데, 삼국의 불교 수용과 융성에 관한 항목들을 설정하여 삼국에서 불교를 개척하고 기초를 닦을 때의 신이한 일들을 기록하였다. 주요 내용으로는 순도, 난타, 아도가 삼국에 불교를 전한 것, 법흥왕과 이차돈의 불교 수용, 백제 법왕의 살생 금지, 고구려 보덕의 망명, 흥륜사의 십성十聖 기사를 수록하였다.

제4 탑상塔像편은 모두 30항목이다. 불상과 불탑, 불전과 범종, 사리 불경 등에 관한 내용을 기술하였는데, 모두 구도와 성불과정에서 일어난 신비스런 사건들이나 이런 사건의 증거물들이다. 그리고 황룡사, 낙산사, 오대산 월정사 등의 중요한 불교사적에 대한 내용이 실려 있다.

제5 의해義解편은 고승들의 저술과 포교활동 등, 고승들의 전기이다. 원광, 자장, 원효, 의상, 진표 같은 고승의 이야기 14항목이 실려 있다.

제6 신주神呪편은 3항목으로 구성되어 있는데, 신라의 신이한 스님들이 초월적인 힘으로 악과 미신을 퇴치하는 모습을 묘사하였다.

제7 감통感通편은 역사에 이름이 전하지 않는 인물들의 불교신앙에 대한 기록이다. 모두 10항목으로 월명사처럼 향가를 잘 짓는 스님의 이야기라든가, 호랑이와 기이한 인연을 맺은 김현의 이야기 등이 실려 있다.

제8 피은避隱편은 10항목으로 나누어 세속적 명예를 구하지 않은 인물의 행적을 실었다.

제9 효선孝善편은 효도와 선행에 관한 내용 5항목으로 구성되어 있는데, 부모에 대한 효도와 불교적인 선행에 대한 미담을 수록하였다. 김대성이 전생의 부모를 위해 석불사를 세우고 현생의 부모를 위해 불국사를 세운 이야기가 들어 있다.

이상의 5권 9편 가운데 특히 1, 2권에 들어 있는 내용은 일찍부터 삼국시대 역사를 기술하는데 자료로 이용되었다. 특히 고조선을 비롯한 한반도 초기 국가에 관한 기록은 이『삼국유사』를 제외하면 거의 없다고 해도 과언이 아니다. 일연은 승려이면서도『삼국유사』전체 분량의 반 이상을 일반역사를 기술하는데 할애하고 있다.

이렇게 역사적 사실을 기록하고 있으나, 그 관점이 신이한 것을 기술한다는 것이므로『삼국유사』기록에 대한 사실성 여부가 오래 전부터 문제가 되어 왔다. 그러나『삼국유사』가 역사서인가 아닌가, 또는 얼마나 신빙성 있는 내용인가 하는 것은 역사자료에 대한 시각이 바뀌어가고 있는 현재에는 별 의미가 없다고도 볼 수 있다. 왜냐하면 과거를 해명하는 자료로 쓰이는 모든 것은 역사적 자료이기 때문이다. 어떤 저술이 만들어진 시기에 역사서였는지 아닌지는 별로 의미가 없다. 그러므로 『삼국유사』 안에 들어 있는 역사적 사실에 대한 문학적 해석도 가능하고, 문학적인 내용을 정밀하게 분석하여 역사적인 사실을 찾아낼 수도 있다. 연구자의 능력과 시각에 따라 무한히 그 해석의 범위를 넓혀갈 수 있는 것이다.

『삼국유사』에 대한 인식

조선시대

조선 초기에 『삼국유사』를 인용한 기록을 보면 특별히 부정적이지 않았다. 단종 즉위년(1452)에 경창부윤慶昌府尹 이선제李先齊는 『삼국유사』의 단군에 대한 기록을 인용하고, 단군의 사당을 잘 지을 것을 청하는 상소를 올렸다. 그러나 이러한 사정은 시간이 지나면서 달라진다. 중종 11년 (1516) 한산군수韓山郡守 손세옹孫世雍의 상소문을 보면,

> 전진前秦의 부견符堅이 중 순도順道를 파견하여 불상을 보냈었으니 이는 고구려 불법佛法의 시초이며, 호승胡僧 난타難陀가 진晉나라에서 왔었으니 이는 백제 불법의 시초요, 사문沙門 묵호자墨胡子 아도阿道가 고구려를 하직하고 신라로 왔으니 이는 신라 불법의 시초입니다. 『삼국유사』에 이른바 '순도가 고구려를 세우고, 난타가 백제를 열고, 아도가 신라의 터를 잡았다.'는 것이 이것인데, 신은, 고구려는 순도가 세운 것이 아니고, 백제는 난타가 연 것이 아니며, 신라는 아도가 터를 잡은 것이 결코 아님을 아오니, 역사를 만든 사람들의 말이 자못 떳떳하지 못합니다.

라고 하여 『삼국유사』의 내용에 대해서 정당하지 못하다는 평가를 내린다. 이것은 단지 불교에 대한 배척만이 아니라, 불교적 세계관에 대한 거부라고 할 수 있다.

조선 후기 성리학이 확고한 지배이념으로 자리 잡으면서 『삼국유사』는 황당한 내용으로 된 허망한 책이라는 평가가 많아진다. 몇몇 예를 보기로 한다. 안정복安鼎福(1712~1791)은 다음과 같이 말했다.

> 『삼국유사三國遺事』: 고려 중엽에 중 무극일연無極一然의 찬인데, 모두 5권이다. 이 책은 본디 불교의 원류를 전하기 위하여 지었기 때문에, 더러 연대는 상고할 수 있으나 전혀 이단異端의 허탄한 설이었는데, 뒤에 와서 본조에서 『동국통감』을 찬할 때에 많이 따다가 기록하였고, 『여지승람輿地勝覽』의 지명도 이것을 많이 따랐다. 아! 이 책은 이단의 괴탄한 설인데도 후세에 전해졌는데, 당시에는 어찌 사필을 잡고 기사하는 사람이 없어서 모두 전하지 않아서 없어졌으랴! 대개 이 책은 중들을 위해 전한 것이므로 바위 구멍 속에 간직하여 병화兵火에도 보전할 수 있었던 것인데, 후인들은 그것이 남아 있음을 오히려 다행하게 여긴 것이다. 동국 문헌의 없어짐이 이 지경에 이르렀으니, 슬프다. 그러므로 옛사람이 역사를 편찬하여 반드시 명산 석실石室에 간직하였으니, 그 병화를 걱정한 뜻이 깊다고 하겠다.[6]

이긍익李肯翊(1736~1806)은 『삼국유사』의 단군에 관한 기록을 인용하고 나서, "그 설이 괴이하고 허황하고 비루하고 과장되어 애당초 거리의 아이들조차 속이기 부족한데, 역사를 저술하는 사람이 이 말을 온전히 믿을 수 있겠는가?"라고 하였다.[7] 이러한 시각은 이덕무李德懋(1741~1793)도 마

---

[6] 『동사강목東史綱目』 범례凡例 채거서목採據書目 조.

찬가지이다. 그는,

> 『삼국유사三國遺事』: 모두 5권인데 기이記異가 2권, 홍법興法·의해義解·신주神呪·감통感通을 병합하여 3권으로 되어 있다. 그리고 제5권 머리에 '국존國尊 조계종曹溪宗 가지산하迦智山下 인각사麟角寺 주지住持 원경충조圓鏡冲照 대선사大禪師 일연一然이 찬撰한다.'고 되어 있다. 그 말이 황당하고 허탄하다.[8]

라고 했고, 이덕무의 손자 이규경李圭景(1788~?)은 할아버지의 『삼국유사』에 대한 평가를 자신의 저서에 그대로 수록했다.[9] 정약용丁若鏞(1762~1836)도 『삼국유사』의 내용 가운데는 사리에 어긋나는 기록이 많다고 했다.

> 탐라耽羅가 9한韓 중 넷째에 해당한 것에 대해서는 『삼국유사』를 살펴보건대, 안홍安弘의 『동도성립기東都成立記』에 기록된 9한 중에 그 첫째가 일본日本, 셋째가 오월吳越, 다섯째가 응유鷹游, 일곱째가 단국丹國, 아홉째가 예맥濊貊이고, 중화中華가 둘째, 탐라가 넷째로 되어 있습니다. 그러나 신의 생각으로는 그 의례義例가 거칠고 번잡하므로, 수다스럽게 변론할 나위가 없다고 봅니다. 대체 우리나라가 오래도록 오랑캐의 풍속에 물들어 본래 문헌적인 증거가 없고, 소위 전해 오는 사적史籍은 거의가 황당 저속한 이야기들로서, 혹은 신인神人이 단목檀木 아래로 내려왔다고도 일컫고, 혹은 난태卵胎가 표류한 박[瓠] 속에 간직되었다고도 일컬어, 사람과 귀신에 대한 이야기들이 뒤섞여 사리에 어긋나기 때문에, 신은 우리나라 풍속이 현원玄遠한 데만 치달리는 것을 깊이 개탄한 나머지, 성조聖朝에서 가까운 것을 관찰하시기를 바라는 바입니다.[10]

[7] 『연려실기술燃藜室記述』 별집 제19권 역대전고歷代典故, 단군조선檀君朝鮮.
[8] 『청장관전서靑莊館全書』 제54권 앙엽기盎葉記 1, 동국사東國史.
[9] 『오주연문장전산고五洲衍文長箋散稿』 경사편 4, 사적류 1, 사적총설史籍總說.

앞에서 언급한 조선후기 학자들은 대체로 실학자라고 불리는 사람들이다. 이들은 성리학으로 무장하였을 뿐만 아니라, 청淸나라 고증학에 대한 조예도 깊었기 때문에 사실일 수 없는 것을 역사로 기술하는 데에 대해서는 극단적인 거부감을 나타내었다.

1481년 성종 12년 『동국여지승람東國輿地勝覽』을 편찬할 때나 1485년 『동사강목東史綱目』을 간행할 때 『삼국유사』를 참고자료로 썼고, 또 1512년에 목판으로 간행되었으므로 조선 초기에 『삼국유사』는 그렇게 희귀한 서적은 아니었을 것이다. 그러나 1512년 간행된 이후 조선시대에 『삼국유사』는 다시 간행되지 않았다. 이러한 사실을 통해 조선 후기에 오면 『삼국유사』는 더 이상 필요하지 않은 책이 되었다는 것을 알 수 있다.

20세기 이후

조선후기에 오면 『삼국유사』는 이미 지식인의 관심에서 멀어진 책이 되었고, 또 책 자체도 구해보기 어렵게 되었다. 그런데 19세기 말부터 『삼국유사』가 일본 연구자들의 관심을 끌면서 일본에서 활자본이나 영인본이 나오게 된다. 몇 가지를 보면 다음과 같다.

> 1904년 도쿄대학 사지총서史誌叢書 : 임진왜란 때 일본으로 가져간 두 책을 저본으로 활자본으로 간행했음.
> 1904년 대일본속장경大日本續藏經 : 도쿄대학에서 간행한 것을 약간 수정한 것임.
> 1921년 교도대학 문학부총서文學部叢書 : 이마니시 류今西龍가 안정복이 소장했던 것을 영인하여 출판했음.

10_ 『다산시문집茶山詩文集』 제8권 대책對策 지리책地理策.

이렇게 일본에서 『삼국유사』가 간행되어 연구자들에게 보급되면서 자연히 한국에서도 이 책에 대해 관심을 갖게 되었다. 1927년 최남선이 『계명』 18호에 '삼국유사 해제'와 함께 본문을 활자화하여 발간함으로써 『삼국유사』는 비로소 많은 사람들이 볼 수 있는 책이 되었다. 이 책에 실린 "삼국유사 해제"는 상당한 분량으로, 이후 『삼국유사』 연구의 지침이 되었다고 해도 과언이 아닐 정도이다. 『삼국유사』에 대한 조선후기의 부정적 인식은 최남선의 『삼국유사』의 가치에 대한 다음과 같은 발언을 통해 완전히 자취를 감추게 된다.

여하간 『유사』에는 본사本史에 견루見漏한 고전古傳이 많이 채입採入되고, 또 그것이 대개 원형대로 수록되고, 또 그것이 절節은 하였을망정 개改는 아니하고, 또 그것이 사실뿐 아니라 명물名物과 칭위稱謂까지 군두목 그대로를 충실히 전하고, 또 그것이 이전異傳이 있으면 이전 그대로를 몇이라도 중출重出하기도 한 것 등은, 진실로 『유사』 자신의 불후不朽한 가치인 동시에 우리 국사國史의 구원久遠한 복리福利라 할지니라. 만일 『본사』와 『유사』의 양자 중에 어느 하나밖에를 지니지 못할 경우가 있다 하면, 대부분이 한토漢土의 문적文籍을 인입引入한 것이요, 그 약간의 국전國傳이란 것은 명여실名與實을 대개 한화漢化한 『삼국사기』를 내어놓고, 단락斷落하고 착잡錯雜하고 조루粗陋하고 궤탄詭誕할망정, 일련一臠이라도 본미本味를 전하는 『삼국유사』를 잡을 것이 고당固當할지니라.[11]

『삼국유사』의 가치에 대한 최남선의 이러한 관점은 상당한 영향력을 갖고 있는 것이어서, 지금까지도 『삼국사기』는 사대적인 내용의 책이고,

---

[11] 최남선, 「삼국유사 해제」, 『육당 최남선 전집』 8권, 서울 : 현암사, 1973, 10, 21~22쪽.

『삼국유사』는 자주적인 것처럼 인식될 정도이다.

일연이 『삼국유사』를 쓴 이유는, 자신이 『삼국유사』에서 강조하고 있는 가치가 더 이상 중요하지 않게 되는 것을 목도했기 때문이라고도 볼 수 있다. 그러므로 『삼국유사』의 내용은 일연이 생각하던 이상적인 세계에 대한 것이라고 하겠다. 성리학적 세계관이 점차 힘을 얻게 되는 세상을 보면서, 불교적 이상을 회복하고 싶어 하는 일연의 꿈이 『삼국유사』에는 들어 있다고 보아도 지나친 말은 아닐 것이다. 조선후기 실학자들이 『삼국유사』를 허황한 내용의 책이라고 평가한 것 또한 마찬가지이다. 조선이 성리학을 국가 이념으로 삼고 불교를 배척했으므로 『삼국유사』의 내용을 용납하기 어려웠을 것은 분명하다.

19세기말부터 일본 학자들이 『삼국유사』를 연구한 것은, 『삼국유사』 속에 들어있는 내용이 일본역사 기술에 도움이 되리라고 생각했기 때문이다. 그리고 식민지 지식인인 최남선은 일본의 『삼국유사』 연구를 보면서 이 책의 가치를 재발견하게 된다. 사실상 조선에서는 없어졌던 책인 『삼국유사』는 1927년 최남선에 의해 새롭게 태어났다. 『삼국유사』에 대한 연구는 물론이고, 많은 사람들이 『삼국유사』라는 이름을 알게 된 것도 최남선의 이 책이 나오면서 시작된 것이다. 『삼국유사』의 번역은 해방이 된 후에야 나오게 된다. 해방 후 1946년에 처음으로 『삼국유사』 한글 번역본이 나온 이후 현재는 일일이 다 열거할 수 없을 정도의 많은 번역본이 있다. 그리고 『삼국유사』에 대한 연구도 3000편이 넘는다. 앞으로도 『삼국유사』의 중요성을 더욱 높아질 것이다. 현재 『삼국유사』는 민족문화의 원형이라고 불리고 있다. 그리고 제도교육 속에서 『삼국유사』는 그런 효용을 갖고 있는 텍스트로 쓰이고 있고, 또 문화콘텐츠 사업이라는 이름 아래 벌어지는 갖가지 '전통문화 개발'에서 『삼국유사』는 항상 그 맨 앞자리에 있다. 21세기에 『삼국유사』는 이런 의미를 갖게 되었다.

박애경

한국 고전문학 읽기의 맥락과 지평

'남녀상열지사男女相悅之詞'와 고려가요
〈서경별곡〉을 중심으로

'가요'의 전통과 고려가요

고려가요는 고려시대 우리 말 시가 일체를 아우르는 말이나, 전대부터 전승되어 왔던 향가나 조선 시대에 주로 향유된 시조와 가사는 제외하는 것이 일반적이다. 여기에는 속요, 경기체가, 불가와 무가, 참요와 같은 다양한 시가 갈래들이 포함되지만, 대개는 고려 시대 궁중 속악의 가사로 전승되다가 조선 조 구악 정리 과정에서 문헌에 정착된 속요와 경기체가 만을 지칭한다.

고려가요 중 속요는 주로 민간의 노래가 궁중음악으로 수용되어, 국가의 가악으로 소용된 반면 경기체가는 무신 집권기 새롭게 득세한 신흥 사대부들의 이념과 가치를 담고 있다. 둘은 기원과 작품의 미감이 다르지만 가악으로 쓰여 후대에 전승되었다는 점에서 '고려가요'로 묶일 수 있다고 본다.

그런데 고려가요를 이해하는 데에는 두 가지 접근 방법이 있다. 하나는 '고려'의 가요로 이해하는 것이고, 다른 하나는 고려의 '가요'로 이해하는 것이다. 전자의 입장에서 고려가요를 접근하면 가장 밑바닥에서 '고려'라는 시·공간적 특수성이 보일 것이다. 반면에 후자의 입장에서 고려가요를 살피면 '가요'의 보편적 문법이 드러난다.

지금까지의 연구는 고려의 특수성에 주목한 경우가 대부분이었다. 그러나 고려가요를 온전히 고려시대의 몫으로만 돌릴 수 없다는 엄연한 사실에 이르고 보면 고려가요의 정체성을 고려 조의 특수성에서만 찾으려는 시도는 분명 한계를 보일 수 밖에 없다. 이 대목에서 고려가요가 조선조 구악 정비 과정에서 문헌에 정착되기 시작했다는 사실을 굳이 거론할 필요는 없을 듯하다. 그러나 고려가요가 조선 후기까지 다양한 경로로 수용되었고, 고려가요의 악곡인 진작조가 시조를 얹어부르는 대엽조의 모태가 되었다는 점은 가벼이 넘길 수 없을 듯하다. 더구나 중종 조 이후 고려가요의 주요 작품들이 음사라는 혐의를 받으며 향악정재에서 사설이 대체되거나 탈락되는 우여곡절을 겪으면서도 『악장가사』에 사설이 남는다는 것은 고려가요가 가진 '가요'로서의 보편성을 보여준다고 할 수 있다.

가요는 말그대로 가歌와 요謠가 합쳐진 말이다. 물론 가歌와 요謠는 둘 다 노래를 지칭하는 말이지만 반주를 수반하고, 장곡章曲의 단위가 있고 악樂의 형식에 들어맞는 곡의 총체를 노래를 '가歌'라고 한다면, 악기 반주가 따르지 않아도 되는 노래, 음률의 구속이 심하지 않은 비전문가의 노래를 '요謠'라고 한다. 요는 일정한 악곡에 맞추어 부를 필요가 없다는 의미의 '도요徒謠'라고 불리기도 하는데 민요, 동요가 이에 해당되며, 경우에 따라 요를 가요와 동일어로 사용하기도 한다. 이는 가요가 본질적으로 민요와 친연성이 있음을 시사하는 것이라 하겠다. 『서경』에는 "시언지가영언詩言志歌永言"라는 구절이 보이는데, 뜻을 말로 펼친 것이 시라면 말을 리드미컬하게 읊조리는 것이 가라는 것이다. 한자어의 어원과 용례를 풀이한 『사원辭源』이라는 책을 보면 가歌 안에 읊조리는 것 즉 음영과 연주까지 포함시키고 있다, 그런데 가와 요 사이에 고정불변의 경계가 있는 것은 아니고 언제든지 자리바꿈할 수 있는 가능성이 열려있다고 할 수 있다.

여기에서 가요가 단순 소박한 비전문가의 노래부터 악곡의 제약을 받는 전문가의 노래까지 다양한 층위를 포함하고 있다는 것을 확인할 수 있다. 그러나 가요가 가와 요의 단순한 총합을 의미하는 것은 아니다. 가와 요는 하나의 틀로 묶이는 순간 본래의 속성을 온전히 유지하기보다는 가요라는 새로운 관습에 적응해나가는 방향을 취하게 마련이다. 동시에 가요는 개방성과 포용성을 본질로 하고 있으며, 그 의미망 안에서 신분의 차이와 예술의 질, 전문성에 따른 경계를 상당부분 해소하고 있다. 이것은 곧 가요의 통속적 견인력으로 전화되며, 바로 이 지점에서 가요는 신분적 경계 혹은 지역적 경계 안에서 유통되는 민요와 달라지기 시작한다.

가요라는 말이 등장하는 가장 공신력있는 문헌은 아마도 동양의 시와 음악의 전범이라 할 수 있는 『시경』일 것이다.

『시경』 중 이른바 풍이라는 것은 이항의 가요 작품에서 나온 것이 많으니 이른바 남녀가 서로 읊조리는 정을 노래한 것이다.
凡詩之所謂風者 多出於里巷歌謠之作 所謂男女相與詠歌 各其情者也
『詩經集傳』 序

국은 제후들을 봉한 지역이요, 풍은 민속 가요의 시이다.
國者諸侯所封之域 而風者民俗歌謠之詩也
『詩經集傳』 國風

이 두 기록에서 궁중 공식 행사, 종묘 제례에 쓰이는 아雅, 송頌과 대척에 놓인 '풍風'을 가요에서 유래한 민간의 노래로 보고 있다는 것을 확인해 볼 수 있다. 여기에서 가요는 상층의 공식적 권위를 드러내기 위한 아, 송 등의 고급 장르와는 뚜렷이 구분되고 있는 반면 민요와는 그 거리가 그리 멀어보이지 않는다. 또한 풍을 거론하면서 남녀가 서로 읊조리는 정을 노래했다고 하는 대목도 가요의 본질과 관련하여 주목할 부분이라 할 수 있다.

『시경』에서 피력한 가요관은 중세적, 동양적 가요관을 대표한다고 할 수 있다. 그렇다면 우리나라에서는 '가요'라는 말을 어떻게 이해하고 있었을까? 가요라는 말이 익숙해진 데에는 조선 후기 간행된 한글 가집의 영향이 크다고 할 수 있다. 여기에서 가요란 대개 한글로 된 노래를 포괄적으로 의미한다. 그런데 조선 이전으로 거슬러 올라가면 가요란 곧 어가행렬이나 환궁 시 불리는 노래를 의미했음을 알 수 있다.

> 환궁하였다. 제왕에게 명하여 광화문 좌우랑에 채붕을 맺게 하였다. 관현방・대악서에서 채붕을 맺고 백희를 진설하여 어가를 맞이하였다. 모두 금・은・주옥・금수・나기・산호・대모로 장식하여 기교하고 사치하기가 비할 데 없었다. 국자학관이 학생들을 인솔하여 가요를 바쳤다. 왕이 수레를 멈추고 음악을 구경하였다. 삼경이 되어서야 입궐하였다.
>
> 還宮 命諸王結彩幕於廣化門左右廊 管絃房大樂署 結彩棚陳百戱 迎駕 皆飾以金銀珠玉錦繡羅綺珊瑚玳瑁 奇巧奢麗前古無此 國子學官 率學生 獻歌謠 王駐輦觀樂 至三庚 乃入闕
>
> 『高麗史』 券19 世家 毅宗 24年

고려가요가 유통되던 동시대를 다룬 이 기록은 환궁한 임금님께 국자감의 학생들이 가요를 바치는 광경을 전하고 있다. 여기서 가요란 시경체 시를 의미한다. 그러나 가요를 시경체 시라는 좁은 틀로만 이해하지는 않은 듯하다. 『조선왕조실록』에는 '가요'라는 말이 무려 148번이나 등장하는데, 이때 가요라는 말은 종묘에 쓰이는 노래부터 기생의 노래까지 다양한 층위를 포함하고 있다. 또한 조선 후기 집중적으로 간행된 가집에서는 거리의 노래를 곧 가요로 이해하고 있다. 이것은 시경체의 시를 곧 가요로 수용하였을 뿐 아니라 『시경』의 가요관까지 받아들였다는 의미일 것이다.

가요가 이항里巷을 기반으로 한다는 것은 관의 구속에서 벗어나 민간에서 자유롭게 유통되지만 기층의 영역과는 거리를 두고 있다는 의미일 것이다. 이것이 가요가 민요와 친연성을 보이면서도 민요 그 자체일 수는 없는 주요한 이유이기도 하다. 즉 신분적 경계, 장르적 폐쇄성을 넘어서려는 개방성과 다양성은 서민예술의 속성을 유지하면서도 민요와 구분되는 가요의 관습이라 할 수 있다.

고려가요는 이렇듯 한문·유교문화권의 가요의 전통 안에서 그 의미를 찾을 때 고려가요가 가진 다원성, 지속성, 주제의 보편성이 밝혀질 것이다.

이별의 정한과 〈서경별곡〉

〈서경별곡〉은 이별의 정한을 다룬 고려가요 작품으로 『악장가사』에 가사 전문이 전하고, 『대악후보』와 『시용향악보』에 악보 전부, 『악학궤범』과 『악학편고』에 악보 일부가 전한다. 또한 작품의 일부가 『익재난고』 '소악부'에 실려 전하기도 한다. 이로 보아 〈서경별곡〉은 민간에 떠돌던 여러 작품들이 하나의 주제 아래 묶여 궁중 속악으로 전승되었던 것으로 보인다. 이 작품은 조선 성종 조 궁중 속악 개편 과정에서 '남녀상열지사男女相悅之詞'로 규정되면서, 고려가요에 대한 조선 조 수용 태도를 가늠하는 상징적 작품으로 거론되어 왔다. 특히 이별에 대처하는 여성화자의 격정적인 감정 노출은 별한別恨을 다룬 작품 안에서도 독특한 위상을 지니고 있다고 할 수 있다.

〈서경별곡〉의 후렴구를 제외한 전문은 다음과 같다.

> 서경西京이 아즐가 서경西京이 셔울히 마르는
> 위 두어렁셩 두어렁셩 다링디리
> 닷곤딕 아즐가 닷곤딕 쇼셩경 고외마른
> 여히므론 아즐가 여히므론 질삼뵈 브리시고
> 괴시란딕 아즐가 괴시란딕 우러곰 좃니노이다.
>
> 구스리 아즐가 구스리 바회예 디신들
> 긴히똔 아즐가 긴힛똔 그츠리잇가 나는
> 즈믄히를 아즐가 즈믄히를 외오곰 녀신들
> 신信잇든 아즐가 신信잇든 그츠리잇가 나는
>
> 대동강大同江 아즐가 대동강大同江 너븐디 몰라셔
> 빈내여 아즐가 빈내여 노흔다 샤공아
> 네가시 아즐가 네가시 럼난디 몰라셔
> 널빈예 아즐가 널빈예 연즌다 샤공아
> 대동강大同江 아즐가 대동강大同江 건넌편 고즐여
> 빈타들면 아즐가 빈타들면 것고리이다 나는

〈서경별곡〉은 민간에 전해지던 여러 노래가 합성되어, 하나의 주제 아래 묶인 작품이나, 작품의 유래나 합가合歌 과정에 대해서는 알려진 바 없어, 합가 과정에 대해서 합의된 결론은 나오지 않았다. 크게 두 노래 합가설, 세 노래 합가설, 네 노래 합가설이 공존하고 있는데, 대개 세 노래 합가설이 유력하다고 할 수 있다. 이 글에서는 〈서경별곡〉이 지역의 노래를 통해 치세의 도를 드러낸 노래, 〈정석가〉와 사설을 공유하는 신의와 구연舊緣에 관한 노래, 이별에 직면한 여성화자의 욕망과 의지를 드러내는 별한의 노래, 이렇게 세 곡이 합성된 곡으로 보고 논의를 전개하기로 한다.

먼저 서경의 유래를 설명한 첫 부분을 살펴보자. 서경은 개경, 동경과 함께 고려 삼경의 하나로 고려 태조 원년 황폐해진 평양에 계획적으로 대도호부를 설치한 것에서 유래한다. 이후 서도西都, 유수경留守京 등으로 명칭의 변화는 있었지만, 삼경으로서의 지위는 유지하고 있었다. 지역의 유래와 풍교와 성세를 찬양하는 송도의 노래는 『고려사악지』 속악조 고려의 속악조에 집중적으로 전하고 있다. 가사는 전하지 않으나 제목과 유래로 보아 '서경'과 관련된 노래는 〈서경〉과 〈대동강〉 2편이 전하고 있다.

> 서경의 유래는 이러하다. 고조선은 즉 기자를 봉했던 땅으로, 그곳의 백성들은 예의와 양보를 배워 임금을 존경하고 웃사람을 받드는 의리를 알아 이 노래를 지었다. 그 뜻은 군장의 가득한 인애와 은혜는 초목에까지 미치어 꺾인 버들가지도 살아날 수 있게 한다는 것이다.
> 西京 古朝鮮卽箕子所封之地 其民習於禮讓 知尊君親上之義 作此歌 言 仁恩充暢 以及草木 雖折敗之柳 亦有生意也
> 『고려사』 악지 속악 조, 〈西京〉

> 주나라의 무왕이 은나라의 태사였던 기자를 조선에 봉했는데, 기자는 8조의 가르침을 베풀어 예의를 숭상하는 풍속을 일으키니 조야에 일이 없었다. 백성들은 기뻐하여 대동강을 황하에, 영명령을 숭산에 각각 비유하여 그들의 임금을 기렸다. 이 노래는 고려로 들어온 이후 지은 것이다
> 周武王封殷太師箕子于朝鮮 施八條之敎以興禮俗 朝野無事 人民懽悅 以 大同江比黃河 永明嶺比嵩山 頌禱其君 此入高麗以後所作也
> 『고려사』 악지 속악 조, 〈大同江〉

두 작품 모두 가사는 전하지 않으나, 특정 지역의 지형지세를 묘사하고, 인륜이 바로 서고 풍속이 아름다운 성세의 치도를 묘사하고 있는 것으로 보아 송도적頌禱的 기능을 가진 악장으로 기능했음을 알 수 있다. 〈서경별곡〉시작 부문에 '소성경'과 삼경으로서의 '서경'을 묘사한 것은 악장의 성격을 가진 지역 노래의 전통을 계승하고 있는 것으로 보인다.

〈정석가〉와 사설을 공유한 두 번째 부분은 민간 가요에 기원을 두면서 궁중 속악으로 기능할 수 있었던 요인을 보여준다고 할 수 있다. 이 부분은 『익재난고』'소악부小樂府'에도 한역되어, 상당한 전승력을 지닌 노래임을 짐작할 수 있다. 이 작품은 〈정석가〉에서 '有德ᄒ신 님'의 의미와 결합되어 송도적 의미의 '충신연주지사忠臣戀主之詞'로 해석되기도 하였다. 소악부의 '일편단심一片丹心' 역시 '남녀상열지사'보다는 '충신연주지사'로 전용될 가능성을 보여준다. 그렇지만 〈서경별곡〉 내에 수용된 구슬 관련 사설은 옛정을 황급히 끊을 수 없다는 화자의 의지가 담긴 노래이기도 하다. 즉 구슬 관련 사설은 '남녀상열지사'와 '충신연주지사'의 경계를 보여주고 있다고 할 수 있다.

대동강을 사이에 둔 이별의 상황을 그린 마지막 대목은 이별에 대처하는 화자의 의지와 욕망을 격정적으로 드러내는 부분이라 할 수 있다. 인륜과 풍교가 넘치는 지역을 의미하던 대동강은 '분리'의 장소로 가시화된다. 원망과 하소연, 체념과 한탄이 어우러진 이 대목은 이별이라는 상황을 부정하는 화자의 의지와 욕망이 드러나고 있다.

세 부분의 노래는 기원이 다른 이질적인 노래로 보이지만, 크게 보아 '떠나는 자에 대한 만류와 원망 그리고 상황의 부정'이라는 공통된 정서가 드러나고 있다. 악장의 성격을 지닌 지역 노래에 '옛정과 신의'라는 지배적 정서는 이 작품이 가진 다의성을 보여준다. 성대한 '서경'의 묘사는 '이별을 부정하는' 화자의 감정의 깊이를 드러내주는 장치로 기능한다 할 수 있다. 즉 이 노래는 남녀 간 이별의 묘사일 수도 있지만, 백성과 지배자 간의 신의의 문제로 의미가 전이되어, '개세慨世'의 의미로도 읽힐 수 있다. 그리고 그 저변에는 시, 가, 악의 존재 이유를 '풍자를 통한 개세慨世'로 보았던 동양적 예술관이 자리하고 있다고 할 수 있다. 이 점 때문에 〈서경별곡〉은 고려 조에서 궁중 속악으로서 전승력을 지닐 수 있었다고 할 수 있다.

'남녀상열지사'란 무엇인가?

그렇다면 조선 조에 들어와 〈서경별곡〉이 '남녀상열지사'로 규정된 저간의 사정은 무엇일까? 이를 살피기 위해 '남녀상열지사'의 의미 및 그 문화적 맥락을 살필 필요가 있다. 먼저 〈서경별곡〉이 남녀상열지사로 규정된 『성종실록』의 해당 기록을 살펴보도록 하자.

> 전교하기를, "종묘악인 보태평, 정대업은 괜찮지만 그 외 서경별곡 같은 속악은 남녀상열지사라 심히 불가한데, 악보는 일거에 고칠 수 없으니 곡조에 의거하여 별도로 가사를 짓는 것이 어떻겠는가?"라고 하였다.
> 傳曰 宗廟樂 如保太平 定大業則善矣 其餘俗樂 如西京別曲 男女相悅之詞 甚不可 樂譜則不可卒改 依曲調別製詞何如
> 『成宗實錄』卷215 19年 4月 4日

이 기록은 문화적 기강을 세우는 데 골몰했던 조선 초기 지배층들이 민간의 노래에 기원한 속악을 바라보는 태도와 그 이념적 배경을 짐작할 수 있는 대목이라 할 수 있다. 특히나 예악형정禮樂刑政을 하나의 논리로 구축하는 유교국가에서 시, 가, 악은 풍교風敎라는 사회적 효용과 긴밀히 연관되어 있다. 따라서 성리학적 지배질서의 구축을 통한 이상사회를 만들어 가려는 선초에는 시, 가, 악과 통치이념과의 결합은 피할 수 없는 수순이었다.

〈서경별곡〉과 '남녀상열지사'를 둘러싼 논쟁은 물론 선초 성리학적 지배질서 구축 과정에서 다듬어진 문예의식의 일단을 드러낸 것이지만, 그 기저에는 남녀 간의 분별을 포함한 윤리의식을 재구축하려는 지배층의 의도가 개입되어 있다.

'남녀상열지사'는 다음 기록에도 보인다.

> 특진관特進官 이세좌李世佐가 아뢰기를, "요사이의 음악은 거의 남녀상열지사男女相悅之詞를 쓰고 있는데 이는 곡연曲宴이나 관사觀射나 거둥하실 때는 써도 무방합니다만, 정전正殿에 임어臨御하시어 군신群臣을 대할 때 이 이어俚語를 쓰는 것이 사체事體에 어떠하겠습니까? 신臣이 장악 제조掌樂提調가 되었으나 본래 음률音律을 해득하지 못합니다. 그러하오나 들은 바대로 말씀드린다면 진작眞勺은 비록 이어俚語로 지었으나 충신이 임금을 그리는 가사이므로 쓴다 해도 무방하나, 다만 간간이 노래에 비루하고 저속한 가사가 후정화後庭花·만전춘滿殿春 같은 종류도 많습니다. 치화평致和平·보태평保太平·정대업定大業 같은 것은 곧 조종祖宗의 공덕을 칭송稱頌하는 가사로서 마땅히 이를 부르도록해서 성덕聖德과 신공神功을 포양襃揚하여야 할 것입니다. 지금의 기공妓工들은 누적된 관습慣習에 젖어 있어 정악正樂을 버리고 음악淫樂을 좋아하니, 심히 편치 못합니다. 일체의 속된 말들을, 청컨대 모두 연습치 말게 하소서."라고 했다.
>
> 特進官李世佐啓曰 方今音樂率用男女相悅之詞 如曲宴觀射行幸時 則用之不妨 御正殿 群臣 時 用此俚語 於事體何如 臣爲掌樂提調 本不解音律 然以所聞言之 眞勺雖俚語 乃忠臣戀主之詞 用之不妨 但間歌鄙俚之詞 如後庭花·滿殿春之類亦多 若致和平保太平定大業 乃祖宗 頌功德之詞 固當歌之 以襃揚聖德神功也 今妓工狃於積習 舍正樂而好淫樂 甚爲未便 一應俚語 請皆勿習
>
> 『성종실록』 권 219 19년 정유 8월 13일

이 글을 살펴 보면 〈만전춘〉처럼 민간의 노래에 기원하면서 언문으로 통용된 노래를 '남녀상열지사'의 노래로 규정하고 있음을 알 수 있다.

'남녀상열지사'라는 평어가 특히 중요해진 데에는 선초의 문예질서의 정비 과정이나 풍속이나 규범을 통제하려는 지배층의 의도를 알 수 있기 때문이다. 그리고 그 저변에는 주자학의 도입, 그 자장 안에서 이루어진 주자의 『시전詩傳』에 드러난 시경관과 시의식의 수용이 자리잡고 있다는 점을 거론하지 않을 수 없다. 왜냐하면 '남녀상열지사'라는 말 안에는 주자학의 도입 이후 달라진 시가관 특히 시가의 효용성과 윤리성에 대한 재성찰의 의미가 담겨 있다. 그리고 궁극적으로는 남녀 간의 분별의식, 그에 기반한 여성통제에서부터 감정의 관리에 이르는 주자학 인성론의 쟁점이 자리하고 있다.

주자의 시가관에 의하면 '남녀상열지사'는 민간에 기원을 둔 노래의 특징적 요소이기도 하다. 그는 민간 노래의 특징으로 '남녀 간의 정'을 들고 있는데, 이 역시 '풍風'의 주된 정서를 풍자와 풍교로 보았던 모시毛詩의 해석과는 달라지는 지점이라 할 수 있다.

여기에서 주목할 것은 '남녀 간의 정'에 대한 주자의 해석이다. '남녀 간의 정'이라 포괄된 풍風의 작품 중에는 교화의 덕을 입어 '성정의 올바름性情之情'을 구비하고 마침내 정전적 지위를 차지한 주남周南, 소남召南의 작품을 포함하고 있다. 여기에서 '성정의 올바름'이라는 미덕 안에는 남녀 간의 분별, 부부 간의 의리를 포함하고 있음은 물론이다. 뿐만 아니라 '성정의 올바름性情之情'을 구현하려면 기쁨이나 슬픔을 과도하게 노출하지 않는 감정의 절제 또한 요구되었다.

'남녀상열지사'는 남녀 간의 분별과 윤리를 벗어난 남녀 관계를 묘사한 작품을 의미한다. 주자는 민간의 노래 중 성정의 올바름을 벗어난 '남녀상열지사'의 작품으로 정풍鄭風에 실린 음부淫婦의 노래를 대표적으로 들고 있다.

遵大路兮	큰 길을 따라가
摻執子之袪兮	그대의 옷소매를 부여잡는다
無我惡兮	나를 미워하지 마시길
不寁故也	옛정을 급히 끊어서는 안되니
遵大路兮	큰 길을 따라가
摻執子之手兮	그대의 손을 잡는다
無我醜兮	나를 추하다 여기지 마시길
不寁好也	옛정을 급히 끊어서는 안되니

여기에 주자는 다음과 같은 주를 붙여 놓았다.

　　음부가 남의 버림을 받아서 그가 떠날 때 말하기를, "그대는 나를 미워하여 떠나지 말지어다. 옛정을 급히 끊어서는 안된다."고 하였다. 송옥宋玉의 부에 '옛정을 급히 끊어서는 안된다'는 구절이 있으니 이 또한 남녀상열지사이다.
　　淫婦爲人所棄 故於其去也 摻其袂而留曰 子無惡我而不留 故舊 不可以 據絶也 宋玉賦 有遵大路兮攬子之袪之句 亦男女相悅之詞也

　'남녀 간의 정'과 '남녀상열지사'의 차이는 발화의 주체, 그리고 남녀 간의 관계에서 비롯된다고 할 수 있다. 즉 음부가, 부부 간의 정이나 분별을 그린 것이 아닌 야합에 의한 남녀 관계를 묘사하며, 성정의 올바름을 잃었을 때, 음부의 소작인 '남녀상열지사'로 규정되는 것이라 할 수 있다.

〈서경별곡〉은 왜 '남녀상열지사'로 규정되었을까?

　그렇다면 왜 〈서경별곡〉이 '남녀상열지사'라는 혐의를 받게 되었을까? 앞서 〈서경별곡〉과 남녀상열지사에 대한 논란이 성종 조에 최초로 제기되었고, 이것이 이 시기 지배층의 시각을 대변한다는 점을 지적한 바 있다. 이 대목에서 성종 조에 지배질서 구축을 위한 법제나 문화 등이 정비되었다는 점을 주목할 필요가 있다. 성종 연간은 조선 왕조 통치의 근간이 되는 『경국대전』이 완성된 시기이자, 가악의 전범이 되는 『악학궤범』이 왕명에 의해 편찬된 시기이기도 하다. 그야말로 '조선'이라는 새로운 왕조에 걸맞는 통치이념이 구축되고 각 영역에서 작동되기 시작하는 시점이었다고 할 수 있다.

이 과정에서 지배층이 다시금 주목한 것은 시, 가, 악이 가진 정서적 효과와 풍교의 효용이었다. 〈서경별곡〉이 '남녀상열지사'로 배척된 이유로는 일차적으로 세종-성종 년간을 거치며 구악 정리와 신악 제정으로 자국의 문화적 전통이 축적되면서 구악에 의존하던 관행에서 탈피했다는 점을 들 수 있다. 전대의 가악에 대해 '계승과 비판'이라는 자세를 취했던 조선 조 지배층은 새 왕조의 시대정신에 걸맞는 문예의식을 점차 다듬어 가는 한편 전 시대의 가악에 대해서는 한결 비판의 수위를 높였다고 할 수 있다. 그에 따라 전대에는 세상에 대한 풍자의 뜻이 있다고 보았던 〈서경별곡〉 창사가 가진 윤리성이 비판과 검증의 대상이 되었다고 볼 수 있다.

성리학적 지배이념으로 문예이념을 재구축하는 과정에서 주자학이 가진 영향력 또한 간과할 수 없다. 시, 가, 악의 제정 및 비평의 전범이 창사의 음란성을 문제 삼고, '성정의 올바름'을 고수하는 주자의 시가관이 도입되고 이것이 주류 담론으로 자리잡으면서 구 왕조의 민간 음악에 기반한 속악가사는 '음사'나 '남녀상열지사'로 규정되었던 것이다.

시선을 〈서경별곡〉 내부로 돌려보자. 선초 지배층들은 〈서경별곡〉 창사 어디에서 '음란성'을 발견한 것일까? 〈서경별곡〉의 주 내용은 이별이라는 상황을 거부하는 여성화자의 격정적 진술로 이루어져 있다. 과도한 욕망의 토로나 감정을 주체하지 못하는 격정적 태도는 감정을 관리와 통제의 대상으로 보았던 주자학의 인성론과 전면으로 배치되는 것이다. 특히나 남녀 간의 분별의식을 윤리의 핵심으로 삼았던 이 시기, 여성 주체의 욕망은 곧 금기와 위반의 영역이 되었던 것이다.

〈서경별곡〉과 남녀상열지사를 둘러싼 시비의 이면에는 이렇듯 구악舊樂을 바라보는 조선 조 지배층의 태도, 선초 지배질서의 구축이라는 보다 복잡한 사정이 개입되어 있다고 할 수 있다.

참고문헌

박애경, 「가요 개념의 근대화, 식민화, 혼종화」, 『구비문학연구』 34집, 한국구비문학회, 2012.

이윤석

한국 고전문학 읽기의 맥락과 지평

『홍길동전』 작자는 누구인가

『홍길동전』의 작자는 허균인가

"『홍길동전』의 작자는 허균인가?"라는 질문을 보면서 의아해하는 사람이 많을 것이다. 중등학교에서 이미 다 배운 것인데 새삼스럽게 무슨 뚱딴지같은 소리인가? 또는 정말로 『홍길동전』의 작자를 묻는 것이 아니라 무슨 속임수가 있는 것은 아닐까 하는 의구심을 가질 수도 있다. 그러나 이 질문은 진지한 질문이다. 그리고 『홍길동전』의 작자는 허균이 아니라는 것을 말하기 위해 이렇게 묻는 것이다.

"『홍길동전』의 작자는 누구인가?"라는 질문에 앞서 먼저 해야 할 질문은 "『홍길동진』의 작자가 허균이라고 알려진 때는 언제인가?"이다. 고소설 전공자가 아니라면 이런 질문을 이상하게 생각할 수도 있다. 왜냐하면 작자를 알 수 없는 소설을 생각하기 어렵기 때문이다. 그러나 현재 남아 있는 수백 편의 한글 고소설 가운데 작자가 알려진 작품은 거의 없다. 김만중의 『구운몽』과 『사씨남정기』 그리고 허균의 『홍길동전』이 한글소설 가운데 작자가 알려진 작품인데, 김만중의 두 작품의 원작은 한문이었을 가능성이 있으므로 작자가 알려진 한글소설로 분명한 작품은 『홍길동전』뿐이다. 중등학교에서 『홍길동전』의 작자를 허균이라고 가르치므로, 많은 사람들이 허균 스스로 『홍길동전』을 썼다고 말했을 것이고, 당연히 작자를 밝힌 작품이 남아 있을 것이라고 생각한다. 그러나 허균(1569~1618) 자신은 그런 말을 한 일이 없고, 현재 남아 있는 30여 종의 『홍길동전』이본 가운데 작자가 허균이라고 되어 있는 이본도 없다. 그리고 조선시대에는 아무도 한글소설 『홍길동전』의 작자를 허균이라고 말한 일이 없다. 그러므로 『홍길동전』의 작자가 누구인가 하는 질문보다 『홍길동전』의 작자를 허균이라고 말하기 시작한 때는 언제인가 하는 것을 먼저 물을 필요가 있다.

『홍길동전』의 작자가 허균이라고 알려진 때는 언제인가

지금까지 고소설 연구자들 사이에서 『홍길동전』의 작자를 허균이라고 한 첫 번째 문헌은 김태준金台俊(1905~1949)의 『조선소설사』라고 알려져 왔다. 『조선소설사』는 1933년에 간행되었으나, 이 책은 1930년 10월 31일부터 1931년 2월 14일까지 총 69회에 걸쳐 동아일보에 연재한 『조선소설사』를 단행본으로 묶은 것이다. 동아일보 연재 제1회에 전체 목차가 제시되는데, 이 목차의 15번은 '『홍길동전』과 허균의 예술'이다. 그리고 1930년 12월 4일 제18회부터 '『홍길동전』과 허균의 예술'이 시작된다. 김태준이 『홍길동전』의 작자를 최초로 밝힌 사람이라면, 『조선소설사』를 동아일보에 쓰기 시작한 1930년 12월 4일이 『홍길동전』의 작자가 알려진 날짜라고 할 수 있다.

'『홍길동전』과 허균의 예술'은 3회에 걸쳐 실리는데, '작자 허균의 일생'에서 김태준은 "허균은 『홍길동전』을 지어 수호전에 비겼다許筠作洪吉

童傳 以擬水滸라는 문구로써 『홍길동전』의 저자가 허균임을 알았다."고 했다. 김태준의 『조선소설사』 이전에 고소설을 다룬 글로는 안확의 『조선문학사』와 조윤제의 「조선소설 발달 개관」을 들 수 있는데, 1922년 안확이 저술한 『조선문학사』에서는 『홍길동전』을 다루지만 작자에 관한 언급이 없고, 1929년에 조윤제의 경성제국대학 졸업논문 「조선소설의 연구」에서도 『홍길동전』을 다루었지만 작자에 대해서는 아무 말도 하지 않았다.

안확이나 조윤제 그리고 김태준 이전에 『홍길동전』의 작자에 대한 언급이 있을 만한 자료로는 신문관에서 간행한 『홍길동전』이 있다. 1912년부터 새로운 인쇄기술인 활판인쇄로 간행한 고소설이 크게 유행하게 되자 신문관에서도 이 대열에 합류하는데, 신문관에서는 '육전소설六錢小說'이라는 이름의 시리즈로 다른 출판사보다 싼 값의 고소설을 내어놓았다. 이 가운데 『홍길동전』이 있다. 1913년 신문관에서 간행된 소설 뒷면에 『홍길동전』의 광고가 실렸는데, 이 광고에는 『홍길동전』의 내용만 얘기했지 작자에 대한 언급이 없다. 신문관 육전소설 『홍길동전』은 경판 『홍길동전』을 저본으로 한 것이므로 당시 서울에서는 잘 알려진 작품이다. 신문관에서 활판본으로 내면서 작자에 대한 언급이 없었다는 것은, 그때까지 서울에서는 『홍길동전』의 작자가 허균이라는 얘기는 없었음을 보여준다고 하겠다.

한 가지 자료를 더 보기로 한다. 일본인 호소이 하지메細井肇가 자유토구사自由討究社에서 간행한 『홍길동전』이다. 1926년에 나온 이 책은, 등장인물의 이름을 임의로 만들어 넣은 것, 중간 중간 원문이 빠졌다고 표시한 것, 또는 율도국을 유구琉球로 바꾼 것 등의 특이한 점을 갖고 있으나, 기본적으로는 경판계열의 충실한 번역이다. 그런데 이 책에도 『홍길동전』의 작자에 대한 언급은 없다.

여기까지 보면, 김태준이 『조선소설사』에서 『홍길동전』의 작자를 허균이라고 말하기 전까지는 한국에서는 아무도 이런 얘기를 한 사람은 없는 것으로 보인다. 그런데 김태준 이전에『홍길동전』의 작자를 허균이라고 말한 사람이 있다. 경성제국대학 교수로 조선문학 강좌를 맡고 있던 다카하시 토오루高橋亨(1878~1967)이다. 그는 1927년 11월에 나온『일본문학강좌』제12권에 실린「조선문학연구-조선의 소설」이라는 글에서『홍길동전』의 작자는 허균이라고 밝혔다. 이 글은 일본의 신조사新潮社라는 저명한 출판사에서 기획한 일본문학 전집에 포함된 글이다. 다카하시가 쓴 글의 한 대목을 보면 다음과 같다(일본어 원문을 번역한 것이다).

> 홍길동전은 여러 가지 의미에서 중요한 조선소설의 하나이다. 이 소설의 작자에 대해서 이식李植의 택당집 산록散錄에 허균의 작이라고 하고 있다. 허균은 선조에서 광해군까지의 사람이고, 이식은 광해군에서 인조조의 사람이므로 가장 믿을 만하다고 생각한다. 택당은 말하기를, "허균은 시문詩文의 재주는 일대에 가장 뛰어났지만, 성질은 기이한 것을 좋아하고 경박하며, 왕왕 무뢰배를 가까이 했다. 같은 무리인 박엽朴燁 등과 수호전을 대단히 애독하여 무리들끼리 서로 수호전 중의 호걸의 별명을 붙여 이것을 서로 부르며 즐거워했다. 그 극도에 이른 끝에 마침내 허균은 수호전을 모방하여 홍길동전을 지었다. 또 허균이 가까이했던 서양갑 심우영 등의 무리는 홍길동을 실제로 행하여 난폭한 해독을 마을에 끼치고, 마침내 허균 자신도 죄를 짓고 죽었다."고 했다. …(중략)… 지금의 홍길동전은 언문으로 쓰여 있다. 허균이 지은 원문은 한문이 아니면 안 된다. 택당도 그것을 본 것 같다. 어느 때에 원본이 없어졌는지는 증거할 만한 것이 없다.

다카하시는『택당집』의『홍길동전』관련 내용을 한글소설『홍길동전』과 연결시켜 설명했다. 이를 통해『택당집』을 인용하여『홍길동전』의 작자를 처음 얘기한 사람은 기존에 알려진 것처럼 김태준이 아니라 다카하시임을 알 수 있다. 다카하시는 1926년 경성제국대학이 개교하면서 조선

어문학 강좌의 교수로 부임했고, 김태준은 1928년 경성제국대학에 입학해서 중국문학을 전공했다. 다카하시와 김태준은 잘 알려진 대로 사제관계이다. 『홍길동전』의 작자를 허균이라고 말한 첫 번째 사람은 경성제국대학 교수 다카하시이고, 다카하시에게 배운 여러 명의 경성제국대학 학생들(이들이 후에 한국문학 연구의 1세대 연구자가 된다)은 『홍길동전』의 작자가 허균이라고 배운 대로 전하기 시작한다.

그런데 1927년에 다카하시가 「조선문학연구」에서 『택당집』을 인용하여 『홍길동전』 작자가 허균이라는 얘기를 하기 전까지 조선 사람들은 『택당집』의 허균 관련 내용을 모르고 있었을까? 그렇지는 않을 것이다. 사대가四大家의 한 사람으로 당대 최고의 문장가라는 평을 들은 이식(1584~1647)의 『택당집』은 1674년에 처음 간행된 이후에 여러 차례 나왔고, 또 그 판목이 있는 동안에는 계속 다시 찍어낼 수 있었으므로 그렇게 구해보기 어려운 책이 아니었다. 『택당집』을 읽어본 사람이라면 허균이 『홍길동전』을 지었다는 내용을 대체로 알고 있었다고 보아야 할 것이다. 그렇다면 왜 아무도 『택당집』의 『홍길동전』과 한글소설 『홍길동전』을 연결시켜 말하지 않았을까? 그 이유는 다음과 같다.

조선시대에 한문 문집인 『택당집』과 한글소설 『홍길동전』은 같은 장에서 만날 수가 없는 책이다. 『택당집』의 독자와 한글소설 『홍길동전』의 독자는 함께 어울릴 수 없는 다른 계층이었으므로 『택당집』을 읽는 사람들은 『홍길동전』에 대해서는 언급하지 않고, 『홍길동전』을 읽는 사람들은 『택당집』에 대해서 알 수 없었다. 두 책을 모두 읽은 사람도 있을 수는 있겠지만, 그것은 하나의 가능성일 뿐이고, 두 책은 서로 다른 세계에 속하는 책이었다. 이 둘이 한 자리에 만나는 것이 가능하게 된 것은, 한글소설이 문학의 한 자리를 차지하게 되고, 대학에서 가르치고 배우는 내용에 포함되면서부터라고 볼 수 있다. 그리고 좀더 정확하게 말한다면, 경성제국대학이 개교하고 여기에 조선문학 강좌가 개설되면서 가능해졌다고 하겠다. 한글소설이 학문의 대상이 될 수 있게 된 시기가 되어야 『택당집』의 『홍길동전』과 한글소설 『홍길동전』이 만날 수 있는 것이다. 그리고 이 둘을 처음으로 연결시키는 영광(?)은 경성제국대학 교수 다카하시 토오루가 차지하게 된다.

신문관에서 펴낸 육전소설 『홍길동전』이나 안확의 『조선소설사』에서 『홍길동전』의 작자에 대해서 아무 말도 하지 않았는데, 이것은 최남선이나 안확이 『택당집』의 내용을 몰랐다기보다는 『택당집』의 『홍길동전』과 한글소설 『홍길동전』은 같은 층위에서 논의할 성질의 것이 아니라고 생각했기 때문일 가능성이 더 크다. 이와 같이 다카하시가 『홍길동전』의 작자를 얘기하기 전까지 조선에서는 누구도 『택당집』의 『홍길동전』과 한글소설 『홍길동전』을 연결시키지 않았다. 그 이유는 『택당집』에서 『홍길동전』을 언급한 사실을 몰랐던 것이 아니라, 그 둘은 전혀 다른 것이기 때문이다. 그렇다면 다카하시는 왜 이 둘을 연결시켰을까? 다카하시는 한문에 능통했고, 조선어도 유창했으며, 조선의 일상에 대해서 당대의 조선인 못지않게 많이 안다고 스스로 생각했던 사람이다. 그는 조선의 한문전적을 이해하는 데는 아무런 문제가 없었고, 민요에 대해서도 상당한 수준의 지식이 있었다. 그의 조선에 대한 지식은 대부분 책에 의거한 것인데, 특히 한문전적에서 얻은 것이다. 이렇게 조선에 대해서 풍부한 지식을 갖고 있었지만, 그가 맞춤법이 통일되지 않았던 시기의 한글소설을 잘 읽어내기는 어려웠을 것이다. 다카하시가 한글소설에 대해 갖고 있는 지식에는 조선인이 갖고 있는 한글소설에 대한 직관 같은 것이 없었다. 그의 지식은 문헌에 의존하는 것이기 때문에, 『택당집』의 '허균이 『홍길동전』을 지었다'는 기사를 즉각적으로 한글소설 『홍길동전』과 연결시킬 수 있었다.

다카하시가 「조선문학연구」에서 『홍길동전』의 작자를 허균이라고 밝힌 이후에 그의 제자들에 의해서 '허균이 쓴 『홍길동전』'은 한없이 확장되어 간다. 김태준이 1930년 동아일보에 연재한 『조선소설사』에서 서술한 『홍길동전』은 다카하시의 연장이며 확장이라고 할 수 있다. 조윤제의 학부 졸업논문 「조선소설의 연구」도 마찬가지이다.

『홍길동전』의 작자가 허균이라는 발언을 처음으로 한 사람이 조선인 김태준이 아니라 일본인 다카하시라는 사실은 문학사를 서술하는 사람들에게 실망감을 줄 수도 있다. 그러나 『홍길동전』의 작자가 허균이라는 발언을 다카하시가 했건 김태준이 했건 『택당집』의 『홍길동전』 관련 기록은 아무런 변화가 없다. 『택당집』은 스스로 아무 말도 하지 않는다. 『택당집』을 읽는 사람들이 얘기할 따름이다.

『홍길동전』 작자 연구 과정

『홍길동전』의 작자가 허균이라는 통설은 다카하시의 연구에서 시작된 것이지만, 다카하시의 제자들이 계승한 허균 작자설은 그 양상이 다카하시와는 다르다. 다카하시는 『택당집』에 있는 내용을 바탕으로 객관적 사실을 얘기한 것뿐이다. 그는 허균이 『홍길동전』을 지었다면, 그것은 반드시 한문으로 쓰였을 것이라고 했다. 그러나 그의 조선인 제자들은 여기에 식민지 조선이라는 현실을 집어넣었다. 그들은 『홍길동전』의 작자를 허균이라고 얘기함으로써 일찍이 조선에 『홍길동전』처럼 훌륭한 작품이 있었다는 점을 드러내고자 했다. 조선왕조에서 반역죄로 처형당한 허균을 『홍길동전』의 작자로 제시함으로써, 적어도 17세기 초에 『홍길동전』처럼 '반봉건적'인 내용의 작품이 만들어졌다는 점을 강조하고 싶었던 것이다.

이와 같은 상황은 해방 이후에 나온 많은 고전문학 관련 서적에서 더욱 확고해졌다. 『홍길동전』의 작자는 허균임이 분명해지고, 나아가 『홍길동전』은 최초의 국문소설로 알려지게 된다. 각종 한국문학사나 한국문학 개설서에서 『홍길동전』의 작자를 허균으로 기술했고, 또 중등학교 교과서에서도 이대로 실었다. 연구자들의 『홍길동전』 해석은 김태준의 『조선소설사』의 기조를 그대로 유지하고 있었으므로, 『홍길동전』 연구는 작품의 내용을 분석하는 것이 아닌 허균에 대한 연구가 중심이었다. 적서차별의 타파, 탐관오리의 척결, 이상국 건설이라는 『홍길동전』의 주제는 1930년대 이래 지금까지도 변함없이 계속되고 있다.

1960년대 중반부터 고소설학계(넓게는 국문학계)에서 『홍길동전』의 작자가 허균이라는 데에 의문을 제기하기 시작했으나, 그 후 50년의 세월이 지나는 동안 이 문제는 명확하게 해명되지 않은 채로 현재에 이르게 되었다. 이제까지 『홍길동전』의 작자와 관련된 학계의 견해는 대체로 다음의 세 가지로 나눌 수 있다.

첫째 : 『택당집』에서 언급한 『홍길동전』과 현재 우리가 알고 있는 한글소설 『홍길동전』은 같은 것이다. 현재 우리가 알고 있는 한글소설 『홍길동전』은 허균이 지은 것이다.
둘째 : 『택당집』에 허균이 『홍길동전』을 지었다고 했으니 『홍길동전』의 작자는 허균이라고 보아야 한다. 그러나 허균이 지은 것과 한글소설 『홍길동전』의 내용을 같은 것이라고 보기는 어렵다.
셋째 : 『택당집』의 내용은 한글소설 『홍길동전』과 관련이 없다.

현재 연구자들이 가장 많이 선택하고 있는 것은 두 번째이다. 그런데 두 번째는 사실상 한글소설 『홍길동전』의 작자는 허균이 아니라는 내용이다. 이렇게 대부분의 연구자들은 자신이 연구대상으로 삼고 있는 고소설 『홍길동전』은 허균이 지은 것으로 볼 수 없다는 생각을 하고 있으면서도, 정작 『홍길동전』의 작자를 허균이 아니라고 말하지는 못하고 있다.

이렇게 된 가장 큰 이유는, 『홍길동전』의 작자가 허균이라는 데는 문제가 있지만, 허균이라고 얘기하는 것이 한국문학사에 유리하다는 것이다. 그리고 허균이 쓴 것이 아니라고 주장하기 위해서는 허균이 쓰지 않았다는 증거자료를 내어놓아야 한다고 했다. 그러나 이 두 가지는 잘 따져볼 필요가 있다.

『홍길동전』의 작자를 허균이라고 말하는 것이 한국문학사에 유리하다는 말은, 허균처럼 뛰어난 인물이 한글소설을 창작했다는 것과 한글소설이 1600년 무렵에 있었다는 점이 자랑스럽다는 말일 것이다. 그러나 『홍길동전』을 읽어보면, 이 작품이 뛰어난 학자나 문장가가 쓴 것이 아니라는 사실은 금방 알 수 있다. 그리고 『홍길동전』과 같은 형식의 한글소설은 대체로 19세기에 나타나는데, 만약 『홍길동전』이 17세기 초에 나타났다면 한글소설의 연대기를 설명할 길이 없게 된다. 또 『홍길동전』을 제외하고는 한글소설의 작자로 알려진 사람이 거의 없다는 것은, 한글소설이 작자 자신을 드러낼 필요를 느끼지 않았던 계층의 창작임을 보여주는 증거라고 할 수 있다. 그리고 이것이 조선시대 한글소설의 중요한 특징의 하나이다. 많은 『홍길동전』 연구자들은 『홍길동전』을 쓴 이름 없는 어떤 작가의 공(?)을 허균에게 돌리고 있는지도 모른다.

다음으로 학계에서 오래 전부터 『홍길동전』 허균 작자설을 주장하는 연구자들이 근거로 삼고 있는 논리인, 『택당집』의 '허균이 『홍길동전』을 지었다'는 내용을 부정할 수 있는 자료를 제시하지 못한다면 『홍길동전』은 허균이 지은 것이 아니라고 말할 수 없다는 주장을 보기로 한다. 허균이 『홍길동전』을 짓지 않았다는 것을 증명할 수 있는 자료란 있을 수 없다. 그러나 이런 주장이 학계에서 통용되어온 것은, 『홍길동전』 작자 문제가 사실 관계를 따지는 문제가 아니라는 것을 잘 보여준다. 『택당집』의 '허균이 『홍길동전』을 지었다'는 내용은 부정할 수 없는 사실이다. 17세기에 간행된 책에 분명하게 쓰여 있기 때문이다. 『홍길동전』 작자 문제는 『택당집』에서 말하는 『홍길동전』과 현재 고소설 연구자들이 다루고 있는 『홍길동전』이 같은 것이냐 아니냐의 문제이지, 『택당집』의 내용이 맞느냐 틀리느냐의 문제가 아니다. 더더욱 중요한 문제는, 『택당집』의 『홍길동전』과 한글소설이 같은 것이라고 주장한다고 해서 잘못도 아니고, 이런 주장을 아무도 막을 수도 없다는 점이다. 허균이 쓴 『홍길동전』이 19세기 『홍길동전』과 같은 내용인지 아닌지 알 수 있는 사람도 없고, 또 여기에 대해서 공정한 심판을 할 수 있는 사람도 없다. 각자의 주장을 제시한 다음, 어떤 주장이 더 합리적이고 논리적인가를 '학계'에서 판단하는 것이다. 『홍길동전』 작자가 허균이 아니라는 것을 증명하기 위해서는, 『택당집』의 내용을 부정하는 어떤 자료를 제시하는 것이 아니라, 이 문제가 논의된 과정을 검토하고 그 과정의 문제가 무엇인가를 논리적으로 밝히는 것이 필요하다.

호레이스 알렌Horace Newton Allen의 Korean Tales(1889)나 모리스 쿠랑Maurice Courant의 『조선서지』(1894)에는 『홍길동전』이 실려 있다. 두 사람은 모두 외교관으로 활동했으므로 정보를 모으는 일에 매우 능숙한 사람들이다. 알렌은 『홍길동전』을 번역하면서, 그리고 쿠랑은 조선의 전적을 수집하면서 『홍길동전』을 접했는데, 이들은 『홍길동전』의 작자에 대해서 아무런 언급을 하지 않았다. 두 책에 『홍길동전』의 작자에 대한 언급이 없다는 것은, 이들이 기대고 있던 조선의 정보 제공자들이 『홍길동전』의 작자에 대해서 아무런 정보가 없었다는 말이나 마찬가지이다.

조선시대 공식적인 기록에서 한글소설에 대한 내용은 어디에서도 찾아볼 수 없다. 현재 가장 광범위한 한문 자료를 데이터베이스화 해놓은 한국고전번역원 홈페이지의 한국고전종합DB에서 '춘향전'이라는 단어를 검색해보면, 단 한 개도 나오지 않는다. 여기에는 『조선왕조실록』이나 『승정원일기』 같은 공적 문서만이 아니라 수많은 개인문집도 있는데, 이 많은 자료 가운데 '춘향전'에 대해 언급한 것은 없다. '홍길동전'을 검색하면 『택당집』 이외에는 없다. 한글소설 『홍길동전』은 알렌이나 호소이 하지메가 번역하거나, 또는 안확이 『조선문학사』에서 사회소설이라고 말하기 전까지는 존재하지만 존재하지 않는 것이나 마찬가지였다. 그리고 『택당집』의 『홍길동전』 기록을 아는 사람들이 많이 있었다 하더라도, 다카하시 토오루가 『홍길동전』의 작자를 허균이라고 말하기 전까지는 한글소설 『홍길동전』과 『택당집』의 『홍길동전』은 연결될 수 없었다.

조선의 지배층에게 완벽하게 무시당하던 한글소설이 의미를 갖기 시작한 것은 식민지시기이다. 필사본이나 방각본으로 특정 지역에서 유통되던 한글소설이 1912년부터 활판인쇄에 의해 전국적으로 대량 유통되면서 고소설은 식민지시기 대중문학의 주류를 이루게 된다. 그러나 조선시대 창작된 이 한글소설은 근대지식인에게 다시 한 번 철저히 외면당한다. 고소설의 유행은 타파해야할 구습 정도가 된다. 한글소설이 공식적인 자리에 나서게 되는 것은 조선을 이해하려는 외국인의 번역에 의해서 가능해졌고, 한글소설 연구의 필요성은 식민지시기 관학자에 의해서 생겨났다. 『홍길동전』도 대체로 이런 길을 밟아서 식민지시기에 주목을 받았다. 해방 후 『홍길동전』은, 봉건에 저항하다 사형당한 허균이라는 지식인이 지은 것으로, 반봉건적 주제를 갖고 있는 최초의 한글소설이 된다. 그러나 해방 후의 이러한 『홍길동전』에 대한 평가는, 학문적 토론이나 검증의 결과가 아니라 김태준의 『조선소설사』를 답습한 결과이다.

만약 한국문학사가 한국문학이 훌륭하다는 것을 드러내기 위한 것이라면, 『홍길동전』의 작자를 허균이라고 하는 것과 이름을 알 수 없는 어떤 사람이 지었다고 하는 것 가운데 어느 쪽이 유리할까? 혹은 한글소설 『홍길동전』이 1600년 무렵에 나왔다는 것과 19세기 중반에 나왔다는 것 둘 중에 어떤 것이 더 좋은 것인가? 또는 조선시대 한글소설의 특징의 하나인 작자를 알 수 없다는 것은 좋은 것인가, 그렇지 않은 것인가? 이런 식의 질문은 더 많이 할 수 있다. 그런데 이런 문제에 대한 답변은, 연구자의 기호에 따른 선택의 문제가 아니라, 학문적이라고 알려진 방식에 따라 논리적으로 검증해서 판단할 문제이다.

적서차별을 없애야 한다는 양반 지식인의 한문으로 쓴 글은 많이 있다. 그러나 그들의 어떤 글에서도 적서차별을 몸으로 깨부수고 왕이 되는 서자의 이야기는 없다. 『홍길동전』의 가치는 여기에 있다. 그리고 이런 이야기가 지식인이 사용하던 한문으로 된 것이 아니라, 천대받던 '언문'으로 된 이야기책으로 나왔다는 점이 중요하다. 또 이 이야기는 화려한 경력의 천재적인 양반문인인 허균이 아니라, 이름도 알려지지 않은 어떤 서민작가의 손에서 이루어졌다는 데에 그 의미가 있는 것이다. 그러므로 필자가 이 글에서 얘기하고자 하는 것은, 『택당집』의 "허균이 『홍길동전』을 지었다"는 기록을 부정하고, "『홍길동전』의 작자가 허균이 아니라는 사실을 확인"하려는 것이 아니다. 마치 신념처럼 되어버린 '『홍길동전』의 작자 허균'에 대해 이제는 논리적 검토를 할 때가 되었다는 점을 얘기하려는 것이다. 그리고 이런 논의를 통해서 조선후기 대중문화의 원래 주인에게 『홍길동전』을 돌려주는 것이 필요하다.

『홍길동전』의 작자는 누구인가?

『홍길동전』의 작자가 구체적으로 누구인가를 밝히는 일은 불가능하다. 수백 편의 한글 고소설의 작자가 누구인지 알 수 없는 것과 마찬가지로 『홍길동전』의 작자도 알 수 없다. 그러므로 고소설의 작자 문제에 접근하기 위해서는, 작자가 알려지지 않은 이유가 무엇인가를 찾아보는 데서 시작해야 한다. 조선시대 한글소설의 작자가 전혀 알려지지 않은 가장 큰 이유는 그들의 신분이 낮았기 때문이다. 그리고 한글소설을 천한 것으로 본 사회적 인식을 하나 더 들 수 있다. 천한 한글소설을 쓰는 사람(작자)에 대한 사회적 인식이 어떠했을 것이라는 점은 쉽게 상상이 된다. 그러므로 어느 누구도 자신이 한글소설의 작자라는 것을 자랑스럽게 얘기할 수 없었다. 한글소설의 작자가 자신의 이름을 공공연하게 드러낼 수 있게 되는 시기는 20세기 초 신소설의 시대에 들어와서 비로소 시작된다. 그 이전까지는 누구도 자신이 작자라는 것을 밝히지 않았고, 설사 밝힌 사람이 있었다 하더라도 그 이름이 후대에 전해지지도 않았다.

조선시대 한글소설은 어떻게 사람들에게 읽혔을까? 조선시대에는 책을 판매하는 서점이 없었는데, 소설 독자들은 어떻게 책을 구해서 읽었을까? 이런 문제는 한글 고소설의 이해를 위해서는 반드시 알고 있어야 하지만, 이 문제에 대한 연구는 최근에 들어와서야 조금씩 이루어지고 있다. 한글 고소설의 작자와 유통에 관한 연구는, 세책과 방각본 그리고 활판본에 대한 이해를 바탕으로, 고소설이 당대 통속문예물이라는 관점을 견지할 때 비로소 제대로 방향을 잡았다고 할 수 있다.

조선시대 한글소설의 창작과 유통의 중심에는 세책집이 있다. 세책집에서 소설의 창작이 이루어지고, 이 소설을 빌려주는 영업이 서울 전역으로 확대되면서 소설이 통속문예물로 자리 잡게 된다. 이 시기는 대체로 18세기 중반이다. 그리고 이 세책으로 독자들의 인기를 끈 작품 가운데 한두 권으로 축약할 수 있는 분량의 작품을 목판본으로 제작한 방각본이 나오면서 비로소 조선의 소설은 인쇄된 형태로 유통되게 된다. 방각본 한글소설은 19세기 초에 시작된다. 이렇게 서울에서만 제작되고 유통되던 소설이 전주와 안성에서도 방각본으로 간행되면서 소설은 그 영역을 넓혀간다. 20세기 초까지 서울에서는 세책집이 계속 영업을 했고 방각본도 팔리고 있었으나, 새로운 문물인 신문이나 잡지 등의 읽을거리와 신소설이나 여러 가지 전기물이 나타나면서 고소설은 더 이상 새로운 작품을 창작하지는 않게 된다. 조선시대 서울 이외의 지역에 세책집은 없었으나, 전주와 안성에서는 방각본 소설을 간행했다. 1910년대에 들어서면서 고소설은 새로운 시대를 맞이하게 되는데, 활판인쇄로 고소설을 인쇄한 소위 '딱지본소설'이 대량으로 싼값에 보급되기 시작한 것이다. 이 활판본 고소설의 간행으로 고소설은 비로소 전국적인 유통이 가능하게 되었다.

조선의 한글소설은 작자가 없는 것이 아니다. 작자가 누구인지 알려질 필요가 없는 시대적 조건은, 독자들도 자신이 읽고 있는 소설을 누가 지은 것인지 알고 싶지 않게 만들었다. 그러므로 작자 자신은 물론이고, 독자들도 소설의 작자가 누구인지 기록을 남겨놓지 않았다. 이것이 조선시대 한글소설의 특징일 것이다. 『홍길동전』도 마찬가지이다. 누군가 지은 소설을 서울의 세책집에서 빌려주고, 이 세책집에서 빌려주던 것을 축약한 서울의 방각본이 나오고, 안성과 전주에서도 방각본이 나오게 된다. 이와 같이 필사본과 목판본으로 유통되던 『홍길동전』은 1910년대에 활판인쇄로 대량 인쇄한 것이 전국적으로 보급되어 읽히게 된다. 『홍길동전』은 한글 고소설의 일반적인 생성과 유통의 과정 속에서 나온 작품이지, 허균이 지은 것이 아니다.

그동안 『홍길동전』 연구에서 작자가 허균이라는 발언을 누가 맨 처음 했는가 하는 문제는 특별히 거론된 일이 없었다. 대체로 김태준의 『조선소설사』라는 의견이 통용되어왔지만, 여기에 대해서 본격적인 논의가 있었던 것은 아니다. 그런데 『홍길동전』 작자를 허균이라고 처음으로 얘기한 사람은 앞에서 얘기한 대로 김태준의 스승 다카하시 토오루이다. 『홍길동전』의 작자를 허균이라고 하는 근거는 이식李植의 『택당집』에 나오는 "筠又作洪吉同傳以擬水滸(허균은 또 홍길동전을 지어 수호전에 비겼다)"라는 구절이다. 조선시대에 『택당집』을 읽은 사람 가운데 이 구절에 나오는 '洪吉同傳'을 한글소설 『홍길동전』이라고 생각한 사람은 아무도 없었는데, 근대적인 학문이 시작되면서 『택당집』의 '洪吉同傳'이 한글소설 『홍길동전』과 같은 것으로 되어버렸다. 이것은 명백한 잘못으로, 조선후기 한글소설에 대한 지식이 얕았던 시대의 논의에 불과하다.

『홍길동전』은 주인공을 서자로 설정했다는 것만으로도 고소설 가운데 의미 있는 작품이다. 이렇듯 『홍길동전』의 중요성은 작자가 누구냐에 있는 것이 아니라 작품의 내용에 있다. 이미 많은 연구자들이 지적했듯이, 『홍길동전』 연구가 지나치게 작자에 매달려왔기 때문에 작품에 대한 다양한 해석을 해내지 못하고 있는 것도 어느 정도 사실이다. 허균이 지었다고 볼 수 있는 아무런 근거 자료가 없음에도 불구하고 허균 창작설이 계속되는 이유를 다음의 몇 가지로 나눠볼 수 있다. 첫째는 초기 고소설 연구자들이 갖고 있던 허균과 『홍길동전』에 대한 잘못된 이해이고, 둘째는 반역죄로 사형당한 뛰어난 문인 허균이 한글소설 『홍길동전』을 썼다고 믿고 싶은 연구자들의 희망이며, 셋째는 한글 고소설의 시작을 적어도 허균이 죽은 해인 1618년 이전으로 끌어올릴 수 있다는 연구자들의 '애국적' 연구태도 등이다. 특히 세 번째 "한국문학사 서술에 유리하다"는 연구자들의 태도가 가장 중요한 요인이라고 본다.

그러나 『홍길동전』 허균 창작설은, 조선시대 한글소설이 지식인이나 지배층과는 별로 관련이 없는 도시 서민의 예술이었다는 점을 간과하고 있을 뿐만 아니라, 조선후기 통속문예물을 이해하는 기본적인 태도가 양반 지식인 중심이라는 문제를 갖고 있다. 『홍길동전』을 제외하면 한글 고소설 가운데 작자가 알려진 작품은 거의 없는데, 왜 유독 『홍길동전』만 허균이라는 당대 최고의 양반 지식인의 작품이 되어야 하는가? 또는 되어왔는가? 이런 문제를 검토하는 것은, 단순히 『홍길동전』이라는 고소설의 문제가 아니라 지난 80년 동안 이루어진 근대적 학문연구의 궤적을 되돌아보는 일이라고 할 수 있다.

박무영

한국 고전문학 읽기의 맥락과 지평

문학의 사회적 역할과 한시의 전통 : 정약용의 〈애절양哀絶陽〉

정약용은 경세가이며 철학자이지만, 시인으로서도 일가를 이룬 사람이다. 당대에 이미 시에 '기이한 재주奇才'가 있다고 평가되며, '다산 집안의 시법詩法'이 운위될 정도로 일가의 시풍을 확립하고 인정받았다. 정약용의 시 전체는 다양한 얼굴을 지니고 있지만, 핵심은 역시 〈애절양哀絶陽〉으로 대표되는, 사회적 발언의 높은 목소리를 내는 시들이다. 이 부류의 시들은 당대에 정약용 문학의 핵심으로 인정받았으며, 현대의 시인이나 연구자들이 정약용 문학에 관심을 갖는 이유가 되기도 했다. 소위 '사회시'라고 정의되는 부류의 시들이다.

여기에서는 사회적 발언을 하는 정약용의 시들과 그것을 이론적으로 뒷받침하는 문학적·경학적經學的 견해를 소개하려 한다. 정약용은 자신 믿는 바를 실천하고 이론화하는 데 뛰어난 사람이었다. 때문에 그의 문학적 태도는 작품으로 실천되었을 뿐 아니라 이론적으로 추구되었고, 당대의 방식으로 철학적 근거를 마련했다. 이 관계를 자세히 들여다봄으로써 정약용 문학에 대한 이해를 깊게 하고자 한다.

나아가 그의 성취가 한문학이 내부 전통으로 오래 간직해오던 것을 성공적인 방식으로 전유한 것이라는 사실을 이야기하고자 한다. 정약용은 한국 한시사의 적어도 한 영역에서는 최고봉에 도달한 작가이다. 그러나 그것은 거대한 흐름의 절정에서 피는 꽃이지 그의 시대로부터 단절적으로 솟아오른 평지돌출의 성과가 아니다. 즉 정약용의 성취는 그가 물려받은 지적 전통을 자신/당대의 문제의식으로 성공적으로 전유해낸 것이다. 이 점을 잊어버리면 사태에 대한 정당한 이해가 아닐뿐더러, 정약용을 우상화하고 한국 한시사를 빈약하게 만드는 결과가 초래될 것이다.

〈애절양哀絶陽〉 다시 읽기

갈밭 젊은 아낙 기나긴 곡성	蘆田少婦哭聲長
관청 문을 향해 울부짖다 하늘을 부른다.	哭向縣門號穹蒼
전쟁 나가 못 돌아온 지아비야 있기도 하지만	夫征不復尙可有
들지도 못했소, 남자가 남근을 잘랐단 소린.	自古未聞男絶陽
시아버진 벌써 상이 끝났고 아이 배냇물도 안 말랐는데	舅喪已縞兒未澡
삼대의 이름이 군보에 올랐소.	三代名簽在軍保
더듬더듬 사정해 보려도 관청 문엔 호랑이가 지켜 섰고	薄言往愬虎守閽
이정 놈은 으르렁거리며 소를 끌고 갔소.	里正咆哮牛去皁
칼 갈아 방으로 들어가더니 돗자리에 피가 낭자해	磨刀入房血滿席
'아이 낳아 이 꼴 당하지' 저 혼자 푸념하더군요.	自恨生兒遭窘厄
잠실의 궁형이 어찌 그만한 허물이 있어서일까?	蠶室淫刑豈有辜
민 땅의 제 자식 거세함도 참으로 기막힌 짓.	閩囝去勢良亦慽
생명이 이어지는 이치는 하늘이 내린 것,	生生之理天所予

건도乾道는 아들이 되고 곤도坤道는 딸이 되지.	乾道成男坤道女
돼지나 말 불 까는 것도 가엾다 하는데	騸馬豶豕猶云悲
하물며 자손 볼 것 생각하는 사람이랴?	況乃生民思繼序
부잣집은 한 해가 가도록 피리불고 거문고 타며	豪家終歲奏管絃
한 톨 쌀도 한 치의 베도 내놓지 않으니	粒米寸帛無所捐
모두 우리 백성인데 이토록 불공평한가?	均吾赤子何厚薄
나그네 처지 거듭 시구편鳲鳩篇이나 읊조린다.	客窓重誦鳲鳩篇

〈애절양〉은 정약용의 시 중에 가장 널리 알려진 시이다. 이 시를 다시 읽어가면서 정약용 사회시의 특징을 짚어 보기로 하자.

첫째, 이 시는 '응축된 부조리가 폭발한 사회적 사건을 현장에서 취재'한 것이라는 성격을 지닌다. 이 시는 집약적 순간을 노래하는, 서정적 시간 속에 놓인 서정시가 아니다. 이 시는 자신의 주거지 근처에서 일어난 ―정약용은 당시 강진 읍내에 거주하면서 아전의 자식들을 가르치는 것으로 소일하고 있었다.― 실제 사건을 시화하고 있다. 즉 '가경 계해년'-1803년 가을, 전라남도 강진의 노전에서 발생한 한 사건이 계기이다.

남성이 자신의 생식기를 스스로 자른 이 사건은 매우 강렬한 인상을 남기지만, 당시의 실록에는 비슷한 사건이 여럿 보고되어 있다. 19세기 초반에 들어서면서 조선사회는 연이은 천재지변으로 극심한 기근과 전염병에 시달렸다. 세도 정권기에 들어선 중앙정부는 이 자연재해를 구제할 힘도 의지도 없었다. 천재지변 뿐 아니라 봉건제도의 말기적 병폐가 민생과 관련하여 극에 달한 시점이었다. '절양' 사건들은 자해를 수단으로 한 극단적인 조세저항 사건이었다. 이 시의 재제가 된 사건도 백골징포니 황구첨정이니 하는 변칙적 세금 수탈이 빚어낸 참극이었다. 즉 이 사건은 실제 현장에서 취재된 사건이지만, 동시에 당대 사회현상을 집약적으로 보여주는 전형적 사건이기도 하다.

둘째, 대중적으로는 정약용의 〈애절양〉만 알려져 있지만, 같은 사건을 다룬 황상黃裳의 〈애절양哀絶陽〉도 전해진다. 황상은 정약용의 강진 읍내 시절 아전 계층 제자이다. 황상의 시는 정약용과 같은 사건을 다루고 있다. 사건을 파악하는 두 시선은 매우 흡사하다. 심지어 시어의 운용이나 용사用事조차 매우 흡사하다. 이로부터 하나의 유추가 가능하다. 〈애절양〉은 정약용이나 황상의 독자적인 작품이라기보다는 일종의 '집단창작'적 성격을 지닌다는 것이다. 정약용은 황상을 비롯한 아전 제자들과 이 동네에서 벌어진 절양 사건을 두고 토론을 벌였고, 그 토론 결과가 시작으로 이어졌다는 것이다.

셋째, 이 시의 구성상의 특징을 보자. 이 시는 앞10구와 뒤10구의 글쓰기 방식이 판이하다. 우선 앞의 10구에서는 시인은 3인칭 서술자로 물러나고, 사건 현장을 전경화 하는 글쓰기 방식을 사용하고 있다. 이러한 글쓰기 방식은 독자에게 현장에 입회하고 있는 듯 한 매우 강한 인상을 주고, 정서적으로 압도되도록 한다. 반면 후반의 10구는 매우 이성적인 글쓰기를 하고 있다. 여기서는 시인의 목소리가 전경화 된다. 사건에 대한 다각도의 검토를 바탕으로 하는 논고의 언어가 구사되고 있다. 독자의 이성에 호소하는 글쓰기인 것이다.

이 시는 묘사와 논설의 결합으로 이루어져 있고, 이는 독자의 정서와 이성에 동시에 호소하여 소기의 목적을 달성하고자 하는 전략적인 글쓰기를 구사하고 있는 것으로 이해된다.

넷째, 이 시는 매우 강렬한 인상을 독자에게 끼친다. 그것은 소재 자체가 지니는 충격적인 성격과 더불어 이 시의 글쓰기가 그것을 강조하는 방식으로 기획되어 있기 때문에 배가된다. 즉, 이 시가 보여주는 그로테스크하기까지 한 강렬한 인상은 의도적으로 기획된 미감이다. 그것은 언제나 정서적 중용 상태를 유지할 것을 매우 중요하게 여겼던 유가儒家의 미학에선 특별한 일이다.

다섯째, 이 시는 자신의 논의에 권위를 부여하는 방식으로 『시경詩經』을 인용하고 있다. 다른 말로 하면 자신의 〈애절양〉은 『시경』의 〈시구鳲鳩〉편과 근본적으로 같은 성격의 문학행위라는 주장이다.

'미자권징美刺勸懲'의 시의식과 경학經學적 이론화

정약용은 문학적 실천과 문학적 입장, 그리고 그 철학적 입장 등에서 완벽한 정합성을 추구하는 드문 작가 중 하나이다. 앞에서 살펴본 〈애절양〉의 성격은 그의 문학적 입장의 실천적 구현이다. 다음은 강진 유배지에서 장자 정학연에게 보낸 편지 중의 일부이다.

(1) 후세의 시문학은 마땅히 두보杜甫를 공자孔子로 삼아야 한다. 그의 시가 모든 시의 최고봉인 까닭은 삼백 편의 남긴 뜻을 얻었기 때문이다.
(2) 삼백 편은 모두가 충신·효자·열부·좋은 벗들이 가엾게 여겨 슬퍼하는 충후忠厚한 마음의 소산이다.
(3) 임금을 사랑하고 나라를 근심하지 않는 것은 시詩가 아니다. 시대를 아파하고 세속에 분노하지 않는 것은 시가 아니다. 옳은 것을 찬미하고 잘못을 풍자하며 선善을 권장하고 악惡을 징계하려는 뜻이 없으면 시가 아니다. 그러므로 …(중략)… 임금을 바르게 인도하지 못하며 백성들에게 혜택을 베풀려는 마음이 없는 자는 시를 지을 수 없다.

〈연아에게寄淵兒〉

이 편지는 『시경』을 모든 문학행위의 이상적 전범으로 상정하고 그것을 가장 잘 계승한 작가로 두보로 꼽고 있다(1). 두보가 잘 계승하여 구현하였다는 『시경』 시의 정신은 '임금을 사랑하고 나라를 근심하며', '시대를 아파하고 세속에 분노하고', '찬미하고 풍자하며 권장하고 징계하는' 기능을 수행하는 것이다. 즉 '지식인'의 '적극적 사회적 발언'으로 『시경』 시를 파악한다(2). 그러므로 모름지기 모든 문학행위는 사회적인 행위이어야 한다. 그렇지 않다면 그것은 '문학이 아니다'. 즉 문학의 사회적 책무, 특히 '사회적 비판의 언어'로서의 의무에 대한 철저한 요구가 드러나는 편지이다(3).

사회적 비판의 언어를 문학 언어의 핵심으로 생각하는 정약용의 입장은 이미 잘 알려져 있는 것이다. 그만큼 확고하게 도처에서 확인되고 문학적으로 실천되는 것이기도 하다. 앞의 〈애절양〉에서 그것을 확인한 바 있다. 그런데 이러한 문학적 태도는 『시경』 시의 성격에 대한 경학적 이해로 뒷받침되고 있다.

정약용은 자신의 회갑을 만나 평생의 업적을 정리하여 〈자찬묘지명自撰墓誌銘〉을 작성하였다. 다음은 그 〈자찬묘지명〉에서 『시경』 연구에서 거둔 성취를 요약해 놓은 내용이다.

  (1) 시라는 것은 '간림諫林'이다.
  (2) 순임금의 때에 오성과 육률로써 오언을 듣고자 했다. 오언이라는 것은 육시六詩 중 다섯이다. 풍風·부賦·비比·흥興·아雅가 그 다섯이다. 종묘의 송頌만이 빠진다.
  (3) 맹인이 아침저녁으로 풍자하여 읊고, 노래하는 자가 비파와 창화하여 왕이 된 자가 그 선함을 듣고 감동하여 분발하며 그 악한 일을 듣고 혼이 나 뉘우치도록 한다.
  (4) 그러므로 시의 포폄은 춘추보다 엄해서, 인주人主가 두려워한다. 그러므로 '시가 망하자 춘추가 지어졌다'고 하는 것이다.
  (2-1) 풍風·부賦·비比·흥興은 풍자하는 것이다. 소아와 대아는 정직한 말로써 간하는 것이다.

우선 이 묘지명은 '시는 간쟁하는 언어의 숲'이라고 선언한다(1). 그는 일반적으로 시의 장르와 수사법으로 이해되는 육의六義를 종묘의 시인 송만 빼고는 모두 우회적으로 풍자하거나 직언으로 간언하는 방법을 다섯 가지로 나눈 것이라고 이해한다((2), (2-1)). 육의에 대한 매우 독특한 해석인데, 이러한 해석이 필요한 것은 『시경』 전체가 모두 정치적 풍자의 시라는 것을 주장하기 위해서이다.

정조의 경연에서 정약용은 "주자집전朱子集傳은 풍자를 깎아버리고 풍화風化만을 남겨두었다. 그렇긴 하지만 풍자의 뜻도 강할 수 있다(「시경강의보유詩經講義 補遺」)"라고 매우 조심스러운 어조로 주희에 대하여 이론을 제기하고 있다. 주희와 정조에게로 향하는 조심스러운 경모의 수사라는 점을 빼고 보면, 주희의 교화론적 『시경』 해석이 간서론적 해석의 여지를 제거한 데 대한 반박인 셈이다. 이러한 입장이 만년의 〈자찬묘지명〉에서는 명확한 어조로 표현되는 것이다.

한편 정약용은 〈녹암 권철신 묘지명鹿菴權哲身墓誌銘〉에서 『시경』에 대한 자신의 가장 핵심적인 성취를 '몽송지의矇誦之義'를 드러낸 것이라고 기록한 바 있다. 앞의 인용에서도 시를 제도와 관련하여 해석하는 부분이 있는데(3), 이 부분이 정약용 시경론의 핵심이다. 고대 주周에는 맹인 악사를 궁중에 두고 이들이 늘 민간에서 채집된 노래를 부르도록 했다고 한다. 즉 밑으로부터 전달되는 정치적 비판의 통로로써 시가 제도적으로 설치되어 있었다는 것이다. 시를 제도적인 측면, 특히 언로와 관련된 제도로 파악하고 있는 것이다(3). 이것은 풍간의 언어로 『시경』을 이해하는 견해 중에서도 가장 적극적인 해석이다. 즉 『시경』은 문학적 독서 텍스트가 아니라 정치 현장에서 실질적으로 움직이는 소통의 텍스트인 것이다.

그러므로 시의 역할은 역사의 역할과 같은 것이라는 주장이 결론적으로 등장한다(4). '시가 망하자 춘추가 지어졌다'는 것은 『맹자』에 나오는 말이다. 『맹자』의 이 구절을 주석하면서 정약용은 다음과 같이 말한다.

이에 오언五言의 체는 다만 미자美刺를 위주로 하니, 시정時政의 득실만을 말하여 인도하고 간쟁한다. 그러나 그 중점은 더욱 간쟁하는 데에 있다. …(중략)… 열국列國의 시에 이르면 왕인王人이 채집하여 악부에 편성함으로서 위로는 천자를 풍간하고, 아래로는 제후를 상벌할 수 있게 한 것이니, 시의 용도는 이것이었다.…(중략)… 유왕이 멸망하고 평왕이 동천함에 이르러 왕도의 자취가 영영 사라지니, 비록 시를 짓는 이는 끊이지 않았으나 시로써 정치의 잘잘못을 징벌하고 찬미하는 법諷誦誅褒之法은 망했다. 그러니 시가 망하지 않았는가? 이에 사신史臣이 『춘추春秋』를 지어 징벌하고 찬미하며 권장하고 징계하였다. 이것이 소위 '시가 망하자 『춘추』가 지어졌다'는 것이다.

『맹자요의孟子要義』

즉 동주東周 시대에 이르러 시가 상실한 제도적 비판 기능을 『춘추』가 대신하게 되었다는 것이고, 이런 점에서 시와 『춘추』는 그 의의가 동일하다는 논리이다. 고몽지직이 당대의 위정자들에게 즉각적으로 여론을 전달하여 개정을 요구하는 것이라면, 그렇게 불린 노래들이 수집되어 시집으로 편찬되고 후대에 전해지면서 그것은 그대로 역사가 된다. 역사는 사실에 대한 엄정한 포폄을 생명으로 한다. 그것이 '춘추필법春秋筆法'의 핵심이다. 이 역사의 붓끝이 행하는 단죄는 누구도 피해갈 수 없다. 그런데 그것은 원래 '시'의 역할이었다는 것이다.

바로 이 지점이 『시경』과 두보, 그리고 정약용이 만나는 지점이다. 두보의 시는 '시로 지은 역사詩史'라고 불린다. 당대의 사회·정치적 상황에 대한 엄정한 증언이라는 뜻이다. 그것은 원래 시가 담당했던 기능이었고 후대에 오면서 시가 상실한 기능이었다. 두보는 그 원래의 문학의 기능을 회복한 대표적인 문인이었다고 해석되는 것이다. 그리고 이 지점이 정약용 자신의 문학이 출발하는 지점이다. 〈애절양〉은 『시경』에 대한 견해에 맞닿아 있는 정약용의 문학적 태도가 실제 작품으로 실현된 하나의 예인 것이다.

시경적 미의식 : 온유격절溫柔激切

앞의 〈애절양〉은 그로테스크할 만큼 강렬한 인상을 남기는 시이다. 그것은 취재 대상이 된 사건이 워낙 그로테스크한 측면을 지니지만, 이 사건을 제시하는 시적 문법 역시 사건의 생생한 핏빛을 적나라하게 노출하는 방식을 지향하고 있기 때문에 생겨나는 인상이다. 이것은 일종의 미학적 측면인데, 사회적 발언을 하는 정약용의 시세계에서는 낯설지 않은 미감이다. 다음의 시는 정약용의 대표작으로 운위되는 『전간기사田間紀事』 소재의 〈시랑豺狼〉이다.

승냥이여, 호랑이여!	豺兮虎兮
말한들 무엇 하리	不可以語
금수 같은 놈들이여	禽兮獸兮
나무란들 무엇 하리	不可以詬
사또 부모 있다지만	亦有父母
그를 어찌 믿을 건가	不可以恃
달려가 호소하나	薄言往愬
들은 체도 하지 않네.	褎如充耳
우리의 논밭을 바라보라	視我田疇
얼마나 크나큰 참상이더냐	亦孔之憯
백성들 이리저리 유랑하다가	流兮轉兮
시궁창 구덩이를 가득 메우네.	塡于坑坎
부모여, 사또여!	父兮母兮
고기 먹고 쌀밥 먹고	粱肉是啖
사랑방에 기생 두어	房有妓女
연꽃같이 곱구나.	顔如菌萏

원주에 의하면, "남쪽에 두 마을이 있어 하나는 용촌龍村이고 또 하나는 봉촌鳳村인데 용촌에 갑甲이 살고 봉촌에 을乙이 살았다. 두 사람이 우연히 장난하며 다투다가 을이 병들어 죽었다. 두 마을 사람들은 관검官檢이 두려워 갑에게 자살할 것을 권해 갑은 흔연히 자기 목숨을 끊어 마을을 평안하게 했다. 몇 개월 뒤에 아전들이 이를 알고 두 마을의 죄상을 물어 돈 3만 냥을 토색질해 갔다. 한 치 베, 한 톨 곡식도 남지 않았다. 그 지독함이 흉년보다 더 심해서 아전들이 돌아가는 날 두 마을 사람들도 모두 떠나갔다. 부인 하나가 수령에게 하소연하니 수령이 '네가 가서 찾아보라'고 했다."고 하였다.

앞의 시 역시 현장에서 취재된 제재를 바탕으로 하고 있다. 즉 현장을 증언하고 문제화하는 어법의 시이다. 『전간기사』는 강진에서 실제 목도한 참상을 기록한 연작시들의 시집이다. 형식도 4언의 시경체를 도입하고 있어서 『시경』 정신의 계승임을 분명히 하고 있다. 여기에는 다음과 같은 서문이 붙어있다.

기사년己巳年에 나는 다산 초당에 머물고 있었다. 이 해에 큰 가뭄이 들어 지난해 겨울부터 봄에 거쳐 금년 입추에 이르기까지 붉은 땅이 천리에 연했다. 들에는 풀 한 포기 보이지 않았고 유월 초에는 유랑민들이 길을 메워 눈뜨고는 차마 볼 수 없는 참상이어서 살 의욕마저 잃어버린 것 같았다. 생각건대 나는 죄를 지은 몸으로 머리 유배된 처지라 사람 축에 끼이지도 못하는 처지였다. 오매초烏昧草를 조정에 바치려 해도 방도가 없고 유민도流民圖 한 장도 바칠 수 없었다. 때때로 본 바를 적어서 시를 지었다. 처량한 쓰르라미나 귀뚜라미와 더불어 풀밭에서 슬피 우는 것과 같은 시들이지만, 성정의 올바른 것性情之正을 구해서 천지의 화기和氣를 잃지 않으려고 했다. 오랫동안 써 모은 것이 몇 편 되기에 이를 『전간기사田間紀事』라고 이름했다.

이 시의 목적 역시 '오매초'나 '유민도'와 같은 것, 즉 사회적 비리 현상을 문제화하고 진달하는 것에 있다. 〈애절양〉이 보여주는 문학적 특성들을 공유하고 있는 시이다. 주목할 것은 이 시를 '성정의 올바름을 얻어서 천지의 화기를 간직했다'고 평가하는 정약용의 시각이다. 앞에 인용한 시에서 확인하게 되는 것은 극에 달한 분노의 언어이다. 이 시는 처참한 상황을 당사자의 발화로 처리하면서, '승냥이여, 이리여'라고 분노를 거세게 표출하고 있다. 그런데 바로 그런 시에 대하여 "성정의 올바른 것性情之正을 구해서 천지의 和氣를 잃지 않"았다고 자평하고 있는 것이다.

　즉 그의 문맥에서는 '격한 감정과 언어'가 '성정의 올바름性情之正'이나 '천지의 조화로운 기운天地之和氣'과 모순되지 않는다. 이 언뜻 이해하기 힘든 주장은 '변시變詩'의 존재를 매개로 둠으로서 해명된다. 올바른 정치가 시행되는 조화로운 시대에 지어진 시를 정시正詩라 하고, 정치와 교화가 제대로 행해지지 않는 혼란스러운 시대에 지어진 시를 '변시變詩'라 한다. 그런데 이 변시에 대해서도 정약용은 '올바르다'고 판단한다. 정의롭지 못한 정치 상황에서는 그러한 상황을 바로잡고자 하는 목소리는 조화롭지 못하고 왜곡되지 않을 수 없으며, 그것이 잘못된 상황을 바로잡고자 하는 '바른 마음性情之正'에서 나왔다면 오히려 그것이 '올바르다'는 판단이다.

　『시경』의 변풍에 기초하고 있는 이러한 미의식을 정약용은 '온유격절 溫柔激切'로 요약한다(〈오학론五學論〉 3). 공자가 말한 시의 교훈으로서의 '온유돈후'가 정약용의 문맥에서는 '온유격절'로 바뀌는 것이다. '온유'와 결합하고 있는 '격절'의 어원은 『순자荀子』에서 찾을 수 있다. 『순자』의 「부편賦篇」에는 "천하가 다스려지지 않으니 궤시佹詩를 베풀기를 청한다"라는 말이 있다. 이때 '궤시'는 '궤이격절佹異激切한 시'이라고 풀이된다. '궤佹'는 '변變'과 통하는 단어이니, '궤시'란 바로 변시를 지칭하는 것이다. 그 변시의 미감은 격절하다는 것이다. 그러므로 '궤시'는 어지러운 시대를 비판하는 변시이며 격절한 시이다. 결국 '온유격절'이란 올바른 지향温柔에 근거하면서도 현실의 모순에 대해 거세고 절박한 비판의 뜻을 담은 시의 마감이다.

시가 지향해야 할 미감에 대한 이러한 해석은 내면의 수양과 감정의 절제와 중용을 강조하고 시의 가르침인 '온유돈후溫柔敦厚'를 좁게 해석하는 전통적 관점이라면 불가능한 말이다. 예를 들어 주희는 한대漢代 시경론의 간서론적 관점을 비판하면서 "온유돈후가 시의 가르침이다. 만약 편편마다 풍자하고 기롱하는 것이라면 사람들이 어찌 온유돈후할 수 있겠는가?(『주자어류朱子語類』)"라고 한다. 시에서 공격성을 최대한 약화시키려 하는 것이다. 간서론적 관점에서 『시경』을 해석하는 정약용의 관점은 이러한 주희 식의 시 해석과는 반대 방향의 지향을 보여주는 것이다.

『시경』의 미학에 대한 이러한 해석은 사람의 감정에 대한 태도와 연결되어 있다. 문학은 감성을 다루는 분야이다. 따라서 감정을 다루는 논리는 필연적으로 시의 미학과 연계된다. 두 가지 측면에서 이 감정을 다루는 태도를 살펴보자.

첫째는 '격렬한 공분'에 대한 강조이다. 일반적으로 유가의 감정에 대한 태도는 '즐거워도 문란한 지경에는 이르지 않고, 슬퍼해도 상하는 데까지 이르지 않는樂而不淫 哀而不傷' 중용의 상태를 강조한다. 그러나 정약용은 감정에 대하여 좀 더 적극적인 태도를 취한다. 특히 사회적 공분일 경우에는 더욱 그러하다. 그에 의하면 '공분'의 감정은 격렬하면 격렬할수록 더욱 가치 있는 것이 된다. 사적인 감정은 잘 조절하여 감정에 대한 장악을 유지하고 그것이 미처 날뛰지 않도록 해야 하지만, 공적인 감정은 오히려 그것을 격렬하게 부추켜야 한다는 입장인 것이다.

감정에 대한 이러한 태도는 '원망하는 감정'에 대한 적극적인 인정과 짝을 이룰 때 가장 강렬한 모습으로 터져 나오게 된다. 일반적으로 유교적 태도에서 '원망怨'은 매우 부정적인 감정이다. 이것은 당연히 권력이 있는 자를 향한 권력이 없는 자의 태도이다. 따라서 하극상의 우려가 상재하는 감정인 것이다. 따라서 어떤 경우에도 '원망'은 부정적인 감정이다. 그런데 정약용은 이 '원망의 감정'을 해방시킬 뿐 아니라, 그것이 '시의 길詩道'의 핵심이라고 주장한다.

공자는 시의 기능을 이야기하면서 '시는 흥기시킬 수 있고興, 볼 수 있으며觀, 무리 짓게 할 수 있고群, 원망할 수 있다怨(『논어論語』)'고 하였다. 이 흥興·관觀·군群·원怨에 대해서는 매우 다양한 해석이 있어 왔다. 그 중에서도 '원'은 매우 조심스러운 해석의 대상인데, 주희는 '원'을 '원망하되 노여워하지는 않는 것'으로 매우 껄끄러워 하며 어정쩡하게 해석하고 만다. 그런데 정약용은 이 흥·관·군·원 중에서도 핵심은 '원'이라고 주장한다.

> 공자께서도 '시가이원詩可以怨'이라고 하셨으니, 마땅히 원망해야 할 터인데도 원망하지 않음을 염려하시고, 시도詩道를 살펴서 시의 원망할 수 있음을 즐거워하신 것이다. …(중략)… 원망이라는 것은 성인이 긍정한 바로서, 충신과 효자가 이로써 그 충정을 통하는 것이다. 원망의 설을 아는 사람이라야 비로소 시를 함께 논할 수 있고, 원망의 뜻을 아는 사람이라야 비로소 충효의 정을 더불어 말할 수 있다.
>
> 〈원이란 무엇인가原怨〉

참된 도리를 윗사람이 끝내 돌아보지 않을 경우, 이를 원망하는 것은 정당하다는 주장이다. 이 원망에 대한 긍정과 앞의 '공분은 격렬하면 할수록 올바르다'는 주장이 결합하면, 앞의 시들처럼 격렬하기 짝이 없는 분노의 시, 원망의 언어가 탄생하는 것이다.

결국 정약용의 문맥에서 '온유격절'의 온유는 온유한 지향 – 정의의 실현을 갈망하는 진실한 마음, 격절은 그러한 정서의 강렬함, 깊이를 의미하는 말이다. 따라서 온유와 격절은 모순되지 않는 말이다. 오히려 공변된 방향으로 발하는 분노나 근심, 두려움의 감정은 격렬할 것이 요구된다. 격절할수록 온유한 지향은 더욱더 진실한 것이 된다. 이것이 정약용의 미의식이고, 여기에서 극단적인 비판의 격렬한 노래가 나올 수 있게 되는 것이다.

전통의 전유

앞서 언급했다시피, 정약용은 평지돌출한 위인이 아니다. 정약용은 자신이 물려받은 것을 자신의 입지와 문제의식을 위해 성공적으로 전유한 인물일 뿐이다.

조선후기 경화 남인의 계열에는 간서론적 『시경』해석을 학문적 전통으로 계승하는 흐름이 있었다. 정약용의 시경학은 【윤휴尹鑴-권철신權哲身-정약용丁若鏞】으로 이어지는 남인 시경학의 전통 위에 있다. '몽송지의霢淞志意'를 중심으로 한 『시경』해석은 백호 윤휴의 시경론을 계승한 권철신으로부터 온 것이다.

권철신은 천주교도로 몰려 죽은 관계로 자료가 남아있지 않다. 그러나 정약용의 시경학과 문학론을 구성하는 대부분의 요소들은 권철신의 스승인 윤휴의 논의에서 이미 확인된다. 나아가 윤휴의 시경학은 시를 통하여 시정을 풍자하고 간하며, 실제 정치적 효력을 발휘하는 의의를 중심으로 하고 있다. 원망을 긍정하고 그것을 중심으로 시의 성격을 파악한다. 윤휴의 시경학은 기획이란 측면에서 볼 때는 정약용의 시경론보다도 더 급진적인 것이었다. 정약용의 시경론은 메모 상태에 있는 윤휴의 시경론이 잘 정리된 경학적 저작의 형태로 완성된 것이라고 할 수 있다. 정약용은 여기에서 한 걸음 더 나아가 그것을 문학적으로 실천하는 시세계까지 이

록함으로써, 자신의 시대를 고발하고 개혁하는 도구로써, 위정자에 대한 언로의 역할을 실천하는 경지까지 한 걸음 더 발전시킨 것이라고 할 수 있을 것이다.

사회적 발언 행위로서의 문학행위는 일반적인 것이다. 특히 시를 소기小技로 여기며 '완물상지玩物喪志'를 경계했던 유교적 문학태도에서 시의 본령은 오히려 공적 영역에서의 효용과 관련된 사회적 목소리의 시들이라고 할 수도 있을 것이다. 한국 한시사에서도 사회적 역할을 수행하는 것을 목표로 하는 시의 전통은 유구하게 진행되었다. 정약용은 그러한 한국한시의 전통이 절정에 달해 피어난 꽃이다.

정약용의 몫은 그의 시적 실천과 문학론적 논리화, 그리고 철학적 근거의 마련 등이 일체화되어 있다는 점이다. 한시와 경학의 지적 전통이 정약용에게 와서 가장 치열한 형태로 만개한 하나의 사례를 보게 되는 것이다. 자신이 물려받은 지적 전통을 가장 절실한 당대적 문제의식으로 전유한 아름다운 사례이다. 이것이 오늘날 우리가 다산을 공부하는 이유일 것이다.

참고문헌

이 글은 다음 책의 내용 일부를 강의용으로 고쳐 쓴 것이다.
박무영, 『정약용의 시와 사유방식』, 태학사, 2002.
또한 다음 책의 내용이 일부 인용되어 있다.
김흥규, 『조선후기의 시경론과 시의식』, 고려대학교 민족문화연구소 출판부, 1982.

이윤석

한국 고전문학 읽기의 맥락과 지평

『춘향전』의 이해

어떤 『춘향전』이 어떻게 읽혔나

1912년 새로운 인쇄기술인 활판인쇄로 간행된 이해조의 『옥중화』는 『춘향전』 역사의 새로운 장을 연 작품이다. 『옥중화』가 나오기 이전까지 『춘향전』은 전국적으로 읽히는 책이 아니었다. 『춘향전』을 읽을 수 있는 곳은 서울, 경기도 안성, 전라도 전주 등의 도시와 그 주변 지역이었다. 서울에서는 세책집에서 빌려주는 책이나 방각본으로 간행된 것을 읽을 수 있었고, 안성과 전주에서는 방각본을 구입해서 읽을 수 있었다. 그러므로 서울, 전주, 안성 이외의 지역에서 『춘향전』을 구해서 읽는 일은 쉽지 않았다. 조선시대에 세책집은 서울에만 있었으므로 서울 이외의 지역 사람들은 세책을 볼 수 없었고, 방각본도 간행지역에서 멀리 떨어진 곳까지 유통된 것은 아니었다.

이해조는 1912년 1월 1일부터 3월 16일까지 『매일신보』에 『옥중화』를 연재했는데, 『매일신보』가 배달되는 곳에서는 이 소설을 읽을 수 있었다. 1905년에 서울과 부산, 1906년에 서울과 신의주 사이의 철도가 부설되었으므로 1912년에 『매일신보』는 전국적으로 거의 같은 날 받아볼 수 있었다. 이와 같이 신문 연재를 통해 전국적으로 인기를 얻은 『옥중화』는 같은 해 8월에는 박문서관에서 단행본으로 출판되었다. 『옥중화』는 큰 인기를 끌어서 여러 출판사에서 간행되고, 또 비슷한 내용의 표절 작품도 많이 나왔다. 『춘향전』이 전국적으로 같은 텍스트로 읽히게 된 시기는 바로 이 『옥중화』가 신문 연재와 단행본 출판으로 세상에 나온 1912년이다.

세책은 붓으로 쓴 필사본이고, 방각본은 목판인쇄로 찍어낸 목판본으로 두 가지 모두 전통적인 방식으로 제작한 책이다. 이에 비해 『옥중화』는 울긋불긋한 표지에 새로운 인쇄기술인 활판인쇄로 찍어내어 외견상으로 세책이나 방각본에 비해 화려한 신식의 책이었다. 『자유종』, 『빈상설』, 『구마검』 등 여러 편의 신소설을 낸 이해조는 『옥중화』를 낼 무렵에는 이미 저명한 신소설 작자였다. 이해조의 『옥중화』는 기존의 『춘향전』을 작자 자신이 다시 해석해서 써낸 일종의 개작인데, 『옥중화』는 외형뿐만 아니라 내용에서도 새로운 스타일의 『춘향전』이었다.

현재 중등학교에서 배우는 『춘향전』은 주로 완판84장본 『열녀춘향수절가』이고, 이 완판84장본이 사람들에게 가장 많이 알려진 『춘향전』이다. 또 지금 부르고 있는 판소리 〈춘향가〉의 내용이 완판84장본과 대체로 같기 때문에 완판84장본이 『춘향전』의 원형에 가깝다고 생각하거나, 가장 많이 읽힌 『춘향전』으로 믿는 경향이 있다. 그러나 완판84장본은 가장 오래된 『춘향전』도 아니고, 또 가장 많이 읽힌 『춘향전』도 아니다. 『춘향전』은 수많은 이본異本이 있는데, 이를 크게 나눈다면 서울의 세책과 방각본, 전주의 방각본, 활판본 등이라고 말할 수 있다. 이 가운데 식민지 이전에 가장 많이 읽힌 것은 서울의 『춘향전』이고, 식민지시기에는 이해조의 『옥중화』가 가장 많이 읽혔다. 완판84장본은 20세기 초에 전라도 전주 지역에서 읽히던 것인데, 1945년 이후 제도교육에서 완판84장본을 중심으로

『춘향전』 교육이 이루어졌기 때문에 『춘향전』의 대표적인 이본이 되었다.

1910년대 활판본 고소설이 간행되면서 『춘향전』은 여러 출판사에서 수십 종이 나왔고, 이 가운데 이해조의 『옥중화』 계열이 가장 많이 팔렸다. 그리고 전국적인 판매망을 갖춘 출판사에 의해 『춘향전』은 전국적으로 보급되었다. 이 가운데 몇몇은 1950년대에도 계속 간행되어 읽히지만, 1960년대가 되면 고소설은 라디오와 텔레비전에 밀려 그 오락적 기능을 잃게 되므로, 『춘향전』도 오락적 독서물로서의 역할을 다하게 된다. 그러나 1945년 이후 많은 대학이 생겨나면서 『춘향전』은 대학에서 가르치는 가장 중요한 고전문학 작품이 되는데, 이때 대학에서 강독의 교재로 선택한 『춘향전』이 전주에서 방각본으로 간행한 완판84장본 『열녀춘향수절가』이다. 그리고 이러한 대학 교육은 중등학교 교육에도 그대로 영향을 미쳐서 중등학교에서 배우는 『춘향전』도 완판84장본이 된다.

현재 『춘향전』은 흥미 있는 소설로 읽히는 것이 아니라, 중등학교나 대학교에서 고전문학의 교재로 쓰이기 때문에 학생들이 읽는 경우가 대부분이다. 그런데 과거에 많이 읽힌 서울의 『춘향전』이나 『옥중화』를 교재로 쓰는 것이 아니라, 전주 지역에서만 읽힌 완판84장본 『열녀춘향수절가』를 주로 교재로 쓰고 있다. 『춘향전』을 배우는 것이 과거를 이해하기 위한 것이라면, 완판84장본을 『춘향전』의 대표적인 이본으로 알고 이 작품을 읽는 것은 과거를 제대로 이해하는 것이 아닐 수도 있다. 『춘향전』의 가치가 무엇인가를 알아보는 것도 중요하지만, 『춘향전』의 여러 이본 가운데 왜 완판84장본이 대표적인 이본이 되었는가를 연구하는 것도 필요하다. 이런 문제를 중등학교에서는 별로 다루지 않기 때문에, 많은 학생이 대학에 진학해서도 완판84장본만으로 『춘향전』을 다 이해할 수 있다고 생각한다. 그러나 『춘향전』에는 많은 이본이 있고, 완판84장본은 그 가운데 하나이다. 『춘향전』의 이해를 위해서는 다양한 지식이 필요한데, 우선 알아두어야 할 초보적인 지식이 책에 관한 것이다.

책에 관한 용어 몇 가지

한국 고소설의 가장 큰 특징은 작자를 알 수 없다는 점일 것이다. 그러나 작자를 알 수 없다는 것이 작가가 없다는 말은 아니다. 작자를 드러낼 필요가 없었기 때문에 작자가 누구였는지 후대에 전해지지 않을 뿐이다. 그리고 저작권이라는 개념이 없었기 때문에 누구나 다른 사람의 작품을 베껴서 빌려주거나 목판본으로 간행해서 판매할 수 있었고, 또 독자 가운데는 이런 책을 베껴서 소장하는 사람도 있었다. 그런데 이 과정에서 필사자나 제작자가 선행 작품의 내용을 마음대로 고친 것이 많았으므로, 고소설에는 다양한 이본이 생겨나게 되었다. 『춘향전』도 다른 고소설과 마찬가지로 언제 누가 쓴 소설인지 알 수 없고, 또 많은 이본이 있다. 『춘향전』은 이본에 따라 다양한 내용이 있고, 또 분량도 여러 가지여서, 긴 이본은 짧은 것의 다섯 배 정도의 길이가 된다.

조선시대에는 전문적으로 책을 파는 서점이 없었으므로 책을 구하는 일은 쉽지 않았다. 이렇게 서점은 없었지만 책은 만들어지고 또 유통되었다. 조선시대에 책을 간행하는 주체에 따라 다음과 같이 책의 종류를 나누어 볼 수 있다. 관청에서 간행한 것을 관판官板이라고 하고, 개인적으로 출판한 것을 사판私板이라고 하며, 영리를 목적으로 출판하는 것을 방각본坊刻本이라고 한다. 방각본도 사판의 일종이라고 할 수 있지만, 사판은 영리를 목적으로 하는 것이 아니므로 사판과 방각본은 구분된다. 이를 간단히 설명하면 아래와 같다.

1. 관판본 : 관청에서 간행한 책. 교서관校書館 같은 중앙관서에서 간행한 것과 각 도의 감영이나 지방관아에서 간행한 것이 있다. 목판본이나 활자본으로 간행했다.

2. 사판본 : 불교사찰에서 간행한 사찰판寺刹板, 서원에서 간행한 서원판書院板,

문중에서 간행한 족보나 문집 등이 있다. 주로 목판본으로 간행했으나 활자본도 있다.

3. 방각본 : 책의 간행을 통해 이익을 얻으려는 상업출판물이다. 목판본으로 간행했다.

이와 같이 발행 주체에 따른 분류 이외에 책의 제작 방식에 따라 다음과 같이 몇 가지로 나눠 볼 수도 있다.

1. 필사본筆寫本 : 종이에 붓으로 글자를 써서 만든 책. 사본寫本이라고도 한다.
2. 목판본木板本 : 나무판木板에 글자를 새겨서 여기에 먹을 묻혀 찍어낸 책. 해인사의 팔만대장경 경판이 바로 이 목판이다.
3. 활자본活字本 : 낱글자를 활자로 만들어 이것으로 인쇄한 책. 활자를 만드는 재료는 구리銅, 청동靑銅, 철鐵, 나무木 등이 있다. 조선시대 활자본 인쇄는 활판본 인쇄와는 구별되는 것이다.
4. 활판본活版本 : 활판인쇄로 찍은 책. 활판인쇄는 활자를 이용한다는 면에서는 활자본과 같지만, 활자본은 활자에 직접 잉크를 묻혀 인쇄를 하는데 비해 활판인쇄는 따로 지형紙型을 만들어서 이 지형을 이용해 인쇄를 한다는 점이 다르다. 활자본은 한 번 인쇄한 후에 판을 해체하면 다시 인쇄할 수 없지만, 활판본은 지형을 보관해두기 때문에 계속해서 오랫동안 같은 내용을 인쇄할 수 있다. 활판인쇄는 대량의 인쇄를 빠른 시간에 해낼 수 있는 근대적인 인쇄기술이다.

『춘향전』은 조선후기에 크게 인기를 끈 소설인데, 『춘향전』의 독자는 어떻게 이 책을 구해서 읽었을까? 이를 알아보기 위해서 조선시대 책을 어떻게 구할 수 있었는지 살펴보기로 한다. 관판본은 관청에서 간행해서 관청에서 필요하다고 생각되는 개인이나 기관에 나눠주는 책이므로 어느 정도의 지위나 신분이 있어야 관판본을 받을 수 있다. 그리고 사판본은 순전히 개인적인 제작이므로 제작한 사람들 사이에서 나눠보는 책이다. 이에 반해서 방각본은 누구나 돈이 있으면 구입해서 볼 수 있는 책이다. 『춘향전』 같은 소설은 관판본이나 사판본으로 간행된 일은 없고, 방각본으로만 간행되었다.

 방각본은 발행된 지역에 따라 다음과 같은 명칭을 붙인다. 경판京板은 서울에서 간행한 방각본, 완판完板은 전라도 전주에서 간행한 방각본, 안성판安城板은 경기도 안성에서 간행한 방각본이다. 이밖에 대구에서 간행한 방각본이 있고, 전라도 태인泰仁이나 나주羅州 등지에서 간행한 것도 방각본으로 보는 연구자도 있다. 그러나 한글소설을 간행한 곳은 서울, 안성, 전주밖에는 없다. 현재까지 알려진 방각본 소설은 약 60여 종이다. 이 가운데 세 곳에서 모두 출판된 작품은 몇 가지 안 되는데, 『춘향전』도 그 가운데 하나이다.

 방각본 고소설을 이해하기 위해서는 세책 고소설을 알아둘 필요가 있다. 왜냐하면 방각본 고소설은 세책 고소설을 축약한 것이 많기 때문이다. 세책貰冊은 영리를 목적으로 책을 빌려주던 세책집의 책을 말하는 것으로, 현재의 도서대여점과 같은 성격이다. 조선에서는 18세기 중반부터 세책집이 생겨나서 영업을 했는데, 서울 이외의 지역에는 없었다. 서울의 세책집이 언제부터 생겨났으며, 얼마나 많은 세책집이 있었는지, 또 초기의 세책집 규모나 취급하는 서적의 내용 등에 대해서는 정확하게 알려진 것이 없다. 현재까지 알려진 세책집에 관한 정보는 1900년을 전후한 무렵의 세책집에 관한 것이다. 이때 세책집에서 빌려주던 책은 주로 소설이었고, 적어도 30 군데 이상의 세책집이 서울에서 활발하게 영업을 하고 있었다. 세책집은 도시의 발달과 더불어 번성한 하나의 영업형태로, 유럽의 여러 나라와 일본에서도 18, 19세기에 번성했다. 다른 나라의 세책집에서는 모두 인쇄한 책을 빌려준데 반해, 조선의 세책집에서는 필사본을 빌려주었다.

조선시대 책에 대한 이해를 위해서는 이본異本이 무엇인가를 알아야 한다. 현재는 어떤 작가의 무슨 책이라고 하면, 하나밖에 없으므로 이본이라는 개념이 별로 의미가 없다. 그러나 필사본이나 목판본으로 간행된 책은 쓴 사람이나 간행한 사람에 따라 같은 제목의 책이라도 내용이 다르기 때문에 각각의 책의 내용을 잘 살펴보아야 한다. 이렇게 같은 제목의 책에 여러 종류의 다른 내용의 책이 있는 것을 어떤 책의 이본이라고 말한다. 『춘향전』은 방각본 간행지역에 따라 경판, 완판, 안성판 『춘향전』이 있고, 제작 방식에 따라 필사본, 목판본, 활판본 등이 있다. 그리고 같은 경판이라 하더라도 분량에 따라 35장본, 30장본, 23장본, 21장본, 17장본 등 여러 종류가 있고, 완판에는 84장본, 33장본, 29장본, 26장본 등이 있다.

세책, 완판본, 활판본 『춘향전』

『춘향전』의 이해에 있어서 중요한 것은, 『춘향전』은 수많은 이본이 있고, 그 가운데 어떤 것이 원본인지 알아내기가 매우 어렵다는 점이다. 이것은 『춘향전』에만 국한된 것이 아니라 한국 고소설의 일반적인 현상이다. 『춘향전』이라는 하나의 제목으로 말하지만, 제목이나 내용이 다른 다양한 이본이 있다. 일반적으로 『춘향전』의 이본은 세 계열로 나누는데, 세책계열, 완판계열, 옥중화계열이 그것이다. 여기서도 『춘향전』 이본을 세 계열로 나누고 각 계열을 대표할 수 있는 이본을 하나씩 선택해서 각 이본의 내용을 보기로 한다. 세 계열의 대표로 선택한 이본은 다음과 같다.

『남원고사』 : 이 책은 현재 프랑스 파리 국립동양어대학교에서 소장하고 있다. 1860년대에 필사한 것인데, 원본의 창작시기는 알 수 없다. 이 책은 여러 가지 세책『춘향전』가운데 대표적인 이본이다. 여러 종류의 경판과 안성판 『춘향전』은 세책을 축약한 것이므로 경판과 안성판은 세책계열이라고 할 수 있다.
완판84장본 『열녀춘향수절가』: 가장 많이 알려진 『춘향전』이다. 1900년에서 1910년 사이에 만들어진 것이다. 완판 『춘향전』은 84장본 이외에도 몇 가지가 더 있으나, 84장본이 완판의 결정판이다.
『옥중화』: 1912년 이해조가 기존의 『춘향전』의 내용을 바탕으로 개작한 것이다. 활판본으로 간행되었다.

위의 세 작품이 『춘향전』이본을 대표한다고 볼 수 있으므로, 같은 장면의 묘사나 표현이 각각 어떻게 다르게 나타나는지를 봄으로써 『춘향전』이라고 말하는 하나의 작품이 얼마나 다양한 양상을 갖고 있는지 알 수 있다.

시작 부분
세 이본의 첫대목은 다음과 같다.

> 천하 명산 오악지중五岳之中에[1]- 형산衡山이 높고 높다. 당시절唐時節에 젊은 중이 경문經文이 능통하므로 용궁에 봉명奉命하고 석교상石橋上 늦은 봄바람에 팔선녀[2]- 희롱한 죄로 환생인간還生人間하여 출장입상出將入相[3]-타가 태사당太師堂 돌아들 제
>
> 『남원고사』

1_ 천하 명산 오악지중五岳之中에: 중국의 다섯 명산 가운데. 오악은 동쪽의 태산泰山, 서쪽의 화산華山, 남쪽의 형산衡山, 북쪽의 항산恒山, 그리고 중앙의 숭산嵩山임.
2_ 팔선녀: 『구운몽』의 주인공 양소유楊少遊의 처와 첩인 여덟 선녀.
3_ 출장입상出將入相: 봉건시대 이상적 인물. 문무文武를 다 갖추어서 전장에 나아가서는 장수가 되고 조정에 들어와서는 재상이 됨.

숙종대왕 즉위 초에 성덕聖德이 넓으시사 성자성손聖子聖孫은 계계승승繼繼承承하사 금고金膏[4]- 옥촉玉燭[5]-은 요순시절堯舜時節[6]-이요, 의관문물衣冠文物은 우탕禹湯[7]-의 버금이라. 좌우보필左右輔弼은 주석지신柱石之臣이요, 용양龍驤 호위虎衛[8]-는 간성지장干城之將[9]-이라.

(완판84장본)

절대가인 생겨날 제 강산 정기 타서 난다. 저라산하苧羅山下 약야계若耶溪에 서시西施가 종출鍾出하고, 군산만학부형문羣山萬壑赴荊門[10]-에 왕소군王昭君이 생장하고, 쌍각산이 수려하여 녹주가 생겼으며

『옥중화』

『남원고사』는 『구운몽』을 주제로 한 사설시조로 시작하고, 완판84장본은 고소설의 전형적인 방식으로 이야기를 시작한다. 그리고 『옥중화』는 신소설의 작자가 쓴 소설답게 고소설 투를 벗어난 표현을 썼다. 이와 같이 첫머리의 시작이 다르고, 이어지는 내용도 세 이본이 각기 다르다.

전라도 남원부사 이등李等사또[11]- 도임시到任時에 자제 이도령이 연광年光이 십육 세라. 얼굴은 진유자陳孺子요, 풍채는 두목지杜牧之라. 문장은 이태백

4_ 금고金膏 : 뛰어난 인물.
5_ 옥촉玉燭 : 사시四時의 기운이 조화를 이룬 것.
6_ 요순시절堯舜時節 : 태평시절. 요, 순은 중국 고대의 어진 임금.
7_ 우탕禹湯 : 우임금과 탕임금. 중국 고대의 성군聖君.
8_ 용양龍驤 호위虎衛 : 용양위龍驤衛와 호분위虎賁衛. 조선 시대 중앙 군사 조직인 오위五衛 가운데 좌우에 설치한 부대.
9_ 간성지장干城之將 : 외적을 막아내고 안을 호위할 수 있는 장군.
10_ 군산만학부형문羣山萬壑赴荊門 : 많은 산과 골짜기를 지나 형문에 이르렀다. 두보杜甫 시의 한 구절. 왕소군의 고사임.
11_ 이등李等사또 : 이씨李氏 등내等內 사또. 등내는 벼슬아치가 벼슬을 살고 있는 동안을 이르는 말.

李太白이요, 필법은 왕희지王羲之[12]라.

『남원고사』

이때 전라도 남원부南原府에 월매月梅라 하는 기생이 있으되, 삼남三南의 명기名妓로서 일찍 퇴기退妓하여 성가成哥라 하는 양반을 데리고 세월을 보내되 연장사순年將四旬에 당하여 일점혈육一點血肉이 없어 이로 한恨이 되어 장탄수심長嘆愁心에 병이 되겠구나.

(완판84장본)

춘향모 퇴기로서 삼십이 넘은 후에 춘향을 처음 밸 제, 꿈 가운데 어떤 선녀 이화李花 도화桃花 두 가지를 양손에 갈라 쥐고 하늘로 내려와서 도화를 내어주며, "이 꽃을 잘 가꾸어 이화접李花接을 붙였으면 오는 행락 좋으리라. 이화 갖다 전할 곳이 시각이 급하기로 총총히 떠나노라.

『옥중화』

서울의 세책은 이도령에 대한 내용부터 나오지만, 완판84장본은 춘향이 태어나게 되는 과정을 먼저 서술한다. 이와 같이 서울의 세책과 완판84장본의 서두는 다른데, 『옥중화』는 완판84장본과 마찬가지로 춘향을 먼저 서술한 다음 이도령을 등장시킨다.

과거 급제 대목

이도령이 과거에 급제한 후 암행어사가 되는 대목을 세 이본에서 보기로 한다. 『남원고사』에서는 임금이 이도령에게 직접 무슨 벼슬을 원하

12_ 진유자, 두목지, 이태백, 왕희지: 중국의 저명한 인물들.

느냐고 묻는다. 이도령은,

> 소신小臣이 연소미재年少微才로 천은天恩이 망극罔極하와 소년급제少年及第하왔으니, 황공무지하와 아뢸 바를 모르오나 천은지하天恩之下에 감히 은휘隱諱치 못하올지라. 왕화불급王化不及 원방遠方[13]_에는 탐관오리貪官汚吏 수재곡법受財曲法[14]_ 환과고독鰥寡孤獨[15]_ 민간질고民間疾苦 알 길 없사오니, 어사御使를 시키시면 민간의 질고와 각관各官의 탐관오리 역력히 살펴다가 탑전榻前에 아뢰리이다.

라고 대답한다. 임금은 이 말을 듣고 칭찬하며 암행어사를 시킨다. 완판 84장본에서는, 임금이, "경卿의 재주 조정에 으뜸이라."고 말하고, 어사를 제수한다. 완판에는 이도령이 어사를 원한다는 내용도 없고, 전체적으로 내용도 아주 간단하다. 『옥중화』는 이도령이 과거에 장원을 한 후, 옥당玉堂에 근무하고 있는데, 임금이 불러서 다음과 같은 하교를 내린다.

> 궁궐이 깊고 깊어 사해가 막막하니 불쌍할사 백성이라. 창생蒼生의 질고사疾苦事 일일이 살피려고 팔도 어사 보내려는데, 양사兩司 문신 가리나니, 너의 생긴 모양 보고 너의 지은 글을 보니 사직에 다행이요, 백성의 복이로다. 나이는 비록 젊었으나 동휴척同休戚[16]_을 담임 시켜 호남어사 특차하니 백성을 사랑하고 수령 목백牧伯 치불치治不治와 효자 절부 누구누구 유루遺漏 없이 장계狀啓한 후에 조심하여 다녀오라.

13_ 왕화불급王化不及 원방遠方 : 임금의 덕이 미치지 않는 먼 지방.
14_ 수재곡법受財曲法 : 백성에게서 재물을 받고, 법을 제멋대로 왜곡함.
15_ 환과고독鰥寡孤獨 : 늙어서 아내 없는 사람, 젊어서 남편 없는 사람, 어려서 어버이 없는 사람, 늙어서 자식 없는 사람을 아울러 이르는 말.
16_ 동휴척同休戚 : 즐거움과 슬픔을 같이 한다. 고락을 함께 나눈다.

과거에 급제했다고 해서 바로 정3품에 해당하는 암행어사가 될 수는 없지만, 『춘향전』에서는 이도령이 급제하자 바로 암행어사가 된다. 세책과 완판본은 급제 후에 바로 임금이 임명하는 것으로 되어 있는데, 『옥중화』에서는 일반 직책에 임명되었다가 임금이 전라어사를 특별히 시키는 것으로 했다. 이해조는 전 시대의 『춘향전』에 비해 조금 더 사실적으로 이 대목을 만들었다.

마지막 대목

이도령이 암행어사가 되어 춘향을 구해내고, 서울로 올라와서 춘향과 함께 부귀영화를 누리는 것으로 『춘향전』은 끝이 난다. 이와 같은 줄거리는 세 이본이 같지만, 세부적인 내용은 다르다. 『남원고사』에서는, 이도령이 춘향을 먼저 서울로 보내고, 자신은 전라도 전체를 다 돌면서 공무를 마친 후에 서울로 돌아와 임금에게 업무를 보고한다. 그리고 조용한 틈을 타서 춘향의 일을 임금에게 얘기하니, 임금이 정렬부인의 직첩을 내리고 정식 부인으로 맞이하라고 한다. 이도령은 집에 돌아와 부모에게 전후사연을 얘기한다. 『남원고사』의 마지막은 다음과 같다.

> 응교應敎가 부모전父母前에 꿇어앉아 전후사연前後事緣과 성상聖上의 은지恩旨를 고告하온대, 부모 또한 기꺼 못내 칭찬하고 길일吉日을 택擇하여 종족宗族을 대회大會하고 육례백량六禮百輛17_을 갖추어 남원집18_을 부인夫人으로 승차陞差하고, 폐백幣帛을 갖추어 사당祠堂에 고한 후, 백년해로百年偕老하올 적에 벼슬은 육경六卿이요, 자녀는 오남매라. 내외손內外孫이 번성하여 곽분양郭

17_ 육례백량六禮百輛: 모든 절차를 갖춘 성대한 정식 혼인. 육례는 혼인을 치르는 예식의 여섯 절차. 백량은 백 대의 수레라는 의미로 성대한 혼인을 말함.
18_ 남원집: 춘향을 말함. 결혼하면 여자의 시집이 있는 마을 이름에 '집'을 붙여 부름.

汾陽의 다자다子[19]_함을 불워 아닐러라. 부모에게 영효榮孝 뵈고 친척에게 화목하며 가중상하家中上下에 칭성稱聲이 여뢰如雷하니, 아마도 천고기사千古奇事는 이뿐이요, 춘향의 고절高節은 다시없을까 하노라.

완판84장본은 『남원고사』의 여러 가지 내용이 다음과 같이 간단히 서술되어 있다.

이때 어사또는 좌우도左右道 순읍巡邑하여 민정民情을 살핀 후에 서울로 올라가 어전御前에 숙배肅拜하니, 삼당상三堂上[20]_ 입시入侍하사 문부文簿를 사정查正 후에, 상上이 대찬大贊하시고 즉시 이조참의吏曹參議 대사성大司成을 봉封하시고 춘향으로 정렬부인貞烈夫人을 봉하시니, 사은숙배謝恩肅拜하고 물러나와 부모 전에 뵈온대, 성은聖恩을 축수祝壽하시더라. 이때 이판吏判, 호판戶判, 좌우左右 영상領相 다 지내고 퇴사후退仕後에 정렬부인으로 더불어 백년동락百年同樂할새, 정렬부인에게 삼남이녀三男二女를 두었으니 개개個個이 총명하여 그 부친을 압두壓頭하고 계계승승繼繼承承하여 직거職居 일품一品으로 만세유전萬世流傳 하더라.

『옥중화』의 마지막 대목은 아래와 같다.

서울로 올라오사 동부승지 당상堂上하여 대사성을 지내시고, 차차 내직으로 돋우어서 보국輔國까지 하셨겄다. 춘향의 장한 절행 자상自上으로 통촉하사

19_ 곽분양郭汾陽의 다자다子 : 중국 당唐나라 장수 곽자의郭子儀는 공을 많이 세워 분양왕汾陽王에 봉해졌으므로 보통 곽분양이라고 부른다. 곽자의는 아들이 15명이었는데 모두 벼슬을 했고, 손자는 너무 많아서 문안을 드리면 누가 누구인지 알아보지 못했다고 한다. '곽분양팔자'라는 말은 세상의 온갖 부귀와 영화를 한 몸에 지니고 있는 사람을 일컫는 말이 되었다.
20_ 삼당상三堂上 : 육조六曹의 판서, 참판, 참의를 통틀어 하는 말. 이들은 모두 당상관임.

충렬부인 봉하시니 충렬부인 영귀함이 일세에 진동터라.

『옥중화』도 완판본과 마찬가지로『남원고사』의 긴 내용을 아주 간단히 처리했다.

이상에서 본 바와 같이『춘향전』은 이본마다 내용이 다르다. 물론 큰 줄거리는 같지만, 세부적인 내용은 이본에 따라 이렇게 커다란 차이가 있다. 현대소설처럼 한 작품에 한 가지 텍스트만 있는 것이 아니라,『춘향전』에는 수많은 이본이 있고, 위에서 본 것처럼 각 이본마다 제각기 다른 내용을 갖고 있다. 한국의 고소설을 이해하기 위해서는 이와 같이 이본마다 내용이 다르다는 사실과 아울러 유명한 소설일수록 다양한 내용의 이본이 있다는 점을 이해하고 있어야 한다.

완판84장본이 중요한 이본이 된 과정

중등학교에서는 주로 완판84장본을 배우는데, 완판본을 배우는 것만으로는『춘향전』에 대한 충분한 이해를 했다고 보기 어렵다. 왜냐하면 완판84장본은 20세기 초에 생겨나서 전라도 전주 지역에서만 읽히던 이본이기 때문이다. 20세기 초까지 서울에서 읽힌『춘향전』은 세책과 경판 방각본이고, 1912년『옥중화』가 간행된 이후에는『옥중화』가 전국적으로 읽혔다. 그러므로『춘향전』의 이해를 위해서는 20세기 초에 만들어진 완판84장본만이 아니라 서울의 세책과 경판『춘향전』그리고『옥중화』에 대한 지식이 있어야 한다.

완판84장본이『춘향전』의 대표적인 이본으로 자리 잡게 된 이유는, 초기 연구자들이 완판84장본을 가장 오래된『춘향전』으로 잘못 알고 있었기 때문이다. 초기 연구자들은 완판84장본을『춘향전』의 원본이라고 생각했다. 완판84장본이 20세기 초에 간행된 것이라는 사실은 이제 연구자들 사이에서는 상식이지만, 1950년대까지는 완판84장본이 『춘향전』의 여러 이본 가운데 가장 오래된 것이라고 생각했다. 이렇게 생각한 이유는, 초기 연구자들이 서울의 세책과 경판 방각본 『춘향전』에 대해서 거의 모르고 있었기 때문이다.

1933년에 나온 김태준의 『조선소설사』는 근대적 학문 연구방법을 대학에서 배운 세대의 연구서이다. 그런데 이 시기는 『춘향전』이 가장 많이 간행되고 가장 많이 읽힌 시기이다. 『춘향전』은 과거의 소설이 아니라, 바로 당대에 읽히고 있던 작품이었다. 그러므로 1930년대에 『춘향전』을 연구한 연구자들은 과거의 작품을 연구한 것이 아니라 바로 당대에 유행하는 인기 있는 작품을 연구한 것이다. 그러나 김태준은 『춘향전』 연구를 당대 문학의 연구라고 생각하지 않았다. 김태준을 비롯한 당시의 연구자들은, 자신들이 살고 있던 바로 그 시대에 가장 많이 읽히고 있는 소설 『춘향전』을 연구하면서, 이를 당대 문학의 연구라고 생각하지 않고 고전문학 연구라고 생각했다.

서울의 세책에 대해서 잘 알고 있던 최남선은 1913년 서울 향목동 세책집에서 빌려주고 있던 세책 『춘향전』을 고쳐 써서 『고본춘향전』을 냈지만, 이 『고본춘향전』은 『옥중화』만큼의 인기를 얻지 못했으므로 많이 팔리지 않았다. 최남선은 자신이 개작해서 출판한 『고본춘향전』의 원천이 세책이라는 사실을 누구에게도 말하지 않았다. 1930년대에 『춘향전』 연구자들이 『춘향전』 이본을 수집하기 시작했을 때, 전통적인 세책집에서 빌려주던 세책이나 19세기에 간행된 경판 방각본 『춘향전』은 이미 구해볼 수 없었다. 이들은 오래된 『춘향전』을 찾으려고 애썼는데, 그 과정에서 이들의 눈에 띈 것이 완판84장본이다. 목판본으로 간행된 완판84장본은 『옥중화』를 비롯한 수많은 활판본 『춘향전』에 비하면 고색이 창연한 옛날 책으로 보였다. 1939년 김태준과 조윤제가 각기 완판84장본의 연구서와 주석서를 낸 것은, 이들 초기 『춘향전』 연구자들이 완판84장본에 대해서 갖고 있던 생각이 무엇이었는가를 잘 보여준다. 두 출판사에서 동시에 완판84장본을 간행하게 되자, 완판84장본은 전주라는 한 지역에서 읽히던 소설에서 전국적으로 알려진 학술 텍스트가 되었다.

1945년 해방 이후에 많은 대학이 한꺼번에 생겨나면서 거의 모든 대학에 설치된 국어국문학과에서 고전문학 강독의 교재로 『춘향전』을 썼는데, 이때 교재로 쓴 것은 모두 완판84장본이었다. 저명한 고전문학 연구자들이 모두 『춘향전』 주석서를 간행했고, 또 그 대본이 대부분 완판84장본이었다. 해방 이후 완판84장본이 『춘향전』 이본에서 확고한 자리를 차지하게 된 데는 대학에서 강독의 교재로 선택한 『춘향전』 이본이 완판84장본이었다는 사실이 가장 중요한 역할을 했다. 그리고 대학에서 배운 사람들이 중등학교 교사가 되어 학생을 가르칠 때 자신들이 배운 완판84장본을 또 가르쳤기 때문에 『춘향전』이라고 하면 바로 완판84장본을 가리키게 되었다.

1950년대 라디오가 전국적으로 보급되고 영화산업이 활발해지면서 고소설은 대중오락의 자리를 이들에게 내주지만, 고소설 『춘향전』은 대학에서 고전문학으로 자리를 잡는다. 그리고 그 중심에 완판84장본 『열녀춘향수절가』가 있게 된다. 이미 고전이 된 소설 『춘향전』은 1960년대 이후 판소리의 부흥과 함께 다시 주목을 받게 된다.

1930년대 『춘향전』 연구의 초창기에도 『춘향전』과 판소리의 관계를 언급했는데, 이때는 소설의 내용을 바탕으로 판소리 창자가 노래를 부른 것이라고 설명했다. 해방 후에 판소리의 가사를 바탕으로 소설이 만들어졌다는 이론이 나왔으나, 이를 증명할 수 있는 실증적인 자료가 있는 것은 아니었다. 그런데 확정되지 않은 이 이론을 중등학교에서 가르치면서 '근원설화 → 판소리 → 판소리계소설'이라는 도식이 정설이 되었다. 판소리와 소설이 어떤 관계에 있는가를 논의할 때 그 대상이 되는 작품은 주로 『춘향전』이다. 현재 중등학교에서는 소설 『춘향전』은 판소리의 가사를 적어놓은 것이라고 배우고 있다.

판소리 〈춘향가〉의 가사를 옮겨놓은 것이 소설 『춘향전』이라고 얘기할 수 있었던 가장 중요한 근거는, 완판84장본 『열녀춘향수절가』와 판소리 가사가 비슷하다는 점이었다. 상당수의 판소리 창자가 부르는 〈춘향가〉의 가사는 완판84장본과 비슷하기 때문에 판소리 가사를 옮겨놓은 것이 완판84장본이라고 했으나, 사실은 그 반대이다. 즉, 완판84장본 『열녀춘향수절가』는 판소리 〈춘향가〉의 가사책이다. 판소리 창자들이 〈춘향가〉를 배울 때 그 가사는 주로 완판84장본과 같은 내용이었다. 결국 이 문제도 『춘향전』 연구자들이 서울의 세책이나 경판본 『춘향전』에 대해서 잘 알 수 없었기 때문에 일어난 것이다. 서울의 세책 『춘향전』은 판소리와는 아무런 관련이 없는 개인 작자의 창작이다. 이 『춘향전』이 인기를 끌게 되자 판소리 창자들이 소설의 내용을 노래로 부르게 되었고, 전라도 지방에서는 완판84장본이 판소리 창자들이 이용한 주된 가사책이었다.

『춘향전』 연구의 과제

1960년대에 들어서면서 외국의 여러 기관에 국내에서는 볼 수 없는 『춘향전』 이본이 있다는 사실이 알려지고, 또 이들의 복사본이 하나 둘 국내로 들어와서 연구자들이 볼 수 있게 되었다. 1960년대 이후에 국내에 소개된 외국에 있는 『춘향전』 이본은 다음과 같다.

세책

『남원고사』(누동 세책집)　　　　프랑스 국립동양어대학교(INALCO) 소장

『춘향전』(향목동 세책집)　　　　일본 동양문고 소장

『춘향전』(간동 세책집)	일본 동경대학교 소장
경판본	
35장본	일본 구주대학교 소장
30장A본	프랑스 파리 국립동양어대학교INALCO, 일본 구주대학교 소장
30장B본	미국 하버드대학교 옌칭도서관 소장
30장C본	일본 동경외국어대학교 소장
23장본	프랑스 파리 기메박물관 소장

　이 이본들은 기존의 『춘향전』 연구의 시각을 완전히 바꾸지 않으면 안 될 정도로 중요한 것이다. 이들이 알려지기 전까지는 완판84장본을 중심으로 『춘향전』을 논의할 수밖에 없었으나, 이 이본들이 알려지면서 『춘향전』 연구는 서울의 세책을 중심으로 하지 않으면 안 되게 되었다. 위의 여러 이본 가운데 경판23장본을 제외하고는 아직까지 국내에서 발견되지 않고 있는데, 왜 이런 이본이 국내에는 남아 있지 않을까? 서울에 수십 군데가 넘는 세책집에서 빌려주던 세책 『춘향전』이나, 방각본으로 간행된 경판35장본과 30장본이 단 하나도 남아 있지 않은 이유는 무엇인가?

　현재 서울의 세책을 가장 많이 수집해놓은 곳은 일본의 동양문고이고, 경판 방각본은 프랑스, 영국, 러시아, 일본 등지에 중요한 이본이 많다. 경판 방각본은 19세기 말 서울에 온 서양인들이 수집해간 것이고, 세책은 1920년대 서울의 세책점이 폐업을 할 때 일본인이 구입한 것이다. 20세기 초까지 한글 고소설 같은 통속 문예물은 중요한 책이 아니라고 생각했으므로 조선 사람들은 이를 보관하거나 수집할 생각을 하지 않은 반면에, 외국인들은 통속 문예물의 가치를 이해하고 있었기 때문에 이를 수집하였다.

현재『춘향전』은 영화, 연극, 드라마, 만화, 소설 등으로 수없이 새로 만들어지고 있고, 중등학교의 교과서에 실려 있는 것은 물론이며,『춘향전』에 관한 전문 연구자의 논문도 그 수를 헤아릴 수 없이 많다. 이와 같이『춘향전』은 문자 그대로 '민족의 고전'이 되었는데, 이 작품이 조선시대에도 높은 평가를 받은 것은 아니다. 조선의 지식인 가운데『춘향전』에 관한 기록을 남긴 사람은 거의 없는데, 이것은『춘향전』이 지식인이나 지배층의 문학이 아니기 때문이다.『춘향전』이 중요한 문학작품으로 거론되기 시작한 계기는, 19세기 말 외국인에 의해서『춘향전』이 외국어로 소개되기 시작한 것이다. 일본어, 영어, 프랑스어, 독일어, 중국어 등 여러 나라 언어로 번역되면서,『춘향전』은 조선의 대표적인 소설로 알려지게 되었다. 그리고 1930년대에 근대적 학문방법을 익힌 한국인 연구자들에 의해『춘향전』은 한국고전문학 연구의 대상이 되었다.

앞에서 간단히 살펴본 바와 같이,『춘향전』은 작자나 창작시기를 알 수 없고, 또 그 형성과정이나 유통 상황에 대해서도 제대로 알려진 것이 없다. 많은 한국 사람들이『춘향전』에 대해서 잘 알고 있다고 생각하지만, 정작『춘향전』을 읽어본 사람은 많지 않다. 또 중등학교에서『춘향전』을 배운다고 하지만, 작품 전체를 읽는 것이 아니라, 작품의 한 대목을 제시한 교과서의 내용을 바탕으로 교사가 일방적으로 이를 설명하는 것으로 끝내는 것이『춘향전』수업의 일반적인 형태이다. 이렇게 작품 전체를 읽어보지 않고도 많은 사람들이『춘향전』에 대해서 잘 알고 있는 것처럼 말한다. 그러나『춘향전』은 그렇게 쉽게 읽을 수 있는 작품이 아니다. 20세기 전반기까지 서민들의 독서물로 큰 인기를 누린 작품이지만, 현대인이 이 작품을 읽으려면 전문가가 자세한 해설을 붙인 주석서가 필요하다. 세책『춘향전』이나, 완판84장본『열녀춘향수절가』, 그리고『옥중화』모두 마찬가지이다. 필자가 학부생을 대상으로『춘향전』을 가르친 경험을 바탕으로 얘기한다면, 한 학기 동안 교수와 학생이 열심히 해야 겨우 한 종의 이본을 읽어낼 수 있는 것이 『춘향전』이다.

　『춘향전』은 당대의 통속적인 이야기였지만, 지금은 고전문학의 하나가 되었다. 이 이야기를 현대 독자들은 어떻게 읽을 것인가, 또 연구자들은 어떻게 연구할 것인가는 독자와 연구자의 역량에 달려 있다. 문학작품의 이해는 작품의 감상만을 얘기하는 것이 아니다. 작품을 둘러싼 여러 가지 문제를 이해하는 것도 필요하다. 특히 과거의 문학작품인 『춘향전』을 이해하기 위해서는, 작품의 내용만이 아니라 작품의 창작이나 유통에 대한 여러 가지 정보를 파악하는 것이 더욱 중요할 수도 있다. 여기에 더해 1930년대부터 시작된 『춘향전』 연구사에 대한 지식을 갖고 있으면 더욱 충실한 이해를 할 수 있게 될 것이다.

한국 고전문학 읽기의 맥락과 지평

제3장

한국 고전문학의 주제와 양식

허경진
한국 고전문학 읽기의 맥락과 지평

이야기와 시의 결합 『파한집破閑集』

『파한집破閑集』이라는 제목의 문자적인 의미는 "한가로움을 깨트리기 위한 읽을거리 모음"이다. 여기에는 두 가지 의미가 있다. 한가롭다는 시간 및 공간과 읽을거리 모음이라는 두 가지인데 이는 서로 다른 차원이다. 구체적으로는 고려 중기에 무신난武臣亂을 만나 정치 일선에서 물러나 시간이 많아진 문인들이 관각館閣의 문장이나 대책對策 대신에 가벼운 읽을거리, 그러면서도 재미있고 품위 있는 읽을거리로 찾아낸 것이 시화詩話이다. 이 시기에 시화 집필을 주도한 문인들은 자신들을 죽고칠현竹高七賢이라고 자칭해서 위진魏晉 시대의 죽림칠현竹林七賢에 비했지만, 그들이 즐겼던 청담淸談과 이들이 즐겼던 시화는 분명 다르다. 세상 사는 이야기에서 글자 그대로 시에 관한 이야기, 문학적인 이야기로 구체화된 것이다.

이야기와 시의 결합

시화라는 문학갈래가 제목으로 쓰인 것은 송나라 구양수歐陽脩(1007~1072)의 『육일시화六一詩話』에서 시작되었는데, 그 이전에도 시에 관한 이야기는 많으며, 전문적인 비평 성격이 강했다. 문학비평의 관점으로만 본다면, 구양수의 『육일시화六一詩話』는 종영鍾嶸의 『시품詩品』이나 교연皎然의 『시식詩式』보다 퇴보했다고도 볼 수 있다. 그러나 구양수는 시의 비평을 하려고 시화라는 문학갈래를 만들어낸 것이 아니라, 시에 관한 이야기를 하고 싶어서 시화를 만들어낸 것이다.

청나라 건륭제乾隆帝가 천하의 훌륭한 문헌을 분야별로 모두 수집해서 『사고전서四庫全書』를 편찬케 했는데, 총찬관總纂官 기윤紀昀(1724~1805)은 시평의 서술 양식을 네 가지로 분류하였다. 『흠정사고전서총목欽定四庫全書總目』 권195 시문평류詩文評類에 그 차이를 이렇게 설명하였다.

1. 종영鍾嶸의 『시품詩品』은 작자의 갑을甲乙을 차례 매기고, 사승관계師承關係를 밝힌 것이다.
2. 교연皎然의 『시식詩式』은 시의 법률을 구체적으로 말한 것이다.
3. 맹계孟棨의 『본사시本事詩』는 고실故實을 널리 주워모은 것이다.
4. 유반劉攽의 『중산시화中山詩話』와 구양수의 『육일시화』는 설부說部의 체體를 겸한 것이다.

종영의 『시품』은 비평이고, 교연의 『시식』은 창작이론이며, 맹계의 『본사시』는 고증이다. 이 정도면 시에 관한 온갖 갈래의 글쓰기가 다 나왔을 법한데, 구양수는 시와 이야기의 결합이라는 새로운 갈래를 만들어낸 것이다. 그만큼 시에 관해서는 할 이야기가 많았는데, 시화의 매력은 위의 세 가지와 달리 형식상의 제한이 없다는 점이다. 즉 비평할 수도 있고, 창작이론을 내세울 수도 있으며, 시에 관련된 사실들을 찾아낼 수도 있다. 그러나 비평이나 이론 쪽으로 너무 기울어지면 시화의 본령을 벗어나게 된다. 그렇게 되면 이야기가 아니기 때문이다.

송나라에서 『육일시화』가 나온 지 백 여년 뒤에, 고려에서 이인로李仁老(1152~1220)가 『파한집破閑集』을 저술하였다. 중국에서 처음 한시가 지어지고 몇 백년 뒤에 우리나라에서 한시가 지어졌다는 사실을 생각해보면, 고려의 시화는 비교적 빨리 시작된 셈이다. 이인로는 자신의 시화집에 시화詩話라는 갈래를 밝히지 않았지만, 『파한집破閑集』이라는 제목 자체가 시화의 성격을 아주 잘 드러냈다.

시화를 짓거나 즐기는 배경

시화를 짓거나 읽으려면 한가로운 시간과 공간이 먼저 만들어져야 한다. 구양수의 『육일시화』 첫 줄에 "거사가 (벼슬에서) 물러나 여음에 머물 때에 (시에 관한 이야기를) 모아서 한가로운 이야기의 자료로 삼았다居士退居汝陰而集, 以資閒談也."라고 하였는데, 그가 벼슬에서 물러난 늘그막에 육일거사라는 호를 썼으며, 영주 여음이라는 한가한 지방에서 시화를 지었다. 시간과 공간이 아울러 한가했는데, "한가로운 이야기의 자료"는 자신의 한가로움을 달래기보다는 남에게도 읽히려는 생각이 더 많았다. 구양수 본인은 한가로운 이야기를 읽는 과정에서 이미 한가로움을 달랬고, 즐거운 체험을 하였는데, 누군가 남에게도 읽히고 싶은 생각에 그 이야기들을 하나의 책으로 모은 것이다. 물론 구양수 같은 문장대가가 지은 글이라면 아무리 체계없이 지었더라도 그의 문학관과 독서체험, 문학체험이 담겨 있기에, 후대의 많은 독자들에게 읽혀졌다.

『고려사』 열전 권15에 실린 이인로의 생애도 비교적 한가롭게 기록되었다.

정중부의 난에 머리를 깎고 피신하였다가, 난이 평정되자 다시 세상으로 나왔다. 명종 10년(1180)에 과거에 장원급제하여 계양관기桂陽管記에 올랐다가, 사관史館으로 옮겼다. 사한史翰에 출입한 지 14년에 당시의 이름난 선비 오세재·임춘·조통·황보항·함순·이담지와 더불어 망년의 벗을 맺어 시와 술로 서로 즐기니 세상 사람들이 강좌칠현江左七賢에 비하였다. …(중략)… 시로써 세상에 이름났으나 성품이 편협하고 급하여 당시에 거슬렸으므로 크게 쓰이지 못하였다. 저서로는 『은대집銀臺集』 20권, 후집後集 4권, 『쌍명재집雙明齋集』 3권, 『파한집』 3권이 세상에 알려졌다. 아들 정程·양穰·온穩이 과거에 급제하였다.

> 鄭仲夫之亂, 祝髮以避, 亂定歸俗. 明宗十年, 擢魁科, 補桂陽管記, 遷直史館. 出入史翰 凡十有四年. 與當世名儒吳世才·林椿·趙通·皇甫抗·咸淳·李湛之, 結爲忘年友, 以詩酒相娛, 世比江左七賢. … 以詩名於時, 性偏急, 忤當世, 不爲大用. 所著銀臺集二十卷, 後集四卷, 雙明齋集三卷, 破閑集三卷, 行於世. 子程·穰·穩 皆登第.

그의 생애는 무신난 이전과 이후로 크게 나뉘어지는데, 무신난 시기에는 절에서 중 노릇을 하며 한가롭게 지냈고, 이후에도 벼슬은 했지만 비주류로 머물며 죽고칠현과 어울려 시와 술을 즐겼다. 시와 술을 즐겼다고 했으니, 이때의 이야기거리가 바로 시화였을 것이다. 무신정권 시기라서 정치 이야기를 화제로 삼을 수 없었던 것은 그들의 모범이었던 강좌칠현江左七賢이 청담淸談을 즐겼던 것과 같은 이유이다. 그로부터 천년이 지나다 보니 한시가 많이 지어져, 문인들의 이야기거리가 된 것이다.

『고려사』 열전에는 공식적인 기록만 실렸는데, 그의 서자 세황世璜이 좀더 개인적인 이야기를 기록하였다. 이인로는 어렸을 때에 부모를 여의

어 의지할 곳이 없게 되자 아버지뻘의 화엄승통華嚴僧統 요일寥一에게서 양육되었는데, 이 시기에 삼분오전三墳五典과 제자백가를 섭렵하였다. 그 덕분에 정중부의 난도 절에서 피하고, 과거에도 급제하였다. 장인 최영유崔永濡가 하정사賀正使로 송나라에 가게 되자, 이인로도 서장관書狀官으로 따라가 중국 문물을 체험했는데, 확실한 증거는 없지만 이 시기에 시화도 알게 되었을 가능성이 있다.

이인로가 죽림고회竹林高會의 임춘, 오세재 등과 '한가로움閑'에 관하여 이야기한 적이 있는데, 서자 이세황이 『파한집』 발문에 그 이야기를 옮겨 놓았다.

> 내가 한가롭다閑고 하는 것은 공명을 이루고 수레를 푸른 들판에 매달아 마음속에 밖으로 사모하는 것이 없는 사람이나, 또는 자취를 산림에 감추어 배고프면 먹고 피곤하면 잠드는 사람이라야 그 한가로움을 온전하게 느낄 수 있다. 그런 사람들이 눈을 여기(시화)에 붙이면 그 한가로움을 온전하게 느껴 깨칠 수 있다.
> 만약 노역이나 벼슬살이에 골몰하여 염량세태를 좇아 동서로 분주하던 사람이 하루 아침에 권세를 잃어버리게 되면 겉모습으로는 한가한 것 같지만 속마음은 들끓을 것이니, 이는 한가로움이 병이 된 자이다. 그런 사람도 여기(시화)에 눈을 붙이면 한가로움에서 오는 병도 또한 고칠 수 있다. 그렇다면 바둑이나 장기를 두는 것보다 오히려 낫지 않겠는가?
> 吾所謂閑者, 蓋功成名遂懸車綠野心無外慕者, 又遁迹山林飢食困眠者, 然後其閑可得而全矣. 然寓目於此, 則閑之全可得而破也. 若夫汨塵勞役名宦, 附炎借熱, 東鶩西馳者, 一朝有失, 則外貌似閑而中心洶洶, 此亦閑爲病者也. 然寓目於此, 則閑之病亦可得而醫也. 若然, 則不猶愈於博奕之賢乎?

세속적인 명예나 이익에서 벗어나야 한가로워지는데, 그런 사람만이 한가로운 마음으로 시화를 즐길 수 있다. 이인로 자신과 그의 친구들은 벼슬에 있으면서도 명예나 이익을 좇지 않았기에 평상시에도 한가롭게 시화를 이야기했고, 벼슬에서 물러나 시간까지도 많아지자 그러한 시화를 모아서 시화집을 엮게 되었다. 그러나 명예와 이익을 얻기 위해서 동서로 내달리던 자들이 벼슬에서 떨어지면 한가로워지는 게 아니라 마음에 병이 든다. 그들에겐 한가로움을 즐거움으로 인식하는 게 아니라 병으로 인식하기 때문이다. 이런 사람은 시화를 즐길 수 없다. 그렇지만 그런 사람들도 세상에서 시화로 눈을 돌리게 되면, 세상이 아니라 시화에 마음을 붙이게 되면 마음병을 고칠 수 있다. 바둑이나 장기를 두는 것보다 더 즐겁게 되는 것이다.

위의 인용문은 이인로가 시화집을 편찬하고 나서 친구들에게 했던 이야기인데, 발문에 실린 그 앞의 이야기는 이렇다.

"우리 같은 사람들이 (이러한 시화들을) 수록하여 후세에 전하지 않는다면, 다 없어져 결코 전해지지 않을 것이다." 그래서 국내외 제영題詠 가운데 모범으로 삼을 만한 것들을 수습하여 차례로 편집하고 3권을 만들어 『파한집破閑集』이라 하였다. 그리고는 친구들에게 또 이렇게 말하였다.

"如吾輩等, 苟不收錄傳於後世, 則堙沒不傳決無疑矣." 遂收拾中外題詠 可爲法者, 編而次之爲三卷, 名之曰 ≪破閑≫. 又謂儕輩曰.

문인들은 한가롭게 하는 이야기 가운데도 문학을 이야기한다. 그것도 후세에 모범으로 삼을 만한 시들에 관해 이야기한다. 시화가 본격적인 비평은 아니지만, 모범으로 삼을 만한 시들에 관해 이야기하기 때문에 이야기거리가 되고, 이인로라는 문장가의 이름으로 후세에 전해졌다. 이인로가 친구들에게 앞서 한 이야기는 시화를 기록하는 목적이고, 나중에 한 이야기는 시화의 효용이다.

이야기의 구조

한 권의 시화집에 실린 개개 시화들은 각각 독립적인 이야기이다. 분량이 짧으면서도 그 안에 한 편, 또는 한 구절 이상의 시가 있고, 그 시에 관한 이야기가 유기적으로 결합되어 있다. 그 다음 시화와 이야기가 이어지는 경우도 있어서, 필사본 경우에는 이따금 하나의 시화인지, 두 개의 시화인지 문제가 되기도 한다. 편마다 제목을 붙이지 않기 때문이다.

『파한집』이 3권인 것은 분명하지만, 82장인지 83장인지에 관해서는 논란이 있다. 상권 24장, 중권 26장, 하권 33장으로 알려졌지만, 중권의 6장과 7장이 하나의 시화라고 보는 견해가 있다. 처음 필사본으로 전할 때에 각장의 제목이 없기 때문에, 앞장에 이어져 필사되는 경우가 생긴다. 그런 경우에는 시화의 구조를 분석해서 하나의 장인지 두 개의 장인지 결정해야 한다.

시화의 기본 구조는 시와 그 시에 관한 유래인데, 대개는 앞부분에 유래가 먼저 이야기되고, 그 뒤에 시를 기록했다. 하권 9장을 예로 들어보자.

> (1) 백운자 신준이 관을 벗어 신호문에 걸고, 공주산장으로 돌아가 은거하였다. 군수가 자기 아들을 그에게 보내어, 수업하게 하였다. 몇 년 뒤에 서울로 과거보러 가게 되자, 절구 한 수를 지어 전송하였다.
> (2) "신릉공자가 정병을 거느리고
>   멀리 한단으로 가서 큰 이름을 세우니,
>   천하 영웅들이 모두 법으로 따르건만
>   늙은 제후 영만은 가련케도 눈물 흘리네."

> 白雲子神駿掛冠於神虎, 歸隱公州山莊。郡守遣其子受業, 有年應擧京師,
> 以一絶送之。"信陵公子統精兵, 遠赴邯鄲立大名。天下英雄皆法從, 可憐
> 揮涕老侯嬴。"

이 시화에서 (1)은 시를 지은 유래이고, (2)는 소개하고자 하는 시이다. 이 시화는 평어가 없고, 이야기만으로 완결된 형태이다. 평어를 기대할 필요도 없다. 오정석이 벼슬을 버리고 백운자라는 호와 신준이라는 법명으로 산림에 묻혀 살아야 했던 한 시대의 이야기만으로도 이인로가 할 이야기는 마무리된 것이다.

시와 유래 이야기 뒤에 평어가 덧붙으면 비평적인 시화가 된다.

(1) 백운자가 유학을 버리고 부처의 가르침을 배웠다. 허리에 바랑을 두르고 이름난 산을 두루 돌아다니다가, 도중에 꾀꼬리 소리를 듣고 느낌이 있어 절구 한 수를 지었다.

(2) "주황색 부리와 고운 황색 옷을 자랑하며
　　붉은 울타리와 푸른 나무를 향해 울어야 하건만,
　　무슨 일로 쓸쓸하고 고요한 마을에 와서
　　숲 너머로 이따금 두세 번 울어대는가."

(1-1) 내 친구 기지耆之도 실의하여 강남에 떠돌다가 꾀꼬리 소리를 듣고 또한 시를 지었다.

(2-1) "농가에 오디 익고 보리 이삭 패려는데
　　푸른 나무에서 꾀꼬리 소리 처음 들리네.
　　낙양의 꽃 아래 놀던 나그네 알아보는 듯
　　은근히 계속 울어 그치지 않네."

(3) 고금의 시인들이 사물에 의탁하여 뜻을 보이는 것에 이러한 류가 많다. 두 사람의 시가 처음부터 서로 기약한 것이 아니었지만, 말투가 처량하고

슬픈 것이 마치 한 사람의 입에서 나온 것 같다. 재주가 있어도 등용되지 못하고 하늘가에 떠돌아다니며 타향살이 하는 나그네의 모습이 몇 자 사이에 분명하게 드러나니, 이른바 "시는 마음에 근원을 둔다"는 말이 믿을 만하구나.

白雲子棄儒冠, 學浮屠氏敎, 包腰遍遊名山. 途中聞鶯, 感成一絶:"自矜絳觜黃衣麗, 宜向紅牆綠樹鳴. 何事荒村寥落地, 隔林時送兩三聲." 吾友耆之失意遊江南, 聞鶯亦作詩云:"田家椹熟麥將稠, 綠樹初聞黃栗留. 似識洛陽花下客, 慇懃百囀未曾休." 古今詩人托物寓意多類此. 二公之作, 初不與之相期, 吐詞悽惋, 若出一人之口. 其有才不見用, 流落天涯羈遊旅泊之狀, 了了然皆見於數字間. 則所謂 "詩源乎心" 者, 信哉!

이 시화에는 시(2)와 유래 이야기(1)은 두 번씩 나오는데, 두 개의 시화가 아니라 하나의 시화이다. 백운자나 임춘이 능력을 지니고도 무인난에 휩쓸려 불우하게 지낸 이야기라든가, 산수를 떠돌다가 꾀꼬리 소리를 듣고 시를 지은 것까지도 똑같기 때문이다. 오정석의 시에 나온 꾀꼬리가 왕궁이 아니라 산속을 떠돌아다니는 시인 자신이라면, 임춘의 시에 나오는 꾀꼬리는 꾀꼬리 그대로라는 점만 다를 뿐이다. 시 뒤에 붙은 이야기 (3)는 평어라고 볼 수 있는데, "시는 마음에 근원을 둔다詩源乎心"는 구양수의 말이 본격적인 평어는 아니다. 이 시화의 (3)은 (1)을 부연 설명하는 기능을 가졌다.

(1) 서하西河 기지耆之가 떠돌아다니기에 지쳐 나그네로 성산군에 머물었다. 군수가 그 이름을 익히 들었으므로 한 기생을 보내어 잠자리를 모시게 하였는데, 저녁이 되자 달아나버렸다. 기지가 서글피 시를 지었다.

(2) "누에 올라 아직 퉁소를 부는 짝이 되지 못했는데
　　달로 달아나 속절없이 약을 훔친 신선이 되었네.

고을 원님의 엄한 호령을 두려워하지 않고

부질없이 나그네와의 나쁜 인연을 성냈구나."

(3) 고사를 인용함이 아주 정밀하니, 옛사람의 말처럼 "금실로 수를 놓았으면서도 그런 흔적이 없다"는 격이다.

西河耆之倦遊, 僑泊星山郡. 郡倅飽聞其名, 送一妓薦枕, 及晩逃歸. 耆之悵然作詩曰: "登樓未作吹簫伴, 奔月空爲竊藥仙. 不怕長官嚴號令, 謾嗔行客惡因緣." 其用事甚精, 此古人所謂蹙金結繡而無痕迹.

   (1)에서는 임춘이 성산군에 머물며 희작시를 짓게 된 유래를 이야기하고, (2)에서는 그 시를 기록했으며, (3)에서는 고사성어를 사용하는 솜씨가 몹시 치밀함을 평하였다. '용사심정用事甚精'이라는 네 글자 평어로 부족하여, 옛사람의 "금실로 수를 놓았으면서도 그런 흔적이 없다蹙金結繡而無痕迹"라는 평어까지 끌어다 썼다. 이 시는 제1구와 제2구가 고사를 끌어다 썼고, 제3구는 성산군수, 제4구는 기생 이야기이다. 제1구는 진나라 소사蕭史가 퉁소를 잘 불자 목공穆公의 딸 농옥弄玉이 그를 좋아하여 목공이 마침내 소사에게 시집보내고 봉대鳳臺를 지어주었다는 고사를 끌어다 썼고, 제2구는 예羿의 아내 항아姮娥가 남편이 서왕모에게서 얻어 온 선약을 몰래 훔쳐 먹고 월궁月宮으로 달아났다는 고사를 끌어다 썼는데, 군수의 명을 받들고 임춘을 하룻밤 모시러 왔던 기생이 달아나버린 이야기와 잘 들어맞았다.

   이 시화에서도 이 시를 전하거나 평하는 것보다, 자기 친구 임춘의 일화를 전하는데 중점이 있다. 그 부분이 가장 재미있고, 그 이야기 때문에 시화를 쓰게 된 것이다.

   『파한집』에서 본격적인 평어를 예로 들면 다음과 같다.

좌중이 그 정민함에 탄복했다.	一座服其精敏
청완해서 속세를 벗어난 느낌이 있다.	淸婉有出塵之想
완미해보니 깊은 아취가 있다.	玩味之 深有理趣
당시 사람들이 사리에 절실하다고 했다.	時人謂之切實
그 어법이 당唐 송宋 사람들과 다름이 없다	其語法 與唐宋人無異
시어가 표일하여 속진을 벗어남이 모두 이와 같다.	其語飄逸 出塵皆類此

평어는 정민精敏・청완淸婉・이취理趣・절실切實같이 두 글자로 되거나, 용사정묘用事精妙・어의구묘語意俱妙・이취심원理趣深遠・사어유려詞語流麗 등의 네 글자로 되었다. 주관적이고 인상적인 평어이지만, 나름대로의 논리가 있고 기준이 있다.

시와 유래 이야기에 평어와 함께 후일담 내지 화답시가 소개되는 시화도 있다. 간단한 서사로 이뤄진 시화이다.

이야기의 전승과 변개

시화는 이야기이기 때문에, 전해지는 과정에 보태지거나 변개되기도 한다. 『파한집』 자체가 우리나라 첫 번째 시화집이기 때문에 후대 시화에 자주 인용되었는데, 후대에 보태지거나 변개되며 실린 기록들은 『한국시화인물비평집』 전5권(보고사, 2012)에서 확인할 수 있다. 그 가운데 임춘과 기생 이야기가 250년 뒤 서거정의 『농인시화』에서 어떻게 변개되있는지 살펴보자.

서하 임춘이 맘대로 돌아다니다가 성산에 이르자 성산 원님이 이름난 기생을 보내어 잠자리를 모시게 했는데, 밤이 되자 기생이 달아났다. 이튿날 아침에 곧바로 잔치 자리에 와서 임춘이 시를 지었다.

"붉은 단장으로 날 새기를 기다리며 금비녀 꽂은건
화려한 잔치에 오르라는 급한 부름 때문이건만,
장관의 엄한 호령도 두려워하지 않고
나그네와의 악인연에 성 내는구나.
누에 올라 퉁소를 부는 짝이 되지 못하고
달로 달아나 약을 훔친 신선이 되었구나.
청운의 현명한 선비에게 말 전하노니
어진 마음 쓰지 말고 부들 채찍 보이게나."

근래의 유학자 한권韓卷이 왕명을 받들고 평양에 이르렀는데, 승소만勝小蠻이라는 기생이 용모와 기예가 모두 뛰어났다. 한권이 몹시 마음에 두자, 사또가 승소만을 시켜 잠자리를 받게 하였다. 그러나 승소만은 달리 친한 손님이 있는데다 한권이 늙고 추한 게 싫어서, 등지고 앉았다가 얼마 뒤에 달아났다. 그러자 한권이 시를 지었다.

"평양의 어여쁜 아이 승소만은
나이 열여섯에 옥같은 얼굴이네.
비록 원앙의 꿈 이루진 못했어도
고당高塘의 꿈속에서 본 것보다는 낫구나."

임춘의 시에 비하여 훨씬 못하지만, 이원梨園에서 포복절도할 자료가 될 만하다.

林西河椿薄遊到星山, 州倅迭名妓薦寢, 及晚逃歸。明朝徑赴筵席, 林有詩曰
:"紅粧待曉帖金鈿, 為被催呼上綺筵。不怕長官嚴號令, 謾嗔行客惡因緣。乘樓

未作吹簫伴, 奔月還爲竊藥仙. 寄語青雲賢學士, 仁心不用示蒲鞭." 近有韓斯文卷奉使到平壤, 妓有勝小蠻者色藝俱絶, 韓頗屬意. 州官令蠻薦枕. 蠻有他狎客, 怒韓醜老, 背燈而坐, 俄而遁去. 韓作詩云: "平壤佳兒勝小蠻, 年纔二八玉容顔. 縱然未遂鴛鴦夢, 却勝高唐夢裏看." 比之林詩不及遠甚, 然亦可資梨園捧腹.

이 시화에는 기생이 저녁에 달아나자 임춘이 서글피 시를 지은 것이 아니라, 이튿날 아침에 잔치 자리에 나아가 임춘이 시를 지었으며明朝徑赴筵席, 林有詩曰, 그가 지은 시도 칠언절구가 아니라 칠언율시로 되어 있다. 이인로가 기록한 시화가 재미있으므로 후대에 전해졌는데, 조선초기에 역대 한문학 작품을 선집한『동문선東文選』에서는 칠언절구가 아니라 칠언율시를 임춘의 작품으로 선정하여〈장난삼아 밀주 원님에게 주다戱贈密州倅〉라는 제목으로 싣고, "작자作者가 밀주密州에 들렸는데, 원이 기생을 보내어 동침하기를 명령하였더니, 밤에 기생이 도망갔으므로 이 시를 지은 것이다."라고 주석을 붙였다. 『동문선東文選』의 편찬 책임자가 서거정이었으므로 당연히 자신의 시화에 실린 시를 실었겠지만,『동인시화』에 실린 임춘과 성산 기생 이야기를 통해서 시화가 어떻게 변개 전승되는지를 확인할 수 있다.

『동인시화』는 이름 자체가 시화이지만, 이 이야기가 같은 시기에 지어진『패관잡기稗官雜記』에 실리면 또 달라진다.

임서하林西河가 도망간 기생을 읊은 시에,

"붉게 단장하고 새벽을 기다려서 금비녀를 꽂으니
재촉하는 부름을 받아 비단 자리에 오르기 위함이라.
장관의 엄한 호령을 두려워하지 않고

공연히 나그네와 인연이 없다고 불평하네.
다락에 올라가서 퉁소 부는 짝이 되지 못하고
달로 달아나서 도리어 약을 훔치는 신선이 되었도다.
벼슬길에 있는 어진 학사들에게 말을 전하노니
어진 마음으로 부들 채찍을 보일 필요가 없네."

하였는데, 시는 참으로 아름다우나, 부들 채찍이라는 한 마디에 규방의 풍미風味와 운치韻致가 없어졌다. 만일 북梭을 던지는 여자를 만난다면 아마도 유여幼輿처럼 이가 부러져도 마음 달갑게 여기지는 못할 것이다.

> 林西河〈詠逃妓〉詩, "紅粧待曉帖金鈿, 爲被催呼上綺筵. 不怕長官嚴號令, 謾嗔行客惡因緣. 乘樓未作吹簫伴, 奔月還爲竊藥仙. 寄語青雲賢學士, 仁心不用示蒲鞭." 詩固佳矣, 但蒲鞭一語, 頓無香閨風韻. 若遇投梭之女, 恐不如幼輿之甘心折齒也.

『稗官雜記』卷四

『패관잡기』는 이름 그대로 패관문학의 범주에 드는 글이라서, 시를 평하는 이야기가 아니라, 시를 알아보지 못하는 여자에게 걸렸다가 혼나는 사곤의 이야기로 마무리했다. 진晉나라 사곤謝鯤이 이웃집 여인을 유혹하려고 하다가, 그녀가 길쌈을 하면서 던진 베틀의 북에 얻어맞아 치아 두 개가 부러졌다. 사람들이 "제멋대로 경솔하게 굴더니 유여가 끝내 이를 부러뜨렸다任達不已 幼輿折齒"라고 놀리자, 사곤이 이 말을 듣고는 유유히 휘파람을 길게 불면서 "나는 그래도 나의 휘파람 부는 일을 계속해야겠다猶不廢我嘯歌"라고 응수했던 고사가 있다. 유여幼輿는 사곤의 자이다. 여자를 희롱하다가 이가 부러진 사곤의 이야기로 넘어가면서, 임춘의 시화는 패관문학의 경계로 미묘하게 넘어갔다.

임춘의 시화는 몇백년 뒤 이수광의 『지봉유설』에도 실렸다.

임춘의 〈밀주 수령에게 지어준 시贈密州倅〉에

"붉게 단장하고 새벽을 기다려서 금비녀를 꽂으니
재촉하는 부름을 받아 비단 자리에 오르기 위함이라.
장관의 엄한 호령을 두려워하지 않고
공연히 나그네와 인연이 없다고 불평하네.
다락에 올라가서 퉁소 부는 짝이 되지 못하고
달로 달아나서 도리어 약을 훔치는 신선이 되었도다.
벼슬길에 있는 어진 학사들에게 말을 전하노니
어진 마음으로 부들 채찍을 보일 필요가 없네."

하였다. 상고해보니, 밀주는 지금의 밀양이다. 임춘이 과거에 낙방하고 또 기생에게도 마음을 얻지 못했으니 참으로 박복하구나.

> 林椿 〈贈密州倅〉 詩曰, "紅粧待曉貼金鈿, 紅爲被催呼上綺筵. 不怕長官嚴號令, 謾嗔行客惡因緣. 乘樓未作吹簫伴, 奔月還爲竊藥仙. 寄語靑雲眞學士, 仁心不用示蒲鞭." 按密州, 卽今密陽. 林也不得於科第, 又不得於妓生, 誠薄相哉!

『芝峰類說』卷十四 文章部七 〈麗情〉

이수광의 『지봉유설』은 제목 그대로 같은 부류의 글들을 모아서 분류한 유서類書이다. 이 글도 〈문장부 여정麗情〉조에 실렸으니, 분류 그대로 기생 이야기와 관련된 시의 유형을 소개하는데 목적이 있었으므로 더 이상의 전개는 없었다.

심화된 분석

시화가 이야기이기는 하지만, 비평적으로 전개되는 예도 물론 많다. 임춘의 시화가 조신의 『소문쇄록謏聞瑣錄』에서 어떻게 비평적으로 전개되는지 읽어보자.

> 고려 스님 신준이 〈꾀꼬리 소리를 듣다聞鶯〉를 지었는데
>
> "시골집에 오디가 익고 보리도 막 팰 무렵이니
> 붉은 울타리와 푸른 나무를 향해 울어야 하건만,
> 무슨 일로 쓸쓸하고 고요한 마을에 와서
> 숲 너머로 이따금 두세 번 울어대는가."
> 서하 임춘도 역시 절구 한 수를 지었다.
> "농가에 오디 익고 보리 이삭 패려는데
> 푸른 나무에서 꾀꼬리 소리 처음 들리네.
> 낙양의 꽃 아래 놀던 나그네 알아보는 듯
> 은근히 계속 울어 그치지 않네."
>
> 학사 이미수李眉叟가 이렇게 평했다. "두 사람의 시가 처음부터 서로 기약한 것이 아니었지만, 말투가 처량하고 슬픈 것이 마치 한 사람의 입에서 나온 것 같다." 그러나 나는 그렇게 생각하지 않는다. 앞의 시는 사물을 읊다가 섬약纖弱한데 빠진 것이지만, 뒤의 시는 정을 말하면서도 구법句法이 호장豪壯하다. 서로 기상氣象이 같지 않은데 "마치 한 사람에게서 나온 것 같다"고 말하다니 어찌된 일인가?
> 임춘의 시는 본래 구양수歐陽脩의 시 "四月田家麥穗稠, 桑枝生葚鳥綢喉. 鳳城綠樹知多少, 何處飛來黃栗留?"에서 나왔는데, 뜻만 훔쳐온 것이 아니라 말까

지도 그대로 훔쳐왔다.

> 高麗僧神駿〈聞鶯〉一絶, "田家甚熟麥初稠, 宜向紅牆綠樹鳴。何事荒村寥落地, 隔林時送兩三聲。" 林西河椿亦有一絶云: "田家甚熟麥初稠, 綠樹初聞黃栗留。似識洛陽花下客, 殷勤百囀未曾休。" 李學士眉叟評云: "二公之作, 初不與之相期, 而吐辭凄惋, 若出一人之口。" 余則以爲不然。前詩詠物而失於纖弱, 後詩言情而句法豪壯。氣象不同, 而云 "若出一人", 何耶? 林詩本歐陽公 "四月田家麥穗稠, 桑枝生葚鳥稠喉。鳳城綠樹知多少, 何處飛來黃栗留。" 非徒竊意, 仍竊其語也。
>
> 『諛聞瑣錄』 卷三

조신의 마지막 구절은 시화에서도 고증을 겸한 비평이다. 옛사람의 뜻을 가져와도 말은 바꿔 쓸 수 있고, 옛사람의 말을 가져와도 자기의 뜻으로 바꿔 쓰면 변명이 되는데, 임춘은 뜻도 훔쳐오고 말도 훔쳐왔다니 변명해줄 수가 없게 되었다.

조신이 "마치 한 사람에게서 나온 것 같다"는 이인로의 평을 뒤집으면서 임춘의 시가 "정을 말하면서도 구법이 호장하다"고 평할 때에는 최고의 칭찬을 한 듯 보였지만, 그 구법이 구양수의 말을 훔쳐왔다고 하는 순간 임춘의 시는 신준보다도 더 깊은 구렁으로 떨어진다.

과연 임춘은 구양수의 시에서 뜻과 말을 모두 훔쳐온 것인가? 무신난 시기에는 자연스럽게 읽혔던 임춘의 시가, 세상이 바뀌자 속이 드러난 것인가?

참고문헌

최승범, 「시화수필고」, 『시화학』 제3·4합집, 동방시화학회, 2001.
유창·허경진·조계, 『한국시화인물비평집』, 보고사, 2012.

이윤석
한국 고전문학 읽기의 맥락과 지평

고려시대의 사랑 이야기

1

이인로李仁老(1152~1220)가 쓴 『파한집破閑集』은 우리나라에서 가장 오래된 비평집이라고 말한다. '파한破閑'은 한가한 시간을 깨뜨린다는 의미이지만, 이 책을 읽어보면 『파한집』이 단순히 한가한 시간을 보내기 위해 심심풀이로 지은 책이 아니라는 것을 쉽게 알 수 있다. 여기에는 이인로라는 탁월한 한 시인(물론 정치가를 겸한다)의 눈으로 본 고려 사회가 드러나 있다. 『파한집』의 독자는 고려의 한 지식인이 바라본 고려의 시대상을 읽는 것이라고 할 수도 있다.

『파한집』처럼 시와 함께 시에 얽힌 이야기를 써놓은 것을 일반적으로 '시화詩話'라고 부른다. 시詩와 이야기話가 들어 있다고 하지만, 시의 내용을 좀더 잘 드러내기 위해 그 시의 배경이 되는 이야기를 덧붙인 것이다. 시만 죽 모아놓은 시집보다는 시에 얽힌 이야기를 같이 하는 시화가 독자들이 흥미를 더 끌 수 있다. 이인로의 시대는 아직 소설이라는 장르가 나오기 전이므로 긴 이야기보다는 짧은 이야기를 즐기던 시대이다. 시화도 그런 시대의 산물이다.

『파한집』 하권에 다음과 같은 시화가 있다.

> 남주南州의 기생 가운데 미모와 기예를 모두 갖춘 기생이 있었는데, 어떤 군수가(지금 이름은 잊어버렸다) 그 기생에게 대단히 두텁게 뜻을 두었다. 임기가 다 되어 장차 돌아가게 되자, 홀연히 크게 취하여 곁에 있는 사람에게 말하기를, "만약 내가 길을 떠나서 몇 발자국만 가면 금방 다른 사람 것이 되겠지." 라고 하고는, 바로 촛불로 기생의 두 볼을 지져 성한 곳이 없게 만들었다.
>
> 후에 정습명鄭襲明이 사신使臣으로 이곳을 지나갔는데, 그 기생을 보고는 원망스럽고 아픈 마음을 금할 수 없어, 운람지雲藍紙 한 장을 꺼내 손수 다음과 같은 절구絶句 한 수를 써서 주었다.
>
> | | |
> |---|---|
> | 온갖 꽃떨기 속에 고운 얼굴 있었는데 | 百花叢裏淡丰容 |
> | 갑작스런 미친바람에 붉은 빛을 잃도다 | 忽被狂風減却紅 |
> | 옥 같은 두 뺨을 고칠 약이 없으니 | 獺髓未能醫玉頰 |
> | 오릉공자五陵公子의 한은 끝이 없어라 | 五陵公子恨無窮 |
>
> 이 시를 써주면서 말하기를, "만약 사신이 지나가거든 이 시를 내어서 보여주어라."고 하니, 기생은 삼가 그 가르쳐준 대로 했다. 이 시를 본 사람들은 모두 기생을 가엾게 여겨 도와주었는데, 이것은 정공에게 알려지도록 하려는 것이었다.
>
> 기생은 이로 인해 이익을 얻어 처음보다 배나 부유해졌다.
>
> 南州樂籍有倡 色藝俱絶 有一郡守忘其名 屬意甚厚 及瓜將返轅 忽大醉 謂傍人曰 若我去郡數步 輒爲他人所有 卽以蠟炬燒灼其兩胘 無完肌 後 榮陽襲明杖節來過 見其妓悵怏不已 出一幅雲藍 手寫一絶贈之 百花叢裏

淡丰容 忽被狂風減却紅 獺髓未能醫玉頰 五陵公子恨無窮 因囑云 若有 使華來過 宜出此詩示之 妓謹依其教 凡見者 輒加賙恤 欲使滎陽公聞之 因得其利 富倍於初

  이 시화에서 중심이 되는 것은 정습명이 쓴 시이다. 정습명이 이 기생을 보았을 때는 이미 기생의 얼굴은 상처로 얼룩져 있었다. 자신이 보지도 못한 이 기생의 본래 얼굴을 온갖 꽃 가운데 뛰어난 고운 얼굴이라고 묘사하고, 또 이름은 잊어버린 그 군수의 행동을 미친바람이라고 한 것은 썩 잘된 비유라고 할 수 있다. 그리고 적절한 고사를 인용하였다. 상처를 고칠 수 없다는 것을 나타내기 위해서는, 수달의 뼛속에 있는 골수로 뺨에 난 상처를 고친다는 『습유기拾遺記』의 고사를 썼다. 흰 수달의 골수에 옥과 호박琥珀 가루를 섞어서 상처에 바르면 깨끗이 낫게 할 수 있다는 고사를 가져와서, 수달의 골수로도 기생의 뺨을 고칠 수 없다고 했다. 오릉공자는 부잣집 자제들을 말한다. 중국 장안長安에 있는 한漢나라 때 다섯 황제의 무덤이 오릉五陵이고, 이 오릉이 있는 장안에서 잘 노는 젊은이들을 오릉공자라고 한다. 이들은 미녀들과 어울려 놀았으므로 아름다운 기생의 얼굴을 다시 볼 수 없는 부잣집 자제들의 한이 끝이 없다고 하여, 기생이 미인이었음을 얘기했다. 이와 같이 이 시는 시 자체로서도 잘 되었지만, 여기에는 정습명의 따뜻한 마음씨가 잘 드러나 있다.

  이인로가 『파한집』에 정습명의 시를 실어놓은 것은, 이 시에 얽힌 이야기가 흥미 있고 또 시도 좋았기 때문이었을 것이다. 그리고 많은 사람들이 기생을 도와준 것은 기생이 불쌍하기 때문이 아니라 실은 정습명에게 잘 보이려고 그렇게 했다는 사실도 드러내고 싶었는지 모른다. 이 시화를 보면서 시를 중심으로 보면 대체로 이런 해석이 가능할 것이다. 그런데 이 이야기에서 이인로가 얘기하고 싶었던 내용만이 아니라 다른 부분에 초점을 맞춰서 논의해볼 수도 있다. 예를 들면 군수의 행동 같은 것에 초점을 맞춰보면 어떤 해석이 가능할까?

이인로는 이 이야기를 쓰면서 "한 군수가 있었는데, 그 이름은 잊어버렸다有一郡守忘其名."고 했다. 이인로는 『파한집』에 나오는 인물의 이름을 대부분 다 기록했다. 이 항목처럼 이름을 잊었다고 한 경우는 거의 없다. 정습명이 이 기생을 만나보고 시를 써주었다는 것으로 보아서 군수도 정습명과 같은 시대의 인물임에 틀림없으니, 정습명보다 조금 후대 사람인 이인로 때까지 그 이름이 전해지지 않았을 리가 없다. 그렇다면 이인로는 왜 이름을 잊었다고 했을까? 두 가지쯤으로 생각할 수 있다. 하나는 이 이야기를 전하는 사람이 굳이 군수의 이름을 명기하지 않았을 가능성이고, 다른 하나는 알아보려면 알아볼 수 있지만 그렇게까지 할 필요가 없다고 이인로가 생각했기 때문이었을 가능성이다. 어떤 경우든지 간에 이 일이 바람직하지 않은 일이기 때문에 군수의 이름을 적지 않은 것만은 분명하다. 이인로가 살던 시대로부터 천년 가까운 시간이 지난 이 시대 사람들에게도 이 이름 모르는 군수의 행동은 용서할 수 없는 폭력적 행위이다. 용서할 수 없는 정도가 아니라 가학적인 잔인한 범죄행위라고 생각할 수밖에 없다. 군수에 대한 이런 평가는 아마도 이인로가 살던 시대에도 마찬가지였으리라. 그렇기 때문에 군수에 대해서는 아무도 관심을 갖지 않는다.

2

이제현李齊賢(1287~1367)의 『역옹패설櫟翁稗說』은 이인로의 『파한집』, 최자의 『보한집』과 더불어 고려시대를 대표하는 시화집이다. 이제현은 자신의 호를 역옹櫟翁이라고 했는데, '역櫟'은 재목감이 못되는 쓸모없는 나무라는 뜻이다. 그리고 '패설稗說'은 '하찮은 이야기'를 말한다. 저자 이제현이 자신의 호 역옹에 패설을 붙여 만든 『역옹패설』에 실려 있는 이야기들은 그러나 그렇게 하찮은 이야기만은 아니다. 『역옹패설』에는 인물, 역사, 세태 등에 관한 여러 가지 시화와 이야기가 실려 있다. 앞서 본 『파한집』과 마찬가지로 이 『역옹패설』에도 저자 이제현의 당대를 보는 시각이 그대로 드러나 있다. 『역옹패설』도 『파한집』과 같은 성격의 책이지만 『파한집』과 다른 점은 『파한집』은 전체가 시화로 되어 있는데 비해 『역옹패설』에는 시는 없고 이야기만으로 되어 있는 에피소드도 많다.

『역옹패설』에 다음과 같은 이야기가 있다.

정통鄭通이란 사람이 있었는데, 그의 관향은 초계草溪이다. 그가 나주羅州에서 서기書記의 직책을 맡고 있을 때, 관가의 기생인 소매향小梅香을 사랑하여 아이를 하나 낳기까지 했다. 임무를 교대하게 되어 서울로 떠나게 되니, 정신이 멍해져서 길을 가도 어디를 가고 있는지 모르고, 말을 해도 무슨 말을 하는지 모를 지경이 되었다.

서울로 가다가 아는 사람 집에 이르렀을 때, 어떤 중이 좋은 말을 타고 또한 같이 도착했다. 자리가 아직 정하여지기 전에 먼저 나가 몰래 그 말을 훔쳐 타고 달려 3일 만에 나주에 이르렀다. 밤에 그 기생집에 도착하니, 기생과 어미는 등불을 돋우고 앉아서 얘기하고 있었다. 기생이 한숨을 쉬면서 탄식하며, "기실공記室公(정통을 말함)은 오늘 어디에 계실까?"라고 말하고 있었다. 정통이 문짝을 밀치고 들어서며 울면서 말하기를, "나 여기 있다."고 했다. 며칠 머물다 이곳이 오래 머물 수 있는 곳이 아님을 알고는, 말에는 기생을 태우고 자기는 아이를 업고 서로 따르면서 북쪽으로 오고 있었다.

정통의 아내는 이미 남편을 잃어버리고 또 땔나무와 식량을 감당할 수도 없게 되자 고향으로 가는 중이었는데, 여자는 말을 타고 남자는 아이를 업고 뒤에 따르는 것을 길에서 보았다. 계집종이 말하기를, "저기 오는 사람이 우리 집 어른 같은데요."라고 하니, 그 아내가 말하기를, "우리 집 어른이라면, 아무리 병이 들었다고 해도 어찌 이 지경까지 되겠느냐."고 했는데, 점점 가까이 와서 보니 과연 남편이었다.

그의 아내가, "에이, 늙은이가 어찌 이런단 말이오."라고 하자, 정통은 올려다보고 물러서며, "내가 이러는 것은 장난일 뿐이오."라고 했다.

鄭通者草溪人也 任羅州書記 愛官妓小梅香 至生一兒 見代如京 悃然行迷其所之 言忘其所欲 道至所親家 有僧騎善馬亦至 坐未定 先出竊其馬走羅州三日而至 以夜到妓家 妓與母挑燈坐語 喟然嘆曰 記室公 今日安在 通卽排戶入泣且曰 我在此 留數日 知其不可以久處也 以馬載妓 自負兒相隨北來 其妻旣失良人 又不堪桂玉之憂 率婢僕將往故鄕 道見一婦人乘馬負兒漢在後 婢曰 彼來者似是我公 妻曰 乃公雖病風 何至是哉 漸近而視之 則果通也 妻曰 咄老子胡 爲其然耶 通仰視却立曰 我如此遊戲爾

임지에 부임한 관리와 관가에 소속된 기생이 사랑을 맺는 일은 매우 흔한 일이기 때문에 아주 특별한 경우를 제외하고는 사람들의 입에 오르내릴 까닭이 없다. 이렇게 흔한 관리와 관기 사이의 사랑에 관한 일을 이제현이 『역옹패설』에 실어 놓은 것으로 보아 이 일은 당시 사람들에게는 많이 알려진 매우 흥미 있는 이야기였던 것으로 보인다. 이제현이 전하는 이 이야기에서 정통에 대한 당시 사람들이 생각을 찾아보면 다음과 같이 정리할 수 있을 것 같다.

첫째, 하찮은 기생과 너무 깊은 사랑을 나눴다. 이것은 정통이 소매향을 사랑해서 아이를 낳았다든가 또는 헤어지게 되자 멍하니 정신이 없었다고 한 것으로 알 수 있다. 기생과의 사랑이란, 그저 객지에 와 있는 관리가 객수를 달래는 정도라야지 이렇게까지 몸과 마음을 다 쏟는 사랑을 해서는 안 되는 것이다. 그러니까 정통에 대해서 이렇게 기술한 것은 그에 대한 책망이나 비난이라고 할 수 있다.

둘째, 무분별한 행동을 했다. 정통이 서울로 가다가 소매향을 못 잊어 말을 훔쳐 타고 나주로 간 것이나, 울면서 소매향의 방문을 열고 들어간 것, 심지어 기생을 말에 태우고 자신은 애를 업고 길을 떠난 것 등은 모두 분별없는 짓임을 암시하고 있다. 설사 깊이 사랑하여 애까지 낳았다 하더라도 헤어질 때는 미련 없이 헤어져야 하는데, 헤어진 다음에 체신을 지키지 못하고 남의 말을 훔쳐 타고 다시 만나러 간 것은 체통을 지키지 못한 짓이다. 기생을 만나는 순간 울면서 문을 열고 들어간 것은 정말로 경망스러운 짓이다.

셋째, 일을 잘 마무리했다. 정통의 아내의 의젓함에 비할 때, 정통의 행동이나 말은 참으로 궁색하다. 정통은 모든 일을 장난으로 돌리는 궁색한 변명으로 소매향과의 사랑 전체를 희화화한다. 그래서 스스로 우스운 사람이 되고, 사랑도 잃었을지 모르지만, 그 시대의 보편적 기준에 자신을 맞춰 기생과 맺은 사랑의 한계를 더 이상 벗어나지는 않았다.

『역옹패설』의 이 짧은 글에 나타난 그의 성격을 보면, 기생과 관계를 깨끗하게 정리하지 못하는 우유부단함, 기생을 못 잊어 말을 훔쳐 타고 돌아오는 분별없음, 중요한 일도 장난으로 돌리는 무책임한 성격 등이라고 할 수 있다. 이러한 성격에서 비롯된 정통의 일련의 행동이 그가 살던 시대에도 특이한 일이었기 때문에 이 일을 이제현이 『역옹패설』에 써 놓았을 것이다. 그리고 이 이야기는 후대에 '우스운 이야기'의 하나로 전해졌다.

3

『파한집』과 『역옹패설』의 두 이야기는 정습명의 따뜻한 마음씨를 볼 수 있는 좋은 시와 어리석어서 남의 웃음거리가 된 정통이라는 사람에 관한 것이다. 그리고 이렇게 읽어내는 것이 두 글의 주제를 잘 파악한 것이 된다. 그러나 저자의 의도를 잘 찾아내는 것이 주제를 잘 파악한 것이라는 전통적인 주제에 관한 접근은 20세기 후반에 오면서 변하게 된다. 독자를 중심으로 한 '수용이론'이나 '저자의 죽음'같은 새로운 개념이 나오면서, 글읽기에서 가장 중요한 과제가 저자의 의도를 찾아내는 것이라는 생각은 더 이상 통용되기 어렵게 되었다. 작자의 의도를 파악하는 것이 작품을 이해하기 위해서는 필요하다고 믿는 사람들은 여전히 많이 있지만, 읽는 사람 각자의 자유로운 독해가 필요하고 또 그것이 의미 있다는 생각이 점점 더 확산되고 있다.

위의 두 이야기를 저자의 의도를 찾아내는 것이 아닌 다른 방식으로 읽는다면 어디에 초점을 맞춰서 읽을 수 있을까? 다양한 읽기가 가능할 것이다. 또 연구자라면 다음과 같은 문제에 관심을 가질 수도 있다.

「고려시대 기생 제도」
「고려시대 관료들의 지방 근무 실태」
「정습명의 정치적 위치」
「고려에서 남송南宋으로 보내는 사신의 행로」
「'운람지'라는 종이」

이런 몇 가지에 대해 알아보는 것은 사실을 규명하는 연구가 될 것이므로, 이 이야기는 사실을 찾아내는 연구의 자료로도 쓰일 수 있다. 이러한 사실을 찾아내는 것이 아니라 추상적인 주제를 선택한다면, 두 이야기를 통해 고려시대 '사랑'이 무엇이었나 하는 사랑을 중심으로 이 이야기를 읽어낼 수도 있을 것이다. 이인로와 이제현은 이 이야기를 사랑의 이야기로 쓴 것은 아니다. 그러나 앞에서 얘기한대로 저자의 의도만이 중요한 것은 아니므로, 개별 독자는 이 이야기에 대해 자신의 독자적인 해석을 해볼 필요가 있다.

사랑을 중심으로 두 이야기를 읽어보려고 할 때 먼저 염두에 두어야 할 것은 '사랑'이라는 개념이다. 지금 우리가 얘기하고 있는 '사랑'이 이인로나 이제현이 얘기한 '사랑'과 같은 것인가 하는 점을 먼저 확인할 필요가 있다. 만약 같은 것이라면 우리가 일상적으로 쓰고 있는 사랑의 개념을 이 두 이야기에 적용해도 별 문제는 없다. 그러나 다르다면, 고려의 '사랑'은 어떤 것인지를 먼저 알아봐야 한다. 그렇지 않으면 상당히 다른 의미로 쓰일지도 모르는 '사랑'이라는 단어를 같은 의미로 쓰는 오류를 범하는 것인지도 모른다.

남녀 사이의 사랑에 대한 사전적 정의는, "남녀 간에 그리워하거나 좋아하는 마음. 또는 그런 일."이라고 되어 있다. 그리고 여기에 더해 "성적인 매력에 이끌리는 마음. 또는 그런 일."이라는 설명이 붙어 있다. 이런 정도의 사랑에 대한 개념을 염두에 두고 『파한집』의 내용을 보기로 하자.

이름이 전해지지 않는 군수의 행위는 도덕적 비난을 받아 마땅하다. 현재라면 단순히 도덕적 문제가 아니라 사법적 처벌을 받을 일이다. 그러나 이 이야기 어디에도 군수가 처벌을 받았다는 내용은 없다. 군수가 기생에게 저지른 일로 처벌을 받지는 않은 것으로 보인다. 다만 이 이야기를 알고 있는 사람들에게 도덕적 비난을 받았음은 분명한 것 같다. 아마도 군수와 기생의 신분 차이 때문에 군수가 처벌받지 않았을 가능성도 생각해볼 수 있다. 그러나 이런 도덕적 법률적 비난에서 한 발 비켜서서 이 군수의 행위를 한 번 따져 보기로 하자.

지방으로 발령을 받은 군수가 있었다. 객지 생활에서 그 지방의 기생을 한 명 알게 되어 이 기생에게 정을 붙였다. 이 기생은 미모와 기예를 모두 갖춘 여인이었다. 군수와 기생의 정열적인 사랑이 불탔다. 이윽고 임기가 다 되어 군수는 돌아가지 않으면 안 되고, 기생은 관가의 기생이니 이곳을 떠날 수 없다. 이제 둘은 헤어지지 않으면 안 된다. 미모와 재능을 겸비한 이 기생을 놓고는 차마 발길이 떨어지지 않는 군수. 게다가 관가의 기생이니 다음에 내려오는 군수든 아니면 다른 관리든 누구든지 이 기생을 차지하고 싶으면 차지할 수 있는 창기의 몸. 두 사람의 사랑이 영원할 수 있는 길은 무엇일까.

군수가 기생의 볼을 촛불로 지져서 성한 곳이 없게 한 것은, 잔인한 군수의 성격을 보여주는 것일 뿐일까? 기생은 관아에 소속되어 있으므로, 자신이 떠난 후에는 다른 관장을 섬길 수밖에 없다는 것을 이 군수는 잘 알고 있다. 자신이 사랑하던 기생이 다른 사람과 만나는 것을 참을 수 없기 때문에 군수는 이런 짓을 저지른 것인가? 순전히 독점욕 때문에 이런 일을 저질렀다면 두 사람의 관계를 사랑이라고 말하기는 어렵다. 그러나 그 기생에게 "대단히 두텁게 정을 두었다屬意甚厚."는 것이 사랑의 한 표현이라면, 군수의 행위는 부도덕하거나 폭력적이라고 간단히 얘기할 수만은 없을지도 모른다. 왜냐하면 사랑의 형태는 사람마다 다른 것이어서 사랑하는 당사자 둘 이외의 다른 사람들은 이해할 수 없는 사랑도 이 세상에는 있을 수 있기 때문이다.

군수가 대단히 취해서 갑자기 기생의 뺨을 촛불로 지지면서 한 말이 너무나도 천박하기 때문에 아무도 여기서 진정한 사랑을 찾아보려는 생각은 아예 하지 않을 것이다. 그러나 우리가 일반적으로 아는 사랑과 다른 또 다른 사랑이 없으란 법은 없다. 군수는 왜 이런 짓을 했을까? 잔인하다거나 독점욕이 강하다는 너무나도 단순한 이유가 아닌 좀더 그럴듯한 이유는 없을까? 이인로의 아주 간단히 서술만을 가지고는 군수와 기생 사이에 있었던 사연의 구체적인 내용은 알 수 없다. 만약 이 이야기를 소재로 어떤 작자가 훌륭한 소설을 한 편 써서, 많은 독자들이 둘 사이의 관계를 진정한 사랑이라고 여기게 된다면, 이 이야기는 폭력이 아닌 사랑의 이야기가 될 수 있을지도 모른다.

『역옹패설』에 실려 있는 이야기도 사랑에 초점을 맞춘 것은 아니다. 이제현은 정통과 소매향이 서로를 못 잊어서 그리워하는 마음이라든가 정통이 나주로 돌아가 소매향을 만난 것 따위에는 별다른 관심이 없고, 부인을 만났을 때 정통이 한 행동이나 말이 너무나도 우스꽝스럽다는 것에만 관심이 있다. 이러한 이제현의 관점에서 볼 때는 정통의 행동이 우스꽝스럽고 어리석게 보였겠지만, 그의 행동을 사랑이라는 측면에서만 본다면 그와 소매향 사이의 사랑은 어떤 것일까? 정통이 소매향을 못 잊어 떠난 지 며칠 만에 돌아온다든가, 소매향이 정통을 떠나보내고 나서 밤이면 사랑하는 임이 지금은 어디쯤에 있을까 하고 생각한 것을 사랑이 아니라고 말할 수는 없다. 그러나 이들 사이의 사랑은 당시의 사람들에게 아무런 관심도 끌지 못하고 웃음거리로 끝났다.

어느 시대에나 그 시대를 지배하는 이념이 있고, 또 그 시대 사람들이 대체로 따르는 관습이 있기 마련이다. 사랑도 마찬가지이다. 정통과 소매향 사이의 이 일을 그 시대 사람들이 사랑이라고 생각하지 않은 것은 두 사람의 사랑이 그 시대의 통념에서 사뭇 벗어난 것이기 때문일 것이다. 또는 그 시대의 사랑은 지금 우리가 생각하는 것과는 다른 것이었는지도 모른다. 그러나 현재 우리가 생각하는 사랑의 기준으로 본다면, 정통과 기생 사이의 이 감정이나 행동을 사랑이 아니라고 말하기 어렵다.

정통이 기생과 헤어지고 나자 "정신이 멍해져서 길을 가도 어디를 가고 있는지 모르고, 말을 해도 무슨 말을 하는지 모를 지경"이 되었다면, 이것을 사랑이 아니라고 말하기는 어렵다. 그리고 기생도 정통과 헤어진 뒤 정통을 생각하고 있었다는 것은 두 사람의 사랑이 어느 한쪽의 일방적인 것이 아니고, 두 사람이 서로 깊이 사랑하고 있었음을 보여준다. 비록 정통과 소매향의 사랑이 그 시대의 통념이나 일반적 관습과는 달랐을지 몰라도 그 둘의 사랑은 매우 절절했던 것만은 틀림없다.

과거의 사람들이 사랑을 하지 않는 것은 아닐 텐데, 우리나라의 고전문학 작품 가운데 사랑의 이야기를 잘 그려낸 것을 보기 힘들다. 그 이유는 여러 가지가 있겠지만, 그 가운데 가장 큰 이유는 아마도 조선시대가 유교적인 덕목을 너무나 강조했기 때문일 것이다. 사랑이란 본성이 자연스럽게 발현되는 것인데, 사회 전체가 유교적 규범에 얽매어 있게 되면 자연스러운 사랑이야기를 써내는 것이 어려울 것은 분명하다. 이인로나 이규보처럼 고려시대 최고의 지식인이 쓴 글에서 이렇게 자연스러운 남녀의 이야기를 볼 수 있는데 반해, 조선시대 사대부들의 글에서는 이런 내용을 찾아보기 어렵다. 물론 작자를 알 수 없는 야담이나 소설에서는 남녀의 사랑 이야기가 나오지만, 저명한 지식인의 글 속에서 이런 내용을 보기란 쉽지 않다. 고려 사회가 조선보다는 자연스럽게 인간의 욕망을 얘기할 수 있었던 사회였음을 알 수 있다.

4

근래에 정습명의 묘지명墓誌銘이 발견되어 그가 태어난 해가 1094년이라는 사실이 새롭게 알려졌고, 또 죽은 해도 1151년이 아니라 1150년이라는 것이 밝혀졌다. 그의 호號라고 알려진 것에 대해서도 간혹 오해가 있으므로 바로잡을 필요가 있다. 현재 많이 알려진 『파한집』의 판본인 1659년 경주에서 간행한 책에는 '滎陽襲明' 또는 '滎陽公'이라고 되어 있어서, 흔히 '영양 정습명' 또는 '영양공'이라고 부르고, '영양'을 정습명의 호라고 생각하는 경우도 있다. 그러나 '榮陽'은 '滎陽'의 잘못이므로 '滎陽襲明', '滎陽公'이라고 해야 한다. 형양滎陽은 중국의 지명으로 이곳이 중국에서 정鄭씨의 관향貫鄕이므로 고려나 조선에서도 정씨를 형양이라고 불렀다. 그러므로 파한집 원문의 '滎陽襲明', '滎陽公'은 '정습명'이나 '정공'으로 번역하는 것이 정확한 표현이다.

정습명이 지은 시로 남아 있는 것은 3편 밖에 없으므로 『파한집』에 실린 이 시는 귀중한 자료이다. 이인로가 『파한집』에 이 시를 싣지 않았으면 이 시가 전해지지 않았을 가능성도 있다. 이인로는 정습명이 죽은 후에 태어난 인물이므로 이인로가 직접 정습명에게 이 시를 들은 것은 아니다. 이인로는 전해오는 것을 들었을 텐데, 무엇을 바탕으로 이 이야기를 썼는지는 알 수 없다. 이 시가 실려 있는 가장 오래된 기록은 『파한집』이므로 이 시를 전하는 데는 『파한집』이 큰 역할을 한 것은 분명하다. 정습명의 이 시를 전하는 다른 자료로는 이제현의 『역옹패설』을 들 수 있다. 이제현은 홍간洪侃이 정습명의 이 시를 매우 좋아했다고 하면서 음미할수록 여미餘味가 있기 때문이라고 말했다. 정습명의 시를 후세에 전한 사람으로 현재까지 기록에 남아 있는 인물은 이인로, 홍간, 이제현 등 세 사람이다. 이인로의 생몰년은 1152~1220년이고, 홍간의 태어난 때는 알 수 없으나 죽은 해는 1304년이다. 그리고 이제현은 1287년에 태어나 1367년에 죽었다. 1150년에 정습명이 죽은 후 이인로, 홍간, 이제현 등 고려의 뛰어난 시인들이 모두 정습명의 시를 전했다는 것은 정습명의 시가 고려시대 내내 훌륭한 시로 알려졌음을 증명하는 것이다.

정습명은 높은 벼슬을 했고, 임금의 잘못을 지적하다가 쫓겨나자 자결했다고 알려진 인물이다. 그리고 정몽주는 그의 10대 후손이라고 한다. 이와 같은 화려한 경력과 가문의 인물인 정습명에 비한다면 정통은 보잘것 없는 인물이다. 그러므로 객관적 사실에 관한 내용을 얘기하려 한다면, 정습명에 대해서는 얘깃거리가 많지만 정통에 대해서는 얘기할 자료가 없다. 더구나 이름이 전하지 않는 군수에 대해서도 『파한집』 이외에는 아무 자료도 없다. 군수와 정통이 구체적으로 어떤 인물이었는지 알 수 있는 기록은 없지만, 이들이 벌인 특이한 사건을 통해 고려시대 사랑에 대한 논의를 해볼 수는 있다.

고려의 사랑 이야기로 가장 많이 알려진 것이라면 공민왕과 노국공주의 이야기일 것이다. 그러나 왕과 왕비의 이야기를 사랑의 일반적인 이야기로 얘기하기는 어렵다. 군수나 정통은 높은 벼슬은 아니지만 관직을 갖고 있던 사람이다. 그러므로 이들 관리와 기생 사이의 사랑을 고려시대 사랑의 일반적인 형태라고 말할 수 있을까 하는 점은 의문이다. 그러나 평민 사이의 사랑 이야기를 전하는 자료가 남아 있기 어려우므로, 관리와 기생 사이에 있었던 일을 사랑 이야기의 자료로 읽어볼 수 있다. 지금 우리가 갖고 있는 사랑이라는 개념의 정의를 통해 고려의 사랑을 찾아보는 것이 아니라, 고려 시대 텍스트를 통해 고려의 사랑의 개념을 찾아보는 것이다.

박애경

한국 고전문학 읽기의 맥락과 지평

노래의 전통과 시조·가사

시조와 가사란 무엇인가?

시조와 가사는 조선 시대를 대표하는 시가 갈래이다. 시조와 가사의 발생 시기에 관한 논의는 고려 말 발생설, 조선 초 발생설로 나뉘고 있지만, 조선 조에 들어와 본격적으로 융성하고, 미적 성취를 이루었다는 데에는 별다른 이견이 없다고 할 수 있다. 시조와 가사는 조선 조의 정치, 문화 엘리트였던 사대부들에 의해 향유되면서, 문인들의 생활, 이념, 풍류를 담은 문인문화의 일부로 발전하여 왔다. 한글 사용 인구가 증가하고, 비 사대부층의 문화적 역량이 성장한 임병양란 이후에는 중인이나 여성 등이 시조와 가사의 창작과 전승에 가담하면서, 시조와 가사는 양적으로 풍부해지고, 그 내용 또한 그에 비례하여 다양해졌다.

문학적 장르로서 시조를 정의할 때에는 대개 '3장 6구 45자 내외로 이루어진 단형의 민족 정형시'라는 범주에서 크게 벗어나지 않는다. 그러나 이러한 정의는 1926년 『조선문단』 16호에 실린 최남선의 글 「조선국민문학朝鮮國民文學으로서의 시조時調」를 통해 정립되기 시작한 개념이라 할 수 있다. 시조가 널리 창작되고 향유되었던 조선 시대 문헌에서는 현재 우리가 시조의 정의로 통용하고 있는 '3장 6구 45자 내외의 고유의 정형시'라는 정의의 단형시를 '시조時調'로 명명하거나 표기한 용례가 발견되지 않는다.

대신 시여詩餘, 가곡歌曲, 영언永言, 가요歌謠, 방곡方曲, 별곡別曲, 속조俗調, 속가俗歌, 단가短歌 등의 명칭이 보인다. 여기에서 짐작할 수 있듯이 당대 시조를 향유한 이들은 시조를 문학의 한 갈래 혹은 시의 한 형태로 인식하고 있다기보다는 '노래'로 인식하고 있었다는 것을 알 수 있다. 시조와 시절가조時節歌調 혹은 시절가時節歌라는 명칭은 영조 이후 문헌이나 가집에서 간헐적으로 보이기 시작하는데 이때에도 시조의 특수한 형태를 염두에 두고 붙인 명칭이라기보다는 '새로운' 혹은 '당대 널리 불리는' 노래라는 의미로 불렀다고 할 수 있다.

가사는 3·4조 혹은 4·4조의 율격에 1행이 4음보로 이루어진 장형의 시가 갈래로 음영, 낭송, 가창, 독서 등 다양한 방식으로 향유되었다. 초기에는 3·4조가 우세하였으나, 후대로 가면서 4·4조가 우세하게 나타나면서, 4·4조가 가사를 대표하는 율격으로 자리잡게 되었다. 'ᄀᄉ', '가ᄉ', '歌辭', '歌詞' 혹은 '長歌' 등으로 불리며, 영남지역 규방가사문화권에서는 가사라는 명칭보다는 가사의 대표적 전승, 향유형태인 '두루마리'라는 명칭으로 더 널리 불린다.

가사는 4·4(혹은 3·4조), 1행 4음보 정도의 율격적 제약만 지키면 분량의 제한 없이 줄글로 이어 쓸 수 있기 때문에, 율문의 구조 속에 주정主情, 경물景物, 인정人情, 세태, 현실 비판, 생활정보와 사실의 기록, 교훈과 권면 등 다양한 내용을 포괄할 수 있었다. 또한 3장의 형식에 가창의 제약을 받는 시조와는 달리 다양한 방식으로 향유가 가능하기 때문에 시간, 장소의 제약 없이 구연할 수 있었다. 그 결과 가사는 다양한 향유층을 포괄하면서 조선 조를 지나 근대 전환기에도 유효한 말하기, 글쓰기 방식으로 자리잡을 수 있었다.

이렇듯 단형의 시조와 장형을 유지하는 가사는 장단과 시형의 개방과 제약, 갈래의 실현 방식이라는 점에서 차이는 보이지만 조선 시대 전 시기에 걸쳐 대표적 국문시가 갈래로 공존해 왔다.

시와 노래는 한 길, 시조와 가사 그리고 시가일도詩歌一道의 정신

앞서 살펴 보았듯이 시조와 가사는 '노래'의 전통 안에서 존재해 왔다. 사설과 음악이 결합된 '노래'는 구연의 방식을 통해 그 의미가 최종적으로 실현되고, 전승 방식도 다분히 구비적이라 할 수 있다. 가집이라는 형태를 통해 기록의 대상이 된 것은 한글이 창제되고도, 또 이백여 년이 흐른 후의 일이었다. 따라서 시조와 가사는 오랜 시간 '시詩'로 존재하기보다는 주로 노래, 즉 '가歌'의 요구를 충족시키면서 존재해왔다는 것을 의미한다. 이 점은 부분적으로는 시창詩唱 혹은 음영吟詠의 형태로 향수되었지만, 주로 문집을 통해 전승되면서 기록문학의 일부로 존재해왔던 한시와 구분되는 지점이라 할 수 있다. 한시를 둘러싼 시평이나 시화의 존재는 이것이 엄연히 '시'로 존재해왔다는 것을 의미하는 것이라 할 수 있다. 문인문화로부터 출발한 시조와 가사는 양자가 한시와 상보적 관계를 이루고 있다고 할 수 있다.

그렇다면 한시를 통해 자신의 문예적 소양을 드러낼 수 있었던 사대부들이 굳이 한글로 된 시가를 남겼던 이유는 무엇일까? 그 이유를 노래의 전통, 노래와 시를 한 뿌리에서 찾는 시가일도詩歌一道의 정신에서 찾아볼 수 있다.

18세기 전반에 편찬된 가집 『청구영언』의 서문에는 시와 가가 한 뿌리에서 왔음을 다음과 같이 밝히고 있다.

옛날의 노래는 반드시 시를 사용했다. 노래를 글로 기록하면 시가 되고, 시를 관현에 올리면 노래가 되니 노래와 시는 실로 한 길이었다.
古之歌者必用詩 歌而文之者爲詩 詩爲被之管絃者爲歌 歌與詩固一道也

『靑丘永言』黑窩序

본래 노래와 시가 한 길이라는 '시가일도詩歌一道'의 정신은 노래의 전통을 간직한 국문시가가 존재해야했던 이유이기도 했다. 이러한 시가일도의 정신은 동아시아 시와 음악의 전범이라 할 수 있는 『시경詩經』에 기원을 두고 있다. 『시경』을 해설한 『모시』 서문에는 시와 노래, 그리고 무도舞蹈로 이어지는 감정의 고양 단계에 대해 다음과 같이 설명하고 있다.

시라는 것은 뜻이 가는 바이니, 마음에 있을 때에는 뜻이라 하고 말로 드러내면 시라 하는 것이다. 정이 마음 속에서 움직이게 되면 말로 나타나는데, 말로는 부족하기 때문에 차탄을 하게 되고, 차탄해도 부족하기 때문에 길게 노래하고 되고, 길게 노래해도 부족하기 때문에 자신도 모르는 사이에 손을 너울거리고 발을 구르게 되는 것이다.
詩者志之所之也 在心爲志 發言爲詩 情動於中而形於言 言之不足 故嗟歎之 嗟歎之不足 故永歌 永歌之不足 不知手之舞之 足之蹈之也

『毛詩』序

여기에 의하면, 시와 가는 모두 사람의 마음에 근원을 둔다. 그 마음이 외물에 감응하여 뜻을 언어로 표현하면 시, 정을 곡진하게 표현하면 노래가 된다는 것이다. 말하자면 시 혹은 단순한 말이나 차탄보다 더 내밀한 정情의 울림이 노래로 표현되는 것이다.

시와 가가 모두 마음에 근원을 두고 있다는 성정론은 조선의 문인들에게도 영향을 미쳤다. 『대동풍요大東風謠』의 서문을 쓴 조선 후기 문인 홍대용洪大容(1731~1783)은 '노래란 그 정을 말한 것이다. 정이 움직여 말로 표현되고, 말이 글로 완성되니 이를 노래라고 부른다歌者言其情也 情動於言 言成於文 謂之歌'라고 하였다. 노래란 마음의 움직임이고, 언과 문, 시와 가가 일치되는 경지라는 것은 시와 가가 분리되지 않은 『시경』의 정신과도 상통한다. 강한 감정의 울림을 동반하는 노래는 '분개하는 자는 이로써 이를 풀게 하고, 울적한 이는 이로써 이를 펴지게 하며, 즐거운 자는 이로써 흥을 일으키고, 한가한 자는 이로써 소요하게'하는 힘을 지니고 있다. 〈방옹시여放翁詩餘〉를 남긴 신흠의 시조 한 수에서 이를 찾아볼 수 있다.

> 노래 삼긴 사름 시름도 하도 할샤
> 닐러다 못 다 닐러 불러나 푸돗든가
> 眞實로 풀릴 거시연은 나도 불러 보리라

조선 중기의 문인이자 시인인 신흠申欽(1566~1628)은 노래가 주는 위로를 한편의 시조로 읊어내었다. 차마 말로는 풀지 못한 시름을 풀기 위해 노래를 한다는 독백이 담긴 시조를 통해, 문학과 도학 사이의 거리를 좁히고자 했던 엄격한 문장가였던 신흠과는 다른 모습을 드러내고 있다. 그의 독백은 말이나 시보다 더 감정을 정감적으로 토로하는 노래의 힘을 보여주고 있다. 신흠은 자서自序를 통해 노래를 남기게 된 심경의 일단을 드러내고 있다.

> 내가 전원으로 돌아온 것은 실로 세상이 나를 버리고 나 또한 세상에 싫증을 느껴왔기 때문이다. 돌이켜보건대, 영화와 현달이란 한갓 두엄더미나 쭉정이처럼 하찮게 여겼고, 다만 사물에 우의하여 읊조리는 고질적 습관이 있어,

마음에 품은 것이 있으면, 문득 시장詩章으로 형용하거나, 그 나머지에 방언으로 엮고, 가락을 붙여 언문으로 기재하여 왔을 뿐이니, 이는 〈하리곡下里曲〉이나, 〈절양곡折楊曲〉에 불과할 뿐 대아지당 일반에는 오를 수 없지만, 유희의 자리에 나서면 혹 볼만한 것이 아주 없지는 않다.

余旣歸田 世固棄我 而我且倦於世故矣 顧平昔榮顯已慷枇土苴 惟遇物詠風 則有馮夫下車之 病 有所會心 輒形詩章 而有餘繼以方言而腔之 而記之以諺 此僅下里折楊 無得於騷壇一般 而其出於遊戲 或不無可觀

申欽 〈放翁詩餘〉 序

    사물과 만나 마음의 움직임이 일어날 때, 이를 표현하는 것은 시나 노래가 한가지이다. 그런데 노래란 말이나 시보다 더 고양된 감정을 드러내는 표현의 통로이자, 시에서 미처 다하지 못한 감정이나 저의를 시의 나머지에 실현하는 것이다. 말하자면 노래란 '시로 표현하지 못한 그 나머지 감정'을 토로하는 장인 셈이다. "말로는 부족하기 때문에 차탄을 하게 되고, 차탄해도 부족하기 때문에 길게 노래하고 되고言之不足 故嗟歎之 嗟歎之不足 故永歌"라고 하여, 노래가 가진 감동의 원천에 대해 논했던『모시』서문의 논리와도 상통한다고 할 수 있다.

    이렇듯 한문을 자유롭게 구사했던 선비들에게 노래란 시(한시)로 다하지 못하는 감정을 드러내는 통로이자 백성들의 소리에 더 가까워지는 방편이었던 것이다. 선비들은 이처럼 감정을 더 절실하게 표현하기 위해, 한문을 이해하지 못하는 백성들과 소통하기 위해 한글로 된 시가를 지었다. 전통시대 시가는 가락에 얹혀 노래로 전승되었기 때문에 대개 '기억과 재현'에 적합한 율격과 패턴을 지니게 된다. 3·4조로 이어지는 단형의 시조와 3·4조 혹은 4·4조의 연속체로 이어진 가사는 바로 기억하기 쉽고, 낭송하기 쉬운 패턴의 한 예라 할 수 있다.

강호가도의 전통과 시조, 가사

관로에서 물러나 퇴거한 선비나 관로에 나서지 않은 향촌 사족의 자연에 대한 취향을 드러낸 일군의 시가 전통을 '강호가도江湖歌道'라 한다. 강호가도는 재야에 은거하는 사족의 자연친화적 인식과 취향을 보여주는 것이라 할 수 있다. 강호에 대한 지취는 '음풍농월吟風弄月'의 아름다움으로 구현되고 있다. 그런데 음풍농월의 아름다움을 이해하기 위해서는 사대부의 출처관出處觀을 이해할 필요가 있다. 출처관이란 출, 즉 나아감과 처, 즉 물러감에 대한 원칙을 의미한다. 유학자이며 문장가이자 경세가인 사대부는 궁극적으로는 자신의 이상을 세상에 펼쳐 왕도정치의 구현에 일조하고자 하는데, 여기에는 원칙이 있다는 것이다. 즉 도가 있는 세상에서는 나타나 벼슬을 하지만, 도가 없는 세상에서는 물러가 숨는 것이 마땅하다. 또한 나라에 도가 있을 때에는 가난하고 천한 것이 부끄러운 것이지만, 천하에 도가 없을 때에는 부유하고 귀한 것이 부끄럽다는 것이다. 그렇기에 맹자는 폭정을 피해 은거했던 백이伯夷를 이상적인 은자의 표상으로 꼽았던 것이다.

음풍농월은 어지러운 세상을 피해 자연에 은거한 선비가 자신의 수양에 힘쓰며 자연미를 그린 것이다. 그런데 선비들이 세상을 피한 요인이 주로 당쟁이고 보면, 자연미라는 것 역시 현실과의 연계 속에서 바라볼 수밖에 없는 이유를 보여주는 것이라 할 수 있다.

은자에 대한 동경은 '어부'의 형상을 통해 주로 그려지고 있다. 윤선도尹善道(1587~1671)의 〈어부사시사漁父四時詞〉는 조선 조 강호가도가 구현해 왔던 음풍농월의 아름다움을 극대화하여 보여주고 있다.

이와 져므러간다 宴息이 맏당토다
배븟텨라 배븟텨라

가는 눈 쁘린 길 블근 곳 훗터딘 듸 훙치며 거러가서

至匊恩 至匊恩 於思臥

雪月이 西峰의 넘도록 松窓을 비겨 잇쟈

40수에 이르는 연작 시조의 마지막을 장식하는 이 작품은 생활 공간이자 도의 구현체이며 이념적 이상향인 자연이 심미적인 장소로 공감각화되는 정경을 포착하고 있다. 아울러 은자의 표상이었던 어부는 심미적 흥취를 경험하는 주체로 구현되고 있다.

이 작품에서 흥미로운 지점은 '노래'의 전통 안에서 취향과 미적 흥취를 공유하는 사대부들의 전통이다.

> 우리나라에 예전부터 있던 〈어부사〉는 누구 것인지 알지 못하겠으나 옛시를 모아 곡을 이룬 것이다. 읊조리면 강바람과 바다에 내리는 비가 어금니와 뺨 사이에 생겨 사람으로 하여금 표연히 세상을 버리고 홀로 설 뜻을 가지게 한다. 그러므로 농암 선생이 좋아하기를 게을리 하지 않았고, 퇴계 선생도 헌상을 그치지 않았다. 그러나 음향이 말에 상응하지 않고 어의가 심히 갖추어지지 않았으니 대개 집고에 얽매인 까닭이다. 고로 옹색했던 결함을 면하기 어려웠다. 내가 그 뜻을 더 보태고 우리말을 사용하여 어부사를 만드나니 4계절을 각 한 편으로 하고 한 편을 10장으로 했다. 나는 강조와 음률에 대하여 감히 망령되이 논할 수 없고 창주오도에 대해서는 더욱 감히 사사로운 견해를 붙일 바 못된다. 그러나 맑은 못과 넓은 호수에서 쪽배를 띄우고 마음껏 노닐 때 사람들로 하여금 함께 소리 내면서 서로 노젓게 한다면 또한 한 가지 즐거운 일이 될 것이다. 또 뒷날의 창주일사滄洲逸士가 반드시 마을에 동참하여 영원토록 서로 느끼지 않을 수 없을 것이다.
>
> 신묘년 추구월 부용동 늙은낚시꾼이 세연정 낙기란 가 선상에서 아이들에게 보이노라.

東方古有漁父詞 未知何人所爲 而集古詩而成腔者也 諷詠則江風海雨生
牙頰間 令人飄 飄然有遺世獨立之意 是以聾巖先生好之不倦 退溪夫子歎
賞無已 然音響不相應 語意不甚備 蓋拘於集古 故不免有局促之欠也 余
衍其意 用俚語作漁父詞 四時各一篇 篇十章 余於腔調音律 固不敢妄議
余於滄洲吾道 尤不敢竊附 而澄潭廣湖片舸容與之時 使人叫喉而相樟則
亦一快也 且後之滄洲逸士未必不與此心期 而曠百世而相感也 秋九月歲
辛卯 芙蓉洞釣叟 書于洗然亭樂飢欄邊船上示兒曹

『孤山遺稿』卷之六 別集 歌辭 〈漁父四時詞〉

    사대부의 음풍농월에서 빼놓을 수 없는 공간이 누정이다. 〈어부사시사〉 역시 보길도 부용동의 누정을 배경으로 창작되었다. 누정은 비슷한 선비들이 모여 문화를 공유하는 공간인 동시에 사대부의 미의식과 현실 인식이 반영된 이상적 공간이며, 난세를 피해 은둔한 선비의 자기 치유의 공간이기도 하다. 동시에 누정은 자연에서 도학자의 풍모와 풍류를 지향했던 선비들이 모여 자발적으로 만든 문화적 살롱Salon이라고도 할 수 있다. 누정에 모인 선비는 시를 읊거나, 가악을 즐기며 그들의 문화적 감성을 표출하였다. 요컨대 강호가도의 산실인 누정은 사대부 작가 개인이 아닌, 복수의 사대부들이 모인 문화적 교유의 흔적이자, 사대부 생활문화를 이해하는 핵심 공간이라 할 수 있다.
    선초의 관료 문인이었던 하륜河崙(1347~1416)은 경상남도 진주 촉석루에 부친 촉석루기矗石樓記에서 '누정의 흥하고 폐하는 것으로 인심과 세도를 짐작할 수 있다'고 하였는데, 이는 사대부의 생활문화에서 누정이 지닌 의미를 보여주는 것이라고 할 수 있다. 그러나 누정이 세도만을 의미하지는 않는다. 누정을 통해 욕망과 소유를 절제하는 문인들의 삶의 철학을 드러내기도 한다.

十年을 經營하야 草廬三間 지어내니
나한간 달한간에 淸風한간 맛져두고
청산靑山은 드릴듸 업스니 둘너 두고 보리라

위 시조는 조선 중기의 문인인 송순宋純(1493~1582)이 그의 고향인 창평에 내려와 '면앙정'을 축조한 후 쓴 시조이다. 짤막한 단형의 노래 속에는 '작은 것이 아름답다'는 미니멀리즘의 미학이 아주 잘 드러나 있다. 최소한의 언어로 우주를 포괄하고, 적게 소비하며 자연과 공유하는 삶을 찬양하는 선비의 노래는 현대 환경주의자의 정신과 닿아 있다.

시정문화의 성장과 시조의 통속화

임·병 양란 이후 자국어 문학에 대한 가치 평가, 재인식 분위기가 고조되고, 정감의 자연스러운 발현에 우호적인 시대정신이 보태지면서 시조의 위상은 달라지기 시작하였다. 그 시작을 알린 것은 1728년에 편찬된 가집 『청구영언』이었다. 중인 출신의 전문가객 김천택에 의해 편찬된 『청구영언』은 당대까지 시정에서 널리 불리던 시조를 곡조별, 작가별로 수집하여 정리한 가집으로, 주로 구연에 의해 전승되던 시조를 본격 수집과 기록의 대상으로 삼았다는 점에서 의의가 있다고 할 수 있다. 이로써 시조는 한번 부르고 사라지는 '가'가 아니라 명실상부한 시와 가의 일체인 '시가'로 존재하게 되었다. 나아가 시조의 수집을 통해 정감을 자연스럽게 발현시키고, 인정·세태를 곡진하게 표현할 수 있는 노래의 힘을 재발견하기도 하였다.

시는 『시경』 이후에 날로 옛시와 멀어져 한·위 이후의 시 배우는 자는 한갓 용사用事와 철사綴辭에 재빠른 것을 박식하다 하고, 경치와 물색 꾸며내는 것을 공교롭다 했으며, 심지어 성병聲病을 따지고 자구를 다듬는 법이 나타나자 성정은 숨어버리게 되었다.

우리나라에 와서는 그 폐단이 더욱 심하여 오직 노래 한 길만이 풍인의 남긴 뜻에 차차 까워져 정을 이끌고 인연을 퍼내니, 이어俚語로 읊조리고 노래하는 사이에 유연히 사람을 감동시킨다. 민간의 노래소리에 이르면 곡조는 비록 아름답고 세련되지 못하나 무릇 그 기뻐하고 즐기며 원망하고 날뛰며 거칠게 구는 모습과 태도는 모두 자연의 진기眞機에서 나온 것이다. 옛날 백성의 풍속을 살피는 자로 하여금 채집하게 할 때 시가 아닌 노래로 했거늘 어찌 노래가 작다고 할 수 있는가?

『청구영언』 後跋文

벌열 출신의 문인 이정섭李廷燮이 '마악노초磨嶽老樵'라는 필명으로 쓴 이 글은 조선 후기 국문시가의 역동성이 어디에서 비롯되었는지를 명백히 보여주고 있다. 인위적인 조작이나 수식을 배제한 '진기'를 중시하는 태도는 주변적인 대상에서 진실을 찾으려는 시대정신으로 개화하였을 뿐만 아니라, 가장 먼 거리에 위치하였던 사대부 지식인의 취향과 민풍民風이 만나는 계기가 되기도 하였다.

이렇듯 『청구영언』은 이후 『해동가요』, 『병와가곡집』으로 이어지는 국문가집의 시대를 열었을 뿐 아니라, 18세기를 기점으로 본격화한 시조의 변화를 알리는 징후들을 포함하고 있다. 즉 시조 담당층의 확대, 전문가객의 출현, 창곡의 분화, 문학·예술 향유에서 신분적 경계의 약화, 시조 장르 관습의 변화 등 조선 전·중기의 시조와는 뚜렷이 구분되는 특징들이 『청구영언』의 편찬 경위와 수록 시조들에 공통적으로 나타나는 것이다.

그 중에서 가장 주목할 만한 변화는 시조의 문학적, 음악적 변화를 주도한 '만횡청류蔓橫淸類'에 실린 사설시조라 할 수 있다. 사설시조는 『청구영언』 소재 전체 시조 중 1/6 가량의 분량을 차지하지만 그 의미와 진폭은 만만치 않다고 할 수 있다. 사설시조의 등장은, 시조의 장르적 관습을 근본적으로 바꾸었을 뿐 아니라, 19세기 이후 다양한 경로로 분화되는 시조의 진로를 그 안에 이미 예고하고 있다는 점에서 조선 후기 시조사에서 가장 중요한 사건이라 할 수 있기 때문이다.

사설시조는 3장의 구조를 유지하고 있지만, 각 구나 장이 자유롭게 확대될 수 있기 때문에, 정연한 4음보, 단형의 율격에서 벗어난 파격 시조라 할 수 있다. 이것이 희락적인 변조의 창곡에 얹혀 불리면서 사설시조는 인정·세태·욕망을 한결 생동감 있게 표현할 수 있었다.

사설시조의 생동감은 '관념'보다는 '감각'과 '일상'을 우위에 두는 현실주의적 태도에서 비롯된다고 할 수 있다.

> 窓내고쟈 窓을내고쟈 이 내 가슴에 窓내고쟈 / 고모장지 셰살장지 들이장지 열장지 암돌져귀 수 돌져귀 빈목걸새 크나큰 쟝도리로 쑹닥바가 이 내 가슴에 窓내고쟈 / 잇다감 하답답 홀제면 여다져볼가 ᄒ노라.
>
> 진본 『청구영언』

답답한 마음의 호소를 역동적이고 참신한 언어와 기발한 상상력으로 표현한 작품은 사설시조의 지향을 특유의 생동감 있는 언어로 재현하고 있다. 꽉 막힌 답답한 마음을 창이라도 내어 해소하고 싶다는 고백은 외부를 향한 열린 시선과 상황을 돌파하려는 의지를 보여주고 있다. '쑹닥바가'와 같은 행위에 이르면 그 의지는 한층 구체성을 띠게 된다. 답답할 때 언제든지 여닫고 싶다는 고백에서는 시름에 잠기지 않고 이를 극복하려는 낙천성을 드러내 보이고 있다.

이 작품에서 두드러지게 나타나는 '감각의 회복'은 중세적·관념적 사유에서 벗어나는 유력한 징후라 할 수 있다. 감각적 이미지는 꾸밈없는 정서를 '일상적이고 객관적인 상관물'로 환치함으로써, 주관적 독백에 침잠하거나, 감정이 과잉 노출될 수 있는 가능성을 애초에 차단하고 있다. 이는 대상인식에서 추상적 인식을 최대한 배제하고, 일상적 경험에 의거하여 대상을 바라보려는 태도가 가시적으로 드러난 것이라고 할 수 있다.

이처럼 관념보다는 일상과 감각을 전면에 내세우면서 사설시조는 윤리적 이념에 가려 보이지 않던 삶의 이러저러한 면을 반영할 수 있었다. 그 결과 남녀 간의 정, 삶의 애환, 성욕 등 정감적 영역이 자연스럽게 제한 없이 표출되기 시작하였다.

> 閣氏네 더위들 스시오 일은 더위 느즌 더위 여러 히포 묵은 더위 / 五六月 伏더위에 고은 님만 나이서 둘 볼근 平床우회 츤츤 감겨 누엇다가 무엄일 ᄒᆞ엿던디 五臟이 煩熱ᄒᆞ여 구슬쏨 흘니면서 헐쩍이는 그 더위와 冬至돌 긴긴밤의 고은님 품의 들어 ᄃᆞ스흔 아름목과 돗가온 니불속에 두몸이 ᄒᆞᆫ몸되야 그리져리 ᄒᆞ니 手足이 답답ᄒᆞ고 목굼기 타올적의 웃목에 츤 슉늉을 벌쩍벌쩍 켜는 더위 閣氏네 스랴거든 所見되로 사시옵소 / 쟝ᄉᆞ야 네 더위 여럿둥에 님 만난 두 더위는 뉘 아니 됴화ᄒᆞ리 놈의게 ᄑᆞ디말고 내게 ᄑᆞᄅᆞ시소.
>
> 육당본 『청구영언』

외간 남자인 장사치와 여인의 대화로 이루어진 '댁드레'류의 작품과 유사한 구성을 취한 이 작품은 민간의 더위 파는 풍속에 빗대어 성욕을 노출시키고 있다. 이 작품은 사랑과 성의 문제를 철저히 육체적인 감각과 이를 표상하는 언어로 집중하고 있다. 육체적 감각은 사설시조 특유의 즉물적 대상인식이 인간 내부에 숨어있는 원초적 충동과 결합한 결과라 할 수 있다. 이처럼 도덕적, 윤리적 긴박에서 벗어나 육체적 감각을 부각시킴으로써 성을 둘러싼 가식과 허위의식은 심하게 동요되었고, 이는 궁극적으로 시조의 미적 관습까지 바꾸는 결과를 낳게 되었다.

시조가 이처럼 이념 우위의 태도에서 벗어나 비속한 현실 속에 부대끼는 욕망의 군상들에 초점을 맞추면서, 급격히 통속화되기 시작하였다. 장황한 세태 묘사, 물욕과 애욕의 거침없는 노출, 과장된 슬픔의 표현은 통속화의 유력한 징후라 할 수 있다. 이러한 현상에 대해 중세 해체기의 활력을 민중적 역동성과 결합하지 못한 채, 파괴적 냉소와 향락주의로 귀결되었다는 비판으로부터 자유로울 수 없다. 그렇지만 중세적 명분론과 이념에 은폐되어 있던 현실의 속내를 드러내고, 주변부에 위치해있던 존재들의 진실을 드러낸다는 점에서 그 의의를 인정할 수 있다.

가사의 양적 성장과 다양화

가사는 18·9세기를 거치며 담당층의 확대, 양적 증가, 다양한 담론양식의 포괄, 장르적 분화라는 변화를 겪게 되었다. 본래 가사는 4·4조, 4음보라는 율격적 제한만 지키면 양의 제한 없이 의도하는 바를 진술할 수 있는 양식이다. '개방과 제약'의 양면을 지닌 가사의 양식적 탄력성은 '주류와 비주류 문화가 혼류하는' 조선 후기의 문화풍토와 만나면서 그 잠재성이 증폭되었다고 할 수 있다. 따라서 조선 후기를 거치면서 가사는 인정, 세태, 물상, 기행 등 삶의 여러 국면을 가장 효과적으로 표현할 수 있는 글쓰기 방식으로 자리잡게 되었다. 시조, 잡가와 같이 시정의 가창문화권에 배치되었던 시가가 주로 도시 집중적 성향을 보였다면, 가사는 도시와 향촌을 막론하고 두루 향유되었다는 점 역시 가사의 포용성과 관련하여 생각해볼 수 있다.

뿐만 아니라 장르적 복합성을 지닌 가사가 조선 후기 들어서 다양한 담론 방식을 포괄하면서 장르적 지향에 따라 분화한다는 점 역시 이 시기

가사의 진로와 관련하여 주목할 만하다. 그 결과 조선 전·중기까지 주로 가창물, 음영물로 기능했던 가사는 가창물, 음영물, 기록물, 독서물 등 다양한 방식으로 존재하게 되었다.

 이 시기 가창물로 존재했던 가사는 전대의 가사보다 축소된 형태로, 주로 시정의 정서를 표현했다. 시정의 가창공간에 자리잡은 가사로는 상사가류의 가사, 〈춘면곡〉을 위시한 12가사였다.

> 春眠을 느즛씨야 竹窓을 半開ᄒ니 / 庭花는 灼灼ᄒᄃᆡ 가난나븨 머무는듯
> 岸柳는 依依ᄒ야 셩긔늬를 씌워셰라 / 窓前의 덕고인술을 二三杯 먹은後의
> 浩蕩ᄒ 밋친興을 부질업시 ᄌ아ᄂᆡ여 / 白馬金鞭으로 冶遊園을 ᄎᄌ가니
> 花香은 襲衣ᄒ고 月色은 滿庭ᄒᄃᆡ / 狂客인듯 醉客인듯 興을 겨워 머무는듯
> 徘徊顧眄ᄒ야 有情이 셧노라니 / 翠瓦朱欄 놉흔집의 綠衣紅裳 一美人이
> 紗窓을 半開ᄒ고 玉顔을 잠간들어 / 웃는듯 반기는듯 嬌態ᄒ여 머므는듯
> 淸歌一曲으로 春興을 ᄌ아ᄂᆡ니

 〈춘면곡〉은 서생과 기생의 짧은 로맨스를 그린 작품으로, 봄날의 화사한 정취, 꿈같은 사랑, 이별 후의 회한과 아쉬움을 심미적으로 그린 곡이다. 육당본『청구영언』과『남훈태평가』,『가곡원류』등 19세기 가집에〈춘면곡〉이 고루 전하고, 서울의 세책〈춘향전〉인『남원고사』에도 남원 한량들이 이 곡을 부르는 장면이 나오는 것으로 보아 이 시기 시정에서 널리 성창되었던 곡임을 알 수 있다. 몽환적인 사랑, 비애의 극단적 노출은 〈상사별곡〉,〈단장사〉등 당시 가창공간에서 널리 불렸던 가사와 공유하는 특질이기도 하다. 그런데 감상적 정조는 '좌절된 욕망의 표현'이자 절제를 이상으로 하는 예교적 질서에서 일탈된 모습을 보여준다는 점에서 시정인들의 정서의 일단을 표현한 것이라 할 수 있다. 감상적 정조는 이렇듯 이 시기 가창공간에 자리한 시가에서 공통적으로 나타나는 특질

이지만, 그 방식이 동일하지는 않다. 슬픔을 격정적으로 노출하는 잡가의 방식이 있다면, 과장된 비애를 심미적으로 표현하는 가창가사와 여창가곡의 우아함이 또 한쪽에 포진해 있다.

이 시기 가사가 택한 또 하나의 진로로는 '기록성과 정보성의 강화'를 들 수 있다. 이는 가사의 장형화와 수반하여 나타난 현상이기도 하다. 또한 이러한 성향은 경험이 확장되면서 가속화되었다. 조선 후기 가사의 특성을 이야기할 때 거론되는 서사적 지향과 사실적 지향은 이질적이고 새로운 공간체험과 문화충격을 담아내려는 지향과 분리하여 생각할 수 없다. 즉 경험의 편폭이 확장되고 그에 따라 시야가 넓어지면서 가사가 담아내야할 내용 또한 풍부해질 수밖에 없다. 이는 필연적으로 장형화라는 결과로 이어진다. 게다가 지금 이곳의 경험을 현재화한 표현으로 담아내려는 의도가 더해지면서, 1인칭 화자의 정연한 진술로 일관하는 담론화 방식에도 변화를 초래하게 되었다. 따라서 가사의 장형화, 다양한 진술방식의 수용, 이야기의 수용은 일차적으로 가사를 주재하는 작가(화자)의 경험의 차이에서 비롯된다고 할 수 있다.

다면화된 경험은 필연적으로 이의 재현을 위한 진술방식의 모색으로 이어지게 마련이다. 게다가 타 문화권, 타 장르, 타 텍스트의 성과를 적극적으로 수용하는 19세기의 개방적 문화풍토는 가사의 변화를 매개하는 강력한 요인으로 작동하였다고 볼 수 있다. 이렇게 본다면 가사의 장형화, 서사화는 19세기적 문화 풍토, 작가(화자)의 의지를 실현할 진술방식과 담론화 방향의 모색이 합쳐진 결과라 할 수 있다.

시조와 가사 그리고 한글 노래

시조와 가사를 통해 한글 노래의 전통이 꾸준히 축적되고, 다양한 신분과 지위의 사람들이 창작에 가담하면서 19세기에는 한글로 지은 노래의 양이 전대와 비교할 수 없을 정도로 풍부해졌다. 동시에 이 시기는 창곡의 눈부신 발달에 따라 가집 편찬이 활성화된 '가집의 전성시대'이기도 하였다. 그만큼 한글로 된 가집이 다양하게 편찬되어, 그 시대의 풍류 문화를 생생하게 재현해내었다.

그런데 이 시기 가집에서는 전대 가집이나 문집에서 보였던 진지한 시가관이나 언어인식은 찾아보기 어렵다. 이것은 한글 노래가 시정문화와 결합하면서 통속적인 오락물로 기능했던 19세기 상황과 무관하지 않다고 할 수 있다. 그렇지만 시각을 달리해 보면 한글로 된 노래가 '기록과 보존'의 대상이 된다는 것이 더 이상 문제가 되지 않을 정도로 가집 출판이나 한글 사용의 저변이 확대된 양상을 반영하고 있다고 보아야 할 것이다.

19세기 한글 노래의 성장에서 또 하나 특기할만한 점은 가사의 창작·수용이 활발해지면서, 가사 작품의 총량이 비약적으로 증가하고, 내용이나 형식 또한 다양해지면서 생활 밀착형 문학의 가능성을 보여준 것이라 할 수 있다. 시조에 비해 악곡이나 형식의 제약을 덜 받는 가사는 가창 뿐 아니라 음영이나 낭송으로도 향유가 가능했기 때문에 여성이나 서민들이 더 쉽게 접할 수 있는 양식이었다. 가사의 질적·양적 성장은 한글로 된 노래가 오락 뿐 아니라 인정과 세태를 담는 문학 언어로서도 유효하게 자리잡기 시작했다는 의미로 해석할 수 있다.

참고문헌

박애경, 「조선 후기 시가문학의 분화」, 민족문학사연구소 편, 『새 민족문학사강좌』 01, 창비, 2009.

박무영
한국 고전문학 읽기의 맥락과 지평

기녀한시와 젠더적 독해

　젠더적 시각으로 세상을 독해한다는 것은 '여성주의'를 넘어선다. 그것은 세상을 보는 기본적인 관점이다. 인간의 세상은 남성과 여성으로 이루어져 있고, 이 둘의 상호작용은 세상을 구성하는 매우 기본적인 관계이다. 지극히 사적인 친밀성의 영역에 속하기도 하지만, 동시에 그 친밀성의 영역까지 포함해서 사회적으로 구성되는 영역이기도 하다. 사실 '인간의 세상이 남성과 여성으로 이루어져 있다'는 일견 '자연스러운' 전제조차도 사회적 담론의 산물일 것이다. 이러한 비판까지 포함해서, 젠더적 시각은 세상의 모든 담론적 구성물들을 분석할 때 기본적으로 고려되어야 하는 하나의 시각이다. 따라서 젠더적 고려를 포함하는 독서는 텍스트를 '깊게 읽는' 중요한 방법이다. 그리고 텍스트를 깊게 읽는다는 것은 세상을 입체적으로 읽는다는 것이기도 하다.

　조선시대 기녀는 성별과 신분의 이중적 약자이다. 그들의 한시는 여성에게 낯선 매체와 양식을 통해 자신을 표현해야 한다는 점에서 근본적인 자기 소외를 내장하고 있다. 따라서 기녀 한시는 그러한 다면적 독서의 가능성을 아주 날카롭게 보여주는 한 지점이다. 여기서는 일단 여성의 입장에서 기녀한시의 세계를 전반적으로 고찰해보자.

〈영회詠懷〉 자세히 읽기

태백의 집에도 소홍이 있었으니	太白家中有小紅
원래의 깊은 한 고금이 한가질세.	元來幽恨古今同
외로이 삼종을 어겼으니, 여자도 아니요	孤負三從非女子
한 번 죽음 어려울 것 없으니, 영웅이라.	無難一死是英雄
마음은 어지런 풀처럼 비를 만나 슬퍼하건만	心如亂草愁逢雨
몸은 늘어진 버들마냥 바람을 띠고 기뻐한다.	身似垂楊喜帶風
금비녀로 술을 사고 겨우 머리 돌려보니	金釵沽酒纔回首
은하는 서로 기울고 달은 동녘에 있구나.	銀漢西傾月在東

　소홍小紅이라는 기녀의 〈마음을 노래함詠懷〉이라는 제목의 시이다. 이 시는 칠언율시의 형식을 아주 정확히 지키고 있을 뿐 아니라 그 형식적 특성을 적절히 사용해서 자신의 절실한 마음을 표현하는데 성공한 수작이다. 대부분의 기녀 한시가 그렇듯 소홍이라는 기녀에 대해선 구체적 정보가 없다.

　우선 수련首聯은 자신의 '깊은 한'을 이야기하며 시를 열고 있다. 작가는 자신과 같은 이름을 가진 소홍이라는 여성의 고사를 끌어들여 '깊은 한'의 내용을 암시한다. 여기서 '태백'은 이태백李太白이라는 구체적인 시인이 아니라 시인 일반의 대칭代稱일 것이다. 송宋의 시인인 범성대范成大의 집에도 소홍이라는 시에 능한 기녀가 있었다고 한다. 범성대는 그녀를 친구인 강기姜夔에게 선물로 보냈다고 하고, 이 이야기는 여러 문헌들에

'풍류미담風流美談'으로 전한다. '원래의 깊은 한은 고금이 같다'고 했으니, 이 시인의 '주인' 역시 그녀를 다른 사람에게 주어버린 모양이다. 즉 '남편'으로 의지했던 남성이 자신을 다른 남자에게 주어버린 상황이 이 시가 시작되는 지점이다.

　함련領聯과 경련頸聯은 이러한 상황에 대한 시인의 반응으로 전개된다. 율시는 함련과 경련을 반드시 대구로 짓도록 되어 있다. 이 시는 이 대구의 규칙을 정확히 지키고 있을 뿐 아니라 이 규칙을 활용해 성공적인 시적 효과를 달성하고 있다. 함련은 안팎 구句의 동일한 통사 구조를 바탕으로, '삼종三從'과 '죽음一死', '부정非'과 '긍정是', '여자女子'와 '영웅英雄'을 정확히 대응되는 위치에 놓았다. 이 정확한 대칭에 의해 삼종을 어김으로써 여자의 자격을 잃었지만, 죽음으로써 영웅이 되겠다는 결심이 날카롭게 강조된다. 사실 삼종지도三從之道는 버린 것이 아니라 빼앗긴 것이고, 그러니 죽음으로 저항하겠다는 결심이 이렇게 표현되는 것인데, 정확하게 대를 맞춘 율시의 수법을 이용해 간결하게 그러나 강렬하게 응집된 표현이 되도록 하고 있다.

　경련의 대구는 더욱 깜짝한 효과를 보여주고 있다. 여기서는 '마음과 몸', '풀과 버들', '슬픔과 기쁨', '비와 바람'이 대칭되는 짝이 되었다. '마음'과 '몸'이 정확히 대조되면서, 이 '마음'과 '몸'이 '슬퍼하고', '기뻐하는' 정반대의 방향을 향하고 있는 상황이 강조되도록 했다. 이러한 배치는 이 시인이 겪는 정체성의 혼란을 선명하게 집약하고 있다. 즉 그녀로선 저항할 수 없는 몸의 현실과 그럼에도 저항하는 자의식 사이의 찢김이 절묘한 대구로 형상화되어 있는 것이다.

　미련尾聯은 안팎 구가 하나의 통사구조를 형성하며 전체 시상을 마무리하는 것이 율시의 정격이다. 그러나 이 시의 미련은 탄식조차 삼킨 '허무한 몸짓'으로 맺어진다. 비상구는 없는 셈이다. 결국 결론은 '죽음'이다. 이 시와 함께 전하는 또 한 편의 시는 자신의 텅 빈 죽음을 응시하는 극도의 허무와 고독을 보여준다.

> 북풍이 눈보라처 발에 물결칠 때　　　　北風吹雪打簾波
> 잠도 없는 긴긴 밤 정녕 어떠할까　　　　永夜無眠正若何
> 훗날 무덤엔 찾는 이도 없을 터　　　　　塚上他年人不到
> 가련한 이승의 한 가지 꽃이라.　　　　　可憐今世一枝花
>
> 〈절구絶句〉

　　기녀는 '해어화解語花(말하는 꽃)'로 흔히 불린다. 기녀의 한시는 사랑노래가 많이 알려져 있다. 그러나 소홍의 이 시는 남성문화의 반대편에 선 주체들이 자신들의 이야기를 시작하면 같은 세상의 다른 측면이 어떻게 드러나는지를 보여준다. 소홍이 시에서 인용한 범성대와 소홍의 고사는 '깊은 한'의 내용을 함축적으로 암시하는 기능에 머물지 않는다. 그러한 정황이 '고금에 변하지 않은' 오래된 풍습이라는 사실을 환기하기도 한다. 지배층 남성들의 이 오래된 풍류 미담이 그 상대편의 입장에서 무엇이 되는지를 이 시는 뜻하지 않게 환기하는 것이다.

기생제도와 기녀의 현실

　　기생의 존재는 고려시대부터 확인되지만, 그들의 모습과 제도가 구체적으로 확인되는 것은 조선시대이다. 조선시대 기생은 기본적으로 관비官婢이다. 국가가 인신人身과 신역身役을 관리하는, 조선조 신분체계의 최하위에 위치하는 천민인 것이다. 이들은 지방관아地方官衙의 「관노비안官奴婢案」에 등록되어 관리되었다. 여기에는 관노비를 남성인 노奴와 여성인 비婢로 나누어 등재하는데, 기생은 비에 포함시키는 것이 일반적이지만 종종 '기생'을 일반 '비婢'와 구분하여 별도로 등재하기도 한다. 이들의 신역이 전문적 교육이 필요한 것이었기에 따로 관리할 필요가 있었기 때문이기도 하고, 동기童妓의 가관加冠─즉 기생의 성性을 관리할 필요에 의한 것이기도 하다.

    기생들의 등록부인 기생안妓生案(관노비안 중에서 특히 기생의 명부를 기생안이라고 부른다)과 관련하여 재미있는 이야기꺼리가 있다. 〈춘향가〉 중 유명한 기생 점고 대목을 떠올려 보자. 〈춘향가〉의 이 대목은 문학적으로는 관장의 호색을 부각하는 장면이지만, 실제 지방관아에서 기생을 점고하는 장면을 반영하고 있다. 이 점고 대목에서는 기생을 그저 부르지 않는다. "조운모우朝雲暮雨 양대선이 / 우선옥이 춘홍이 / 사군불견思君不見 반월이 / 독좌유황獨坐幽篁 금선이 / 어주축수魚舟逐水 홍도가 왔느냐"처럼 이름에 앞서 이름을 꾸미거나 풀이하는 말을 붙여 부른다. 실제 기생안에도 이러한 호명방식에 맞게 기생 이름 앞에 이름을 수식하는 3자어를 붙여 놓은 것들이 있다. "경국색傾國色 국색國色, 이화월梨花月 이향梨香"하는 식이다. 전주 감영의 『영노비관안營奴婢官案』 2종과 해주 감영의 『아전관안衙前官案』에 기생들이 등재된 방식이다. 그런가 하면 『해영명기점고호명기海營名妓點考呼名記』처럼 아예 공문서인 기생안과 별도로 기생 이름 앞에 붙일 수식을 미리 준비하여 명부를 작성해 놓은 예도 있다. 총 40명의 해주 감영 소속 기생의 호명기를 따로 작성한 것인데, 하나만 예를 들면 "채약採藥하러 가신 선생, 운심부지雲深不知 깊은 골에 못 오시나, 은비늘의 큰 고기 낚아 돌아오려 하시는가, 채운彩雲"하는 식이다. 기명을 가지고 말장난을 하는 것이 기녀한시의 독특한 말하기 방식 중 하나이기도 한데, 이러한 관습과 무관하지 않을 것이다.

    관기들은 지방관아에 부속된 교방敎坊이나 중앙의 장악원掌樂院에 소속되어 교육을 받은 다음 국가 및 지방관청의 각종 의례 및 연회에서 정재呈才의 역을 담당한다. 장악원 소속의 경기京妓들은 지방 관아에서 차출

된 선상기選上妓들이기도 하다. 정재의 역 이외에도 변경 지방의 방기房妓로서 성적 봉사와 잡무를 담당하기도 했다. 또한 비록 공식적으로는 금지되었으나 사대부들의 개인적 연회에 동원되거나 성적 봉사를 요구받기도 했다. 그럼에도 성적 봉사가 이들에게 부과된 신역의 내용에는 포함되지 않는다는 사실은 중요한데, 이것이 기생들이 성적 봉사의 요구를 거절하는 근거가 되기 때문이다. 물론 현실적으로는 거의 불가능한 일이었을 것임도 분명하다.

이들은 대체로 16세 이전에 동기로서 교방에서 수업을 시작하여 16세 무렵에 머리를 얹은加冠 정식 기생이 된다. 이때부터 본격적으로 정재 등의 역을 수행한다. 이들이 퇴직老除하는 것은 다른 노비들과 마찬가지로 60세쯤이리라고 추측하고 있다. 기생들이 기생의 신역妓役에서 벗어날 수 있는 길은 정년퇴직 이외에 대비정속에 의해 신역을 벗어나는 방법이 있었다. 그러나 일단 관기가 된다는 것은 노비종모법에 따라 대대로 천민이 되는 길이었기에 실제로 기생의 신분을 면한다는 것은 불가능에 가까운 일이다. 이밖에는 권세 있는 양반이 불법적으로 점유하여 첩으로 삼는 방법이 있는데, 이를 솔휵率蓄이라 한다. 조선조 내내 문제가 되면서 금지되었으나 실제로는 빈번히 행해졌다. 양반의 기생첩은 물론 정식으로 대비정속이나 속량을 한 경우도 있긴 했을 것이나, 불법적 점유인 경우가 대부분이었다.

관기들은 대체로 아주 적은 액수이지만 월급과 수당을 받기도 했다. 그러나 기생으로서 갖추어야 할 옷이나 장신구를 개인적으로 감당해야 했으므로 따로 수입이 필요하기도 했다. 따라서 경기의 경우, 1623년 정식으로 혁파되기 이전까지는 비번인 기간 동안 사설 영업을 하기도 했던 것으로 보인다. 기방妓房은 이런 사정으로 시작된 것으로 보인다.

기생들이 교방에 소속되어 익히는 다양한 예능 중에는 한시도 포함되어 있다. 앞에서 이야기한 『해영명기점고호명기海營名妓點考呼名記』의 장면을 다시 보자. 이 장면은 가도賈島의 시 〈은자를 찾아갔다가 만나지 못하고서尋隱者不遇〉를 알지 못하면 이해할 수 없다.

소나무 아래서 동자에게 물으니	松下問童子
스승은 약을 캐러 가셨다고 하네.	言師採藥去
"이 산 중에 계시긴 하겠으나	只在此山中
구름 깊어 계신 곳 알 수 없소."	雲深不知處

채운을 호명하는 장면의 "채약採藥하러 가신 선생, 운심부지雲深不知 깊은 골에 못 오시나"는 이 시를 이리저리 잘라서 만든 말이다. 따라서 적어도 기본적인 한시 구절들은 귀동냥이라도 익숙히 하고 있어야 점고 때의 호명 내용을 알아들을 수 있다. 따라서 기본적인 한시 학습 정도는 대체로 이루어진 듯하다. 관찰사나 현감의 전별연에 참석한 여러 기생들이 함께 지은 한시들이 전하기도 하니, 한시를 짓는 기능은 생각보다 많이 보급된 것으로 보인다.

한시를 짓는 기생은 최고급 기생으로 대접받았다. 박엽朴燁이라는 사람이 평양감사가 되어 갔더니 못 생긴 기녀가 자원하여 옆에 앉았다. 박이 노하여 "네가 무슨 재주가 있느냐?"하고 물었더니 기녀가 "자못 시를 이해하니 미모에 대적할 수 있으리다."라고 대답하였다. 그리고 다음과 같은 시를 지었다고 한다.

내 본래 하늘 위 달 속 아가씨	我本天上月中娘
인간에 귀양 와 최고 창녀 되었네.	謫下人間第一娼
당시 소대 아래 내가 있었더라면	當年若在蘇臺下
어찌 서시가 오왕을 취하게 두었으랴?	豈使西施取吳王

용모가 아름다운 서시가 아니라 한시를 잘 짓는 자신이 바로 '인간제일창人間第一娼'이라고 선언하는 시이다. 한시를 짓는 기생의 능력이 어떠한 대접을 받았는지 엿볼 수 있는 일화이다. 기녀한시는 기본적으로 기생들이 갖추어야 하는 재예의 하나로 연마된 것이라는 사실은 매우 중요하다. 기녀의 한시가 생활인으로서의 기생이 직역을 수행하기 위해 짓는 것이라는 사실은 기녀의 한시를 이해하는 중요한 요소가 되기 때문이다.

'해어화解語花'로서 말하기

기녀의 한시는 기본적으로 직역을 수행하기 위해 갖추는 재예의 일부분이다. 즉 공사의 각종 향연에서 응대를 위해 익히는 재예이다. 따라서 기녀의 한시는 자기표현보다는 상황에 어울리는 역할을 수행해야 하는 속성을 지닌다.

기녀를 상대로 지은 양반 남성들의 한시는 기녀들을 연인 / 성적 대상 / 풍류의 동반자로 묘사한다. 기생을 소비하는 양반 남성의 욕구가 이 세 가지로 집약되는 것이다. 해어화 텍스트로서의 기녀한시는 당연히 소비자인 지배 계층 남성의 이러한 욕망에 부응한다. 절절한 사랑의 노래이거나 혹은 성적 유혹이거나 모두 기녀 자신의 욕망을 표현하는 것이 아니라 소비자인 상대 남성의 욕망을 표현하는 것이다.

현재 남아있는 기녀한시의 많은 부분은 사랑노래의 외피를 가지고 있다. 그러나 이런 시들은 대부분 접대용 시들이다. 예를 들어보자. 평양감사 이광덕李匡德의 전별연에 참석한 기생들은 돌아가면서 전별의 시를 지었다. 그 중에 두 수가 남아 전한다. 먼저 이광덕의 '애인'이었던 계월桂月의 시이다.

눈물 흐르는 눈으로 눈물 흐르는 눈을 보고	流淚眼看流淚眼
애 끓는 이가 애끓는 이를 대하였소.	斷腸人對斷腸人
전에는 책 속에서나 무심히 보았던 일	曾從卷裏尋常見
오늘 첩의 몸에 닥칠 줄이야 어이 알았으리.	今日那知到妾身

조선시대 지방관과 관기의 관계는 『대명률大明律』의 '관리숙창률官吏宿娼律'로 규제되었다. 그러나 실제로는 지방관에게 관기가 제공되는 것이 일반적이었다. 계월은 이광덕의 천침기薦枕妓였을 것이다. 그런데 계월의 시는 이러한 연회에서 짓는 기녀 한시의 전형적인 창작방법을 따르고 있다. 즉 이 시의 기구와 승구는 국색國色의 시에서는 "눈물 머금은 눈으로 눈물 머금은 눈을 보고 / 애끓는 이가 애끓는 이를 대하였소含淚眼看含淚眼, 斷腸人對斷腸人(〈우연한 노래偶吟〉)"식으로 반복되는, 일종의 관습구이다. 한시에도 집구集句라는 창작방식이 있지만, 이 경우에는 그저 기존의 시구를 적당히 가져다 재활용하는 것이다. 이런 창작방식은 한시에 본격적인 소양을 지니지도 못한 채 연회에서 즉석으로 한시를 지어야 하는 기녀들에게서 많이 나타나는 창작방식이다.

같은 자리에서 지어진 다른 한 수는 난향蘭香의 시이다.

그대의 길 옷 눈물 떨구며 마르노라니	持子征衫下淚裁
가위는 손길 따라 길게 짧게 돌아가네.	金刀隨手短長回
차라리 이 몸 가물대는 등잔과 함께 꺼져서	此身寧與殘燈滅
내일 아침 말에 오르란 재촉 보지 않으리.	不見明朝上馬催

이 시는 관습구를 적당히 짜 맞춘 계월의 시에 비해 한층 개인적인 정회가 곡진하게 그려진 시로 보인다. 떠나는 이의 길 옷을 밤 새워 지으며, 꺼져가는 등잔불과 함께 스러져서라도 이별의 순간을 보고 싶지 않다

고, 이별의 안타까움을 절실하게 노래하고 있다. 그러나 진짜 애인은 계월이다. 난향의 시는 연인의 역할을 가장한 시이다. 이렇게 되면 두 기녀의 시 모두 그 진정성을 유보할 수밖에 없다. 즉 이 시들은 개인적인 서정시라기보다 기생으로서의 역할을 매우 능숙하게 수행하고 있는 직업적인 시들이다.

이러한 시들에는 독특한 어법이 구사된다. 일종의 약자의 말하기 방식이다.

취한 손께서 비단적삼 잡아당기니	醉客執羅衫
비단적삼은 손길 따라 찢어지네요.	羅衫隨手裂
비단적삼 하나를 아끼는 게 아니라	不惜一羅衫
사랑이 끊길까 두려울 뿐이랍니다.	但恐恩情絶

〈취한 손님께 드림贈醉客〉이라는 이매창李梅窓의 시는 술에 취해서 자신의 적삼을 찢어대는 행패를 부리는 취객을 상대로 지은 시이다. 기생인 시인은 고객인 동시에 신분적으로 우위에 있을 상대에 대하여 분노를 함부로 표출할 수 없는 이중의 약자이다. 따라서 이 시는 자신이 함부로 다루어지는 것에 대한 분노를 내장하고 있지만, 표면적으로는 사랑을 내세우는 애교스러운 어조를 유지하고 있다. 바로 해어화로서, 연인의 역할에 충실한 어조를 유지하고 있는 것이다. 어떠한 순간에도 상대의 비위를 거스르지 않는 방식의 말하기를 통해서 우회적으로 의사소통을 시도하는, 전형적인 약자의 말하기 방식을 구사하고 있는 것이다. 이것은 동시에 '영업적' 말하기 방식이기도 할 것이다.

한편 기생의 조건이나 기방의 관습을 이용한 발랄한 일탈이 벌어지기도 한다.

첩의 몸이 윤락하여 창가에 속했으나	妾身淪落屬娼家
어진 낭군 얻어 세월을 보내고 싶었지요.	願得賢郞送歲華
낭군의 마음 반석처럼 굳은 줄 알지 못하고	不識郎心盤石固
잠시 다른 동산의 꽃으로 옮아 갔었소.	暫時移向別園花

서세보徐世輔의 기첩이었던 온정溫亭은 시를 잘 지었는데, 집을 나가버렸다. 집을 나간 뒤에도 서세보가 잊지 못하고 율시 한 수를 지어 보냈더니 한 마디로 거절하며 지어 보냈다는 시들 중 한 수이다.

이 시에서는 관습적인 여성과 남성의 역할 이미지가 전도되고 있다. 일반적으로 남성은 움직이고 흘러가는, 동물 이미지로, 여성은 멈춰 있는 것, 식물 이미지로 설정된다. 이것은 남성성은 능동적인 것으로 여성성은 수동적인 것으로 규정하는 남성 주도 사회의 오랜 관습이 만들어낸 보편적 상징체계이다. 특히 신분적으로 지배층인 양반과 천민인 기녀의 관계에서 기녀 쪽의 수동성은 필연적인 것이기도 하다. 그런데 이 시의 여성 화자는 자신을 꽃을 찾아 날아다니는 나비로, 집을 떠나 날아다니는 제비로 비유함으로 그런 관습적 상징체계를 전복하고 있다. 마찬가지로 상대 남성은 '망부석'으로 이미지화 한다. '반석같이 굳은 마음을 지키는' 부동성의 이미지이다. 이에 따라 '얻었다가得' '버리는移' 남녀 간 행위의 주체도 여성으로 변한다. 실제 발생한 사건의 구도이기도 하다. 즉 이미지 체계의 전복은 남녀·상하의 능동, 수동의 입장을 전복하고 있는 행동방식과 결부되고 있는 것이다. 이런 이미지 체계의 전복이 의미있는 이유는 이미지 체계의 전복이 바로 사유의 전복이기 때문이다.

이것은 온정이라는 기생에게 집착하는 양반 남성의 감정과 기생의 정조 같은 것은 웃음거리로 치부되었던 기생 풍속을 적절히 이용함으로써 가능한 일이었다. 따라서 이 시의 어조는 시종일관 가벼운 조롱기를 견지하고 있다. 이처럼 조롱의 가벼운 어조를 유지하는 것은 결국 상대를 심각한 반응도 할 수 없게 하는 하나의 전략일 것이다. 이 시는 결국 '해어화'로 가부장제의 가장자리로 밀쳐진 자신의 처지를 적극적으로 이용함으로서 가부장제 이데올로기 자체를 조롱하고 있는 것이다.

기녀한시의 탈주

기녀들에게 한시는 종종 자신의 정체성 그 자체가 되기도 한다.

몇 첩의 사詞에 만 첩의 생각을 녹여	數疊詞濃萬疊思
시를 읊어보니 단장의 시란 걸 알겠다.	吟詩知是斷腸詩
한은 두견새가 헛되이 피 토하며 우는 듯	怨如蜀魄空啼血
정은 봄누에가 느릿느릿 실을 토해내는 듯	情似春蠶謾吐絲.
무협의 구름과 비는 만나지 못했고	巫峽雨雲曾不見
요대의 별과 달도 기약 어긋났도다.	瑤臺星月又差期.
세간의 사랑하여 탐낼 이야 무수하겠지만	世間貪愛應無數
네 노래 알아들을 이야 또 뉘 있으랴	能解伊音復有誰.

금홍錦紅이라는 기생이 옥화옥엽玉花玉葉이라는 기녀의 시를 평하며 지음을 자처하고 있다. 이 시에서는 지음의 관계를 누리는 기녀들의 예술세계가 그녀들만의 폐쇄적인 것으로 묘사되며 범속한 사람들이야 알 이 없다는 도도한 시인의 자부심을 표출하고 있다. 한시작가라는 사실은 종종 기녀시인들에게 있어서 그녀들의 짓밟힌 삶을 일으킬 수 있는 자존의식 매체가 되곤 한다.

기녀 시조가 가창을 전제로 하는데 비해 — 따라서 언제나 연회 현장과 청자를 지향하고 있는데 비해, 한시는 연회 현장과 남성 청자를 떠나 내면적 성찰이 가능한 매체이기도 하다. 해어화의 역할을 위해 기생에게 교육된 한문 구사 및 한시 창작 능력은 이제 자신과 세상에 대한 성찰과 표현의 매체로 전환된다. 기녀 자신들의 문화적 능력과 지적 수준으로부터 계발된 자의식이 표현되고, 기녀의 현실에 대한 첨예한 인식이 표현되는 것이다. 첫 머리에서 읽은 소홍의 〈영회〉는 한시가 기녀들이 자신과 세상에 대해 첨예한 인식을 표현하는 매체로 사용되고 있는 것을 보여준다. 이것이 기녀 한시의 또 다른 측면이다.

기녀한시가 성찰적 시가 될 때 기녀한시의 성찰은 필연적으로 '기녀적 조건'에 도달한다. 소홍의 시에 보이는 '마음과 몸이 따로 노는 현실'에 대한 성찰과 이에 대한 탄식은 기녀한시의 전형적인 모습 중 하나이다.

발꿈치를 세 번 잘리고도 지우를 만나지 못해	刖足三黜猶未遇
도리어 박옥을 안고 형산에서 우노라.	還將璞玉泣荊山
	〈自恨薄命〉

평생 동가식서가숙 배우길 부끄럽게 여겨	平生恥學食東家
달빛에 비낀 싸늘한 매화만을 사랑했노라.	獨愛寒梅映月斜
	〈愁思〉

이매창의 시들이다. 이런 시에는 자신을 '동가식서가숙東家食西家宿'하는 기생으로만 대하는 세상과의 불화가 강도 높게 표현된다. 따라서 세상은 '선학仙鶴'인 자신을 가두는 새장으로 인식되고, 자신은 세상의 부당한 횡포에 '병들고 날개 꺾인 존재'로 인식된다(〈새장 속의 새籠鶴〉). 사물인 기생에게 허락되지 않는 자의식이 세상과의 불화로 표현되는 것이다.

〈영회〉의 소홍은 아마도 양반의 솔휵에 의해 기첩이 된 경우일 것이다. '결혼'한 기녀의 경우 불화는 좀 더 구체적이면서 더욱 현실적인 것이 된다. 기첩은 양인으로 혼례를 치루고 들어오는 양첩보다도 지위가 낮은 비婢의 신분이다. 조선의 신분제도에서 노비는 상속되고 매매되는 대상이었다. 당연히 선물로 줄 수 있는 존재이다. 그러니 그녀의 '깊은 한'은 근본적으로 구조의 문제이지 개인의 문제가 아니다. 따라서 자신을 '삼종지도'의 바깥에 존재하는 사물로 다루는 세상의 질서와 죽음을 통해서라도 '삼종지도' 내로 진입하여 인간이 되고자 하는 소홍의 싸움은 불화로 끝나지 않고 죽음으로 치닫는다. '삼종지도'는 소홍을 사물화 하는 세상의 규범이다. 따라서 소홍의 소외는 해결 가망이 없는 잘못된 목표를 향한 것이다.

기생도 어머니이다. 흔히 망각되는 이 사실은 세상과의 불화가 첨예하게 현실화 되는 또 다른 지점이다.

엄만 늘 떨어져 할머니 따라다녀	阿母常離祖母隨
상머리엔 대추 밤 그리고 엿과 배	床頭棗栗與糖梨
짧은 처마의 가을해도 여름처럼 기니	短簷秋日長如夏
종종 젖 찾아 애처롭게 울던 때였지.	往往嬌啼索乳時
동쪽 집에 점을 보고 북쪽 집 의원에게 보였지	東隣問卜北隣醫
의원은 고치기 어렵다 하고 점도 틀림없다 했네	醫道難醫卜不疑
캄캄한 길, 동풍에 비바람 부는 밤	路黑東風吹雨夜
네 아비 사랑 없는 것이야 네가 어찌 알았겠니?	爾爺恩薄汝安知
네 엄마 유락하여 강남에 이르렀으니	爾孃流落到江南
서방님 섬기던 일 생각하면 견디기 힘들다.	憶事西廂思不堪
내생엔 창가의 딸로 태어나지 말고	他生莫作娼家女
귀한 집의 호남으로 태어나려무나.	好向侯門做好男

김해의 기생인 강담운姜澹雲이 동료 기생인 취향을 대신하여 그 어린 딸의 죽음을 곡하는 연작 만시 중 세 수다(〈취향을 대신하여 딸을 곡함代翠香哭女〉). 연회에 불려나가 신역을 하는 어미와 떨어져 늘 할미에게 맡겨졌던 아기, 해질녘이면 돌아오지 않는 어미의 젖을 찾아 칭얼대곤 하던 아기, 위급해지자 사방으로 구원을 위해 뛰어다녔지만 끝내 외면했던 생부를 강담운은 이야기한다. 취향의 딸 아기는 노비종모법에 의해 결국 다시 기생이 되거나 관노비가 될 운명이다. 내생에는 귀문의 남자로 태어나라는 마지막 구는 천민 / 여성의 현실에 대한 인식이 드러난다. 조선을 떠받치고 있는 두 가지 근본 질서인 신분질서와 젠더질서의 비인간성을 동시에 의식화하고 있는 것이다. 기생이 해어화일 뿐 아니라 '어머니'이기도 하다는 사실은 남성들의 문화에서는 흔적 없이 잊힌다. 기생이 말하는 주체가 될 때에는 남성문화-즉 주류문화에서는 암장되는 부분이 드러난다.

　　기녀한시에서 남성문화에서 침묵되는 측면이 드러나는 다른 예는 함흥의 기녀인 금섬金蟾의 시이다. 금섬은 함흥의 기생으로 동래부사 송상헌의 첩이었다. 송상헌은 임진왜란 때 전투에서 사망하였고 금섬은 포로로 잡혀 일본에 갔다가 생환포로로 돌아온다. 돌아오는 배 속에서 금섬은 송상헌의 순절 소식을 듣고 자살기도를 하는데, 자살에 실패한 그녀는 살아 돌아가는 길에서 자신을 자살로 내몰았던 공포를 이렇게 노래한다.

큰 나무조차 쓰러지던 날	大樹飄零日
잔약한 꽃은 광풍을 만났네.	殘花受狂風
광풍은 마침내 그쳤으나	狂風終自息
꽃은 떨어져 진흙에 묻혔다.	花落埋泥中
누가 알아주랴, 진흙 속 꽃이	誰識泥中花
나비에게 희롱당하지 않았음을	不爲胡蝶嬲
뿌리와 꼭지로 돌아간들	縱然歸根蔕

한갓 꽃들의 웃음거리나 될 테지 　　　　徒爲衆芳笑

〈큰 나무 떨어진 꽃大樹殘花〉(金蟾)

전쟁의 아비규환에서는 살아남았으나 그보다 더 엄혹한 정절 이데올로기 앞에서는 돌아갈 곳이 없었던 조선 여성의 현실을 웅변적으로 증언한다. 주류의 역사가 서술하는 임진왜란 역사에서는 절대로 잡히지 않는 구체적인 현실이 생생히 잡혀있는 것이다.

기녀한시와 새로운 미학의 모색

기녀한시는 흔히 호사가적 호기심의 대상이 되거나, 몇몇 특출한 기녀 작가들을 제외하면 '시적으로' 열등한 것으로 취급되어 외면되어 왔다. 기녀 한시는 가부장제 속 소수집단의 문학이다. 따라서 주류 한시의 잣대로 잴 수 없는 부분이 존재한다. 소수 문학으로서의 기녀한시는 주류한시를 모방하고 추수하면서 동시에 변형시킨다. 기녀들은 한시를 자신들이 서있는 현실에 적극적으로 적응하는 도구로 삼는가 하면, 자신들을 가둔 현실을 명료하게 의식화하며 전복의 불온한 욕망을 은밀히 드러내는 도구로 삼기도 한다. 이러한 기녀한시의 주류한시와 '다른' 성격이나 말하기 방식 등은 소수문학적 특성으로 재조명받아야 할 것이다. 그래야만 천민/여성의 목소리를 제외하고 세상을 바라보는 편협한 시각을 벗어날 수 있다. 그렇지 않고 '분바른 여성의 시 같지 않다'는 모호한 찬사로써 남성비평가들의 안목에 의해 인정받는 몇몇 예외적 기녀 작가들만을 인정할 때 우리는 여전히 특수한 시각만을 통해 세상을 바라보는 것을 계속하게 될 것이다.

참고문헌

이 글은 다음 논문을 바탕으로 강의용으로 고쳐 쓴 것이다.
박무영, 「기녀한시의 "비틀림"과 "비틀기"」, 『한국한시연구』 10, 한국한시학회, 2002.
또한 논문 이후의 연구 업적으로 다음 두 책의 연구 결과가 서술에 포함되었다.
정병설, 『나는 기생이다 - 소수록 읽기』, 문학동네, 2007.
박영민, 『19세기 문예사와 기생의 한시』, 고려대학교 민족문화연구원, 2011.

김영희

한국 고전문학 읽기의 맥락과 지평

한국 구전서사의 전승과 '자식살해'

'부친살해'라는 열쇠말

"어느날 문득 추방당했던 형제들이 힘을 합하여 아버지를 죽이고 그 고기를 먹어 버림으로써 부군父群을 결단낸다. 말하자면 자군子群은 단결함으로써 혼자서는 도저히 불가능하던 일을 성취시키고 마침내 부군의 결단을 성사시킨다. 그들은 식인종들이었으니, 살해한 아버지의 고기를 먹었을 것임은 두말할 나위도 없다. 폭력적인 원초적 아버지는, 아들 형제들에게는 누구에게나 선망과 공포의 대상이자 전범典範이었다. 이들 형제들은 먹는 행위를 통해 아버지와의 일체화를 성취시키고, 각자 아버지가 휘두르던 힘의 일부를 자기 것으로 동화시켰다. 아마도 인류 최초의 제사였을 토템 향연은 이 기억할 만한 범죄 행위의 반복이며 기념 축제였을 것이다. 그리고 이 범죄 행위로부터 사회 조직, 도덕적 제약, 종교 같은 것들이 비롯되었을 것이다."[1]

정신분석학자 프로이트S. Freud는 인류학적 보고서와 연구 성과들을 토대로 인류 문명의 시작과 남성 주체의 탄생을 '부친살해父親殺害(Vatertötung, patricide)'의 대서사로 재구해냈다. 오이디푸스 신화를 비롯한, 유수한 다른 문화권의 서사에서 반복 등장하는 '부친살해' 모티프는 그 자체로 과거, 혹은 지난 세계와의 단절과 새로운 세계의 시작을 알리는 서막을 표상하는 동시에 새로운 세계를 건설할 창조의 주체가 필연적으로 거쳐야 하는 입사入社의 과정을 상징한다. 새로운 질서의 중심이 될 아들의 무리는 아버지로 표상되는 구질서와의 절연을 선언하고 그 단절면 위에 자신들의 세계를 구축한다.

루이 16세를 광장에서 처단한 프랑스 혁명이 '부친살해'의 서사로 은유되는 것은 우연이 아니다. 혁명과 같은, 역사적 단절과 변혁의 사건은 '아버지'로 상징되는 구질서와 구체제, 다시 말해 기존의 법·규범·윤리·도덕을 '살해'하는 과정을 거쳐 새로운 체제와 가치 규범을 건설한다. '부친살해' 서사가 상징하는 것은 생물학적 아버지의 살해, 혹은 생물학적 아버지와의 단절이 아니라 공동체가 금과옥조金科玉條로 수호하는 가치 체계와 규범적 질서에 대한 전면적 반성이며, '아버지'로 표상되는 낡은 체제의 변혁과 그 체제를 대표하는 정치권력의 극복이다. 단선적으로 이야기할 수는 없지만, 추상적이고 상징적인 수준에서 역사를 논구할 때 '아버지'를 살해하는 과정 없이 진보나 변화는 존재할 수 없는 것이다.

살해당한 '아버지'가 토템으로서 사후적 숭배의 대상이 되듯이 기존 질서와 규범은 살해당해 과거로 흘러갔을 때 비로소 역사의 한 페이지를 구성하며 그 가치를 인정받게 된다. '아버지'로 표상되는 세계는 '아버지'를 살해한 아들들의 세계를 통해서 비로소 존재 가치를 획득하게 되는 것이

1_ 프로이트, 「토템과 터부」, 『프로이트 총서 16 종교의 기원』, 열린책들, 1997, 403~404쪽 참조.

다. 살해당한 '아버지'는 영원한 빈 자리로 남으며 이 결여를 통해 아들들은 비로소 상징적 질서로 진입할 수 있게 된다. 따라서 살해당한 '아버지'는 새로운 세계의 구축을 위한 필수 조건이며 '아버지'는 살해당했을 때 비로소 아들들을 상징계로 이끄는 진정한 안내자의 역할을 할 수 있다.

심리학적으로 '부친살해'는 오이디푸스 콤플렉스 형성을 통한 성적 주체의 탄생을 예고하는 사건이다. 아버지가 가진 것을 동경하며 아버지와 경쟁 관계에 돌입하는 심리적 주체는 아버지가 가진 것을 갖지 못한 어머니의 존재를 통해 거세 불안에 시달리게 된다. 공격과 숭배의 양가감정을 경험하는 주체는 자신의 환상 속에 구성된 상상적 '아버지'를 살해하는 과정을 통해 상징적 아버지와의 동일시로 나아감으로써 심리적 분리와 독립을 성취하게 된다. '부친살해'의 과정은 부모로부터 독립을 성취하려는 투쟁의 과정이며 이는 '아이를 놓아주지 않으려는 부모와 이로부터 독립을 선언하려는 아이 간의 갈등'이라는 점에서 '세대 간의 대립'을 표상한다.[2] '부친살해' 없이는 새로운 세대의 등장도, 심리적 주체의 분리·독립도 존재할 수 없는 것이다.

이야기가 인식과 기억의 틀을 만들고 세계상을 구성하며 정체성의 핵심 시나리오를 제공하는 힘을 발휘한다고 할 때 '부친살해'의 서사는 새로운 역사의 시작과 신·구 질서의 교체, '아들'로 표상되는 새로운 세대의 등장과 심리적 주체의 성장 및 상징 질서로의 진입을 이끌어내는 효과를 만들어낼 수 있다. 그런데 만약 서사적 전통 속에서 '부친살해'의 주제가 등장하지 않는다면 이것은 어떤 의미를 지니는 것일까? '부친살해'의 모티프가 우회되거나 회피된다면, 혹은 오히려 상반된 방향의 살해 모티프가

---

2 필리프 쥘리앵, 『노아의 외투-아버지에 관한 라캉의 세 가지 견해』, 홍준기 옮김, 한길사, 2000, 21~22쪽.

등장하는 서사적 전통이 발견된다면 우리는 이를 어떻게 의미화해야 할까?

중국 사회의 변화를 갈망했던 노신이 '청년들아 나를 딛고 오르거라'고 외쳤던 것처럼 질적인 단절면을 만드는 새로운 질서의 성립은 필연적으로 '부친살해'를 요구한다. 그렇다면 '부친살해'의 서사적 전통이 발견되지 않거나 변형된 사회, 혹은 그 반대 방향으로의 서사가 발달한 사회는 변화를 거부하거나 변화에 저항하면서 기존 질서의 묵수만을 요구하는 것일까? 이와 같은 사회에서 이른바 '아들들'은 기존 질서로의 편입과 동화, 순응의 길 외에 다른 선택을 생각할 수도 없는 것일까? 살해당하지 않으려 애쓰면서 오히려 아들들을 살해하려 드는 '아버지'의 세계에서 '아들들'은 불안과 우울 속에 신경증을 앓을 수밖에 없다. 아버지의 명분과 선택을 지지하기 위해 꽃다운 나이에 죽음을 마다하지 않았던 '심청'이나 버림받고서도 아버지를 위해 고난의 여정을 감내했던 '바리데기'야말로 신경증적인 인물들이 아닌가?

한국 구전서사의 전통 속에서 '부친살해' 모티프는 다양한 형태로 변주되어 있다. '부친살해'의 과정이 회피되기도 하고 '부친살해'가 '자식살해'로 나아가기도 한다. 때로는 '자식살해'로 나아가는 움직임 속에서 이와 같은 경향을 벗어난 이탈과 균열의 조짐이 발견되기도 한다. 그러나 한국 구전서사의 전승에서 가장 많이 발견되는 것은 '부친살해'가 아니라 '자식살해'이며 신화의 전통 속에서도 '부친살해'는 회피되는 경우가 대부분이다. 이것은 무엇을 의미하는 것일까?

아버지 부재와 '부친살해'의 회피

신화는 질서화의 주체에 관한 이야기로 해석된다. 새로운 질서를 건설할 자의 근원과 내력을 풀어내는 서사이기 때문에 신화는 '본풀이'로 명명되기도 한다. 새로운 질서의 구축은 기존 질서와의 단절, 혹은 분리를 전제로 이루어진다. 질서화의 주체는 서사 속에서 반드시 아버지의 질서와 단절되거나 아버지의 세계로부터 분리되는 과정을 거쳐야 한다. 이것이 질서화의 주체가 통과해야 할 입문의례의 핵심 내용이라 할 수 있다.

질서화의 중심이 될 신화적 주인공이 탄생하기까지의 과정, 곧 부모대의 서사가 드러나지 않는 〈혁거세〉, 〈수로〉, 〈알지〉 등의 신화에서는 이와 같은 분리의 사건이 드러나지 않는다. 이들 신화에서 세계 질서의 중심이 될 자들은 '생물학적 탄생이 아닌 탄생'의 과정을 거쳐 태어난다. 그들의 탄생은 우주적 질서를 새롭게 할 자로서의 '입사적 탄생'으로 상징화되기 때문이다. 이들은 모두 알이나 궤짝, 금합金盒에서 나왔는데 이는 모두 〈단군〉 신화에 등장하는 동굴과 같이 밀폐된 공간을 표상하면서 입사入社 공간으로서의 상징성을 지닌다.

신화적 주체는 자기 존재의 신성한 근원을 밝히고 이를 증명해야 한다. 신성한 존재로서의 표상과 권위가 세계 건설과 우주적 질서의 창조라는 신화적 사건의 핵심 근거이자 출발점에 해당하기 때문이다. 그래서 창조와 건설의 사건에 앞서 신화적 주체는 반드시 자기 존재의 근원을 밝히고 이를 증명하는 입사入社의 과정을 거친다. 앞서 언급한 신화적 서사들은 생물학적 탄생의 징후를 지우고 부모대의 결합을 구체화하는 서사적 설정 자체를 회피한다. 이들 서사에서 신화적 주체의 신성성을 보증하는 하늘과 땅의 표상은 상징적 이미지로만 드러날 뿐 인물과 사건으로 구체화되지 않는다. 다만 신화적 주인공 자신이 땅의 속성을 대변하는 여신적 존재(알영과 허황옥)와 결연을 맺음으로써 하늘과 땅의 결합이 다시 한 번 신화적 사건으로 구체화되는 사례가 있을 뿐이다.

이들 서사에서는 신화적 주체가 '부친살해'를 통해 아버지의 세계로부터 독립하는 과정이 소거되어 있다. 분리되거나 극복되어야 할 대상 자체가 설정되어 있지 않은 것이다. 이들은 아버지의 세계가 드리운 흔적이나 아버지로부터 이어져 내려온 신성성을 통해 자신의 존재 가치를 증명하지 않고 제2의 탄생을 통해 가시적으로 드러난, 자신에게 내재한 '하늘'· '땅'의 신성성과 신성혼의 과정을 통해 자기 존재를 증명한다. 이들 서사에서 신화적 사건은 주인공의 탄생으로 시작되며 이들의 탄생은 그 자체로 새로운 세계의 창조, 곧 절연면 위의 사건이다. 앞선 세계 자체가 설정되어 있지 않기 때문에 앞선 세계와의 단절을 표상하는 '부친살해'의 장면을 설정할 필요가 없는 것이다.

'부친살해'의 서사가 없다면 아버지를 죽인 죄의식으로 더욱 굳건해지는 '아들들의 결속'과 아버지 사후 그를 '토템화'하고 아버지의 모든 것을 금기 대상으로 만드는 '터부의 설정' 또한 없을 것이다. '아들들의 결속'과 '토템 및 터부의 설정'이 공동체의 법과 규범의 토대가 된다고 할 때 '부친살해' 과정이 없는 이들 신화에서 공동체적 질서의 구축은 어떻게 표상되고 있을까? 이들 서사에서는 왕을 맞이하거나 발견하는 6부, 혹은 6촌 대표들의 역할과 위상이 중요하다. 6부나 6촌으로 표상되는 공동체적 질서가 이미 주인공의 탄생 이전에 존재하는 것으로 그려지는데, 신화적 주인공의 탄생은 6부나 6촌으로 대표되는 기존 질서의 합의와 협력, 공동의 노력을 통해 새로운 왕을 맞이하는 과정이라 할 수 있다. 그리하여 신화의 전반부에서는 새로운 왕을 맞이하는 과정이, 신화의 후반부에서는 새롭게 등장한 왕이 자신의 결혼과 기타 활약을 통해 신성성을 증명하는 과정이 초점화된다.

따라서 '부친살해'의 과정을 생략한 이들 신화에서 주인공의 탄생은 '부친살해' 이후의 과정을 표상한다. 사후적 아버지의 토템화가 새로운 왕의 등장, 곧 '아버지'를 표상하는 새로운 구심적 존재의 재림으로 대체된 것이다. 이들 신화에서 주인공은 태어나자마자 왕이 된다. 아니, 더 정확하게 말하자면 왕을 기다리는 자들에게 왕으로서 등장한다. 태어난 그들이 자신의 신성성 때문에 왕이 되는 것이 아니라 왕이 필요해서 왕으로 태어나는 것이며 왕이 필요한 자들이 왕을 탄생시키는 것이다. 이는 구심적 존재로서 왕이 필요한 이들이 왕을 발견하는 과정, 더 나아가서는 왕을 만들어내는 과정으로 재해석할 수 있다.

다른 신화에서는 '아버지 부재'와 이것이 초래하는 탐색, 곧 '부친 탐색'의 테마가 나타난다. 『삼국유사三國遺事』3권 흥법편興法篇에는 초기 불교 전래에 기여하거나 불교 정착의 기틀을 닦은 사람들의 이야기가 실려 전하는데 그 안에 고승 아도阿道의 이야기가 있다. 『삼국유사三國遺事』 흥법편 〈아도기라阿道基羅〉조에서 아도는 아버지 부재의 상황에서 태어나 아버지를 찾아나선 길에서 불법을 배워 돌아온다. 아도 아버지 굴마는 뒤에서 살펴볼 주몽의 아버지 해모수나 유리의 아버지 주몽처럼 여성적 존재와 관계를 맺은 후 자신의 세계로 떠나버린다. 홀로 남겨진 어머니 '여성'이 남편 부재, 곧 아버지 부재의 상태에서 아이를 낳고 그 아이가 새로운 세계, 곧 자기 세계의 주인공이 될 수 있도록 아이의 입사入社를 안내하고 추동한다. 아들이 앞으로 해야 할 일을 알려주고 미래를 예견하며 현재의 세계를 떠나 새로운 세계로 나아가도록 아들을 추동하는 역할을 한다는 점에서 고도령의 위상은 주몽신화에 등장하는 유화의 위상과 거의 같다.

'아버지 부재'가 신화적 주인공의 문제적인 상황으로 설정되어 입사를 촉진하는 서사 전개는 주몽이나 유리의 이야기에서도 고스란히 나타난다. 주몽이 아버지를 만나는 장면은 없지만 주몽 신화에서도 '아버지 부재'는 서사 전개를 추동하는 핵심 요인으로 설정된다. 유화는 아도의 어머니와 같이 입사를 안내하는데 주몽의 이야기에서 다르게 나타나는 점은 낳아준 아버지의 부재 대신 길러준 아버지와의 갈등 관계가 설정되어 있다는 것이다. 또한 주몽은 아버지를 직접 만나는 대신 길러준 아버지의 세계를 떠나면서 강가에 이르러, 자신이 하늘 존재인 해모수의 아들이며 물의 신 하백의 외손임을 부르짖어 자신의 정체를 확인하고 증명한다. 아버지를 만나는 장면은 없지만 자기 자신과 세상에 대해 아버지와의 관계를 증명함으로써 스스로 자기 정체를 확인하는 장면이 입사의 핵심 사건으로 등장한다.

아버지 탐색의 여정은 주몽의 아들 유리의 이야기에서 더욱 뚜렷하게 나타난다. 이 이야기에서도 주인공의 어머니는 아들이 앞으로 가야 할 길과 완수해야 할 사명이 무엇인지 일러주는 입문 안내자의 위상을 보여준다. 특이한 것은 유리가 아버지를 찾기 위해 아버지가 낸 수수께끼를 풀어야 한다는 사실이다. 수수께끼를 푼다는 것은 그가 '우주의 비밀'을 알고 태어난 자임을 증명하는 과정이다. 오이디푸스가 스핑크스가 낸 수수께끼를 풀었듯이 세계의 중심이 될 자는 이미 '인식한 자'이며 그는 우주의 가장 은밀하고 중요한 핵심 비밀을 이미 알고 있는 자이다. 그의 정체는 그가 이 비밀을 푸는 과정을 통해 증명된다.

'아버지 탐색', 곧 '부친 탐색'의 과정이 주인공의 정체 확인 및 정체성 정립의 과정을 표상한다고 할 때 유리에게 이 과정은 '신성한 존재인 주몽의 아들'임을 증명하는 과정이다. 그리고 이것은 다시 우주의 비밀을 알고 있는 자임을 증명함으로써 그가 신성한 존재인 주몽과 마찬가지로 타고난 신성의 존재임을 입증하는 과정이라고 할 수 있다. 아버지를 만난 유리는 부러진 칼조각을 통해 자신이 아버지가 낸 수수께끼를 풀었으며 이를 통해 우주의 비밀을 알고 있는 자로서 성스러운 혈통의 존재임을 증명한다. 주몽이 갖고 있던 칼조각과 하나로 합쳐진 유리의 칼조각이 주몽과 유리를 연결하는 성스러운 계보의 증거이며, 이는 곧 유리가 확인하고 완성해야 할 정체성의 핵심 내용이다.

신화적 서사의 주인공이 보여주는 '부친 탐색'의 여정은 무속신화에서도 고스란히 반복된다. 〈제석본풀이〉에서 당금애기 등으로 불리는 여성 주인공은 어느 날 갑자기 시주받으러 온 도승과 잠자리를 갖게 되고 그가 떠난 후 삼형제를 낳는다. 그리고 이 삼형제는 아버지인 도승이 남기고

간 예언에 따라 아버지를 찾아가 시험을 치르고 아들임을 인정받아 드디어 이름과 직책을 받게 된다.[3]

각편마다 차이가 있긴 하지만 다른 세계, 혹은 경계 바깥에서 온 존재인 중이 주인공 여성을 선택하여 하룻밤 잠자리를 가진 후 떠나고 홀로 남은 여성이 아이를 낳은 후 그 아이들이 아버지를 찾아 떠나는 과정은 대체로 반복된다. 이때 중은 떠나면서 미래를 예견하고, 홀로 아들을 낳은 여성은 자신이 소속된 공동체로부터 내쳐진다. 중요한 것은 여성이 낳은 아들들이 '아비없는 자식'이 되어 조롱과 멸시를 받는 과정을 겪게 되며 이것이 '부친 탐색'을 추동한다는 사실이다. 또한 이 아들들은 시험을 거쳐 아버지의 자식임을 증명하며 이 증명을 통해 이름과 직책을 부여받음으로써 입사를 완성하게 된다.

제주도 본풀이인 〈천지왕본풀이〉나 〈이공본풀이〉에서도 '부친 탐색'의 과정이 나타난다.[4] 〈천지왕본풀이〉에서는 천지왕이 지상에 내려와 총맹부인과 결연한 후 돌아가면서 아들을 낳으면 대별왕과 소별왕이라고 이름을 지으라 말하고 박씨를 준다. 총맹부인은 천지왕의 예언대로 아들 형제를 낳는데, 그들은 15세가 되었을 때 서당에서 '아비없는 자식'이라는 말을 듣고 어머니에게 아버지의 행방을 묻는다. 총맹부인이 아버지가 누구인지 아들들에게 밝히자 아들들은 박씨를 심은 후 그 줄기를 타고 하늘로 올라가 천지왕을 만난다. 자신들의 이름을 말해 천지왕의 아들임을 밝힌 후 아들들은 아버지에게 아들로서 인정을 받는다. 그 후 대별왕과 소별왕은 수수께끼를 풀고 꽃 피우기 내기를 거쳐 각각 저승과 이승을 다스리는 신이 된다.

---

[3] 김태곤, 『한국무가집』 1~2, 4, 집문당, 1971~1980 참조.
[4] 현용준, 『제주도 무속자료사전』, 신구문화사, 1980 참조; 진성기, 『제주도 무가본풀이사전』, 민속원, 1991 참조.

〈이공본풀이〉에서는 구덕혼인을 맺은 사라도령과 원강아미가 서천 꽃밭의 꽃감관이 되기 위해 길을 떠났다가 사라도령이 만삭인 원강아미를 천년장자의 집에 두고 혼자 가면서 얼레빗 반쪽을 남긴다. 천년장자의 성적 요구를 피해 홀로 아들을 낳은 원강아미는 사라도령이 미리 말하고 간 대로 아들에게 할락궁이라는 이름을 지어준다. 15세가 된 할락궁이가 아버지를 묻자 원강아미는 처음에 천년장자라고 말했다가 결국 사라도령임을 밝히게 된다. 얼레빗 반쪽을 들고 아버지를 찾아나선 할락궁이는 온갖 시련을 딛고 서천 꽃밭에서 아버지를 만나 자기 이름을 말하고 얼레빗을 바친다. 얼레빗을 맞춰본 꽃감관이 할락궁이를 자신의 아들로 인정하고 여러 가지 꽃을 주어 아들을 돌려보낸다. 아들이 돌아와 장자를 망하게 하고 장자에게 죽은 어머니를 되살려 어머니와 함께 서천 꽃밭으로 간 후 아버지인 사라도령은 서천 꽃밭의 왕이 되고 할락궁이는 꽃감관이 되어 꽃밭을 다스린다.

　두 이야기에서 새로운 세계를 다스릴 주인공은 아버지 부재의 상황에서 태어나 입사를 치러야 할 15세의 나이에 아버지가 없는 자신의 조건을 문제적인 상황으로 인식하게 된다. 그리고 이들은 모두 어머니가 밝히는 아버지의 정체를 듣고 자신의 정체를 증명할 물건과 아버지가 지어준 이름을 들고 아버지를 찾아나서는 '부친 탐색'의 길에 접어든다. 그리고 아버지를 만난 후 자신의 정체를 승인받아 새로운 세계를 다스릴 권한과 자격을 위임받는다.

　'부친 탐색' 서사의 주인공들은 아버지를 살해하는 과정이 아니라 아버지를 찾아 아버지로부터 권력을 위임받거나 정체를 승인받는 과정을 거쳐 자기 세계의 중심이 된다. 아버지 부재의 상황에서 아버지를 찾아나서는 과정을 입사의 관문으로 치르게 되는 것이다. '부친살해'가 아버지의 세계에서 벗어나는 분리와 독립의 과정이라면 '부친 탐색'의 주인공들은 아버지의 부재로 인해 이미 분리된 상태에 놓여 있으며 아버지를 찾아나서는 여정을 통해 어머니로부터도 분리된다. '부친 탐색'의 주인공들이 거쳐가는 입사에서는 아버지로부터의 분리보다 어머니로부터의 분리가 더 중요한 관문이 되는 셈이다.

'부친살해'에서 사후에 신이 된 아버지가 아들들의 권력을 사후 보증하는 반면 '부친 탐색'에서는 아들이 태어나기도 전에 아들 곁을 떠나 이미 신이 된 아버지가 아들을 만나 그의 정체를 확인한 후 아들의 권력을 승인한다. '부친 탐색'의 서사에서 아버지는 원래부터 신이었거나 아들과는 상관없는 자기 입사의 과정을 거쳐 먼저 신이 되어 있는 존재로 그려진다. 아도나 유리의 이야기에서도 아버지는 신은 아니지만 신과 마찬가지로 자기 입사의 과정을 거쳐 이미 어떤 세계의 중심이 되어 있는 존재로 나타난다. 아도의 아버지는 어머니를 만날 당시부터 이미 불력 높은 도승이었으며 유리의 아버지 주몽 역시 이미 자기 입사를 거쳐 세계의 중심이 된 자였다.

그리하여 이들 '부친 탐색'의 주인공들은 어머니의 곁을 떠나 아버지의 세계로 가서 자신의 정체를 승인받은 후 아버지로부터 권력을 위임받는다. 어머니로부터 분리를 성취했으되 아버지의 세계로 회귀했다는 점에서 '부친 탐색'의 주인공들이 제대로 된 분리와 독립을 성취했는지는 의문이다. 그들의 세계는 아버지의 세계에서 이어져나온 것일 뿐 아니라 아버지의 후광 없이는 존재할 수 없는 세계이기 때문이다. 따라서 '부친 탐색'은 '부친살해'가 우회되거나 회피되면서 오히려 가부장적 권력 승계 과정으로 변주된 양상을 보여준다. 여기서는 오로지 어머니로부터의 분리가 문제가 될 뿐이다.

어머니의 품에서 벗어났지만 아버지의 그늘 아래 있다는 점에서 아들들의 입사는 아직 미완성의 것으로 보인다. 그들은 여전히 자기 세계의 완전한 중심, 독립적인 주인이 되지 못한 것으로 보이며, 이는 '자식살해'로 나아간 반동적 변주 못지 않게 문제적인 상황으로 인식된다. '부친살해'를 정상적인 과정으로 설정하거나 반드시 성취해야 할 목표로 두지 않더라도, '부친 탐색'은 부모로부터의 완전한 독립과 분리를 성취하지 못한다는 점에서 불완전한 입사의 과정을 보여준다. '아비없이' 태어나 이에 분격해 아버지를 찾아나선 아들들, 그리하여 어머니 곁을 떠나 아버지에게 가서 자신들의 정체를 확인받은 아들들은 스스로의 힘으로 자기 세계를 건설하지 못한 채 아버지로부터 완성된 세계를 물려받았기 때문이다. 그들의 세계는 결국 아버지의 세계에 속해 있거나 아버지의 세계와 이어져 있으며, 그들이 세계의 중심이 될 수 있도록 그들의 정체를 보증하고 확인하여 승인한 것 또한 그들의 아버지들이었다.

'기아棄兒'와 '자식살해'의 징후

한국 구전서사의 전통 속에서 '탈해' 신화는 여타 신화들과 달리 탄생, 혹은 출현에 관련된 부모대父母代와의 관계가 중심 모티프로 등장하지 않는다. 탈해는 궤짝에 담긴 채로 배에 실려 바다 위를 떠다니다 '아진의선'이라는 노파에게 발견된다. 여기서 주목할 사실은 그가 '알에서 태어났기 때문에' 버려졌다는 것이다. 알이나 궤짝의 이미지는 앞선 신화들에서와 마찬가지로 입사적 공간으로서의 표상을 지니지만 무엇보다 그가 '알에서 태어난 차이', 다시 말해서 인간이라면 누구나 사람에게서 태어난다는 집단 동일성에서 벗어난 이 차이 때문에 버려졌다는 사실에 주목할 필요가 있다. 앞선 신화의 주인공들은 이 '난생卵生'을 통해 신성성을 증명한 반면, 탈해에게는 이것이 '기아棄兒'의 원인이 된다.

한국 신화, 혹은 신화적 서사에서 '기아棄兒'의 원인은 '남다름'에 있다. 남다른 출생이나 존재 속성 때문에 버려진다는 점에서 '기아棄兒'의 배경에는 집단 동일성에서 벗어난 차이를 위기징후로 포착하는 정치적 기제가 존재하며, 이는 곧 집단 내부에 존재하는 공포와 불안의 징후를 보여준다. '기아'를 요구하는 가치나 질서는 집단의 것이지만 '기아'를 단행하는 것은 부모인데 보통 '남성'인 경우가 많다. 버려질 아이를 낳은 여성의 배우자나 아버지, 혹은 그녀를 발견한 새로운 남성에 의해 버려지는 예가 많기 때문이다.

버려진 아이가 세계를 건설할 것이기에 이 버려짐은 새로운 세계 건설을 위한 단절면이다. 아이는 부모의 세계로부터 벗어나 자신의 세계를 건설할 곳을 찾고 그곳에서 스스로 중심이 된다. 신화적 주체가 앞선 세계와 단절하고 새로운 세계를 건설할 과업의 주인공이라고 할 때 이 단절과 부모로부터의 분리는 필연적 과정이자 신화적 사건의 시발점이다. 그런데 이 단절과 분리가 자식에 의해 주도되는 '부친살해'와 달리 부모나 부모 세대로 표상되는 기존 질서의 주체들에 의해 이루어진다는 점에서 '기아'는 '부친살해'의 역방향을 보여준다.

'주몽', 혹은 '동명왕' 신화에서도 이와 같은 '기아' 모티프가 등장한다. 『삼국유사三國遺事』와 『삼국사기三國史記』, 이규보 〈동명왕편東明王篇〉의 주석에 실린 『구삼국사舊三國史』 기록, 『위서魏書』「열전列傳」〈고구려조高句麗條〉 등 여러 문헌에 실려 전하는 '주몽', 혹은 '동명왕' 신화에서 해모수는 유화와 만난 후 잉태와 출산 전에 떠나며, 주몽은 알에서 태어났다는 사실 때문에 두 번째 아버지인 금와에 의해 버려진다. 해모수는 유화를 만난 후 돌아가서는 다시 주몽 앞에 등장하지 않는다. 주몽의 발언과 서사적인 맥락을 통해 그가 주몽의 아버지임이 증명될 뿐이다. 각편에 따라서는 해모수의 존재 없이 햇빛만으로 유화가 주몽을 잉태하기도 한다. 어느 경우에나 서사적으로 부각되는 것은 '아버지의 부재'다. '아버지의 부재'는 '아버지' 스스로 '아들'의 세계와 관계 맺지 않고 절연면을 만든다는 점에서 '부친살해'의 필요성을 소거한다.

그리고 이와 같은 '아버지의 부재'는 '남다른 출생'과 '아버지가 없다는 비정상성, 혹은 비동일성' 때문에, 혹은 '아들과 아들을 잉태한 배우자를 지켜줄 울타리가 없는 상태'를 유발함으로써 '기아'를 촉진한다. 〈주몽〉에서도 유화는 배우자 없이 아이를 가졌다는 사실 때문에 아버지로부터 축출된다. 홀로 남겨진 상태에서 금와에게 발견된 유화가 알을 낳고, 이 알이 비정상과 비동일성의 표상을 띠면서 일종의 위기징후로 간주됨에 따라 '기아'가 유발되는 것이다. 따라서 '아버지의 부재'와 '기아'는 하나의 맥락으로 연결되어 있다.

유화를 떠나는 해모수의 행동이 일종의 '버림'이라면 '아버지의 부재'는 첫 번째 '버림'을 의미한다. 이 첫 번째 '버림'이 결국 두 번째 '버림'을 유발하는 셈이다. '기아'는 첫 번째 아버지에 의한 '버림'에서 시작되어 두 번째 아버지에 의한 '버림'으로 완성된다고 할 수 있다. 이때 어머니는 '기아'의 주체로 등장하지 않으며 '기아'에 협력하거나 동조하지도 않는다. 다만 그녀는 아들과 동일한 '첫 번째 버림의 대상'으로서, 자신의 아들을 지켜낼 힘이 없는 무기력한 존재일 뿐이다. 그러나 그녀는 뒤에 나라를 세우는 아들의 신화적 과업을 지원하고 이끌어나가는 역할을 수행한다.[5] '기아'에서는 '여성'이 '버림'의 주체로 등장하지 않으며 신화적 주체가 될 인물을 내치는 것은 어디까지나 '남성' 주체다.

'아버지의 부재'가 '부친살해'의 가능성을 원천봉쇄하는 일종의 '회피' 기제라면 '기아'는 '부친살해'의 역방향, 곧 '자식살해'로의 변주 징후를 드러낸다. 〈탈해〉 신화에서 살펴본 대로 '기아'는 부모 내지는 부모 세대, 혹은 아이의 탄생을 맞이한 기존 질서에 의해 주도되는 '내처짐', 곧 '분리와 단절'이기 때문이다. 〈주몽〉에서 '기아'는 〈탈해〉에서와 마찬가지로

---

[5] 그녀는 아들에게 위험을 알리고 말을 돌보는 트릭스터로서의 역할을 부여하며 나라를 세우는 일을 지시할 뿐 아니라 나라를 세운 아들에게 곡물 종자를 보내기도 한다.

집단적 동일성에서 벗어난 차이가 '비정상' 내지는 '비동일성'으로 해석되고 이것이 다시 위기징후로 간주됨에 따라 발생하는 사건이다. 〈혁거세〉 등의 신화에서 질서의 구심을 기다리거나 일으켜세운 이들에게 '남다른 탄생'이 신성성을 증명하는 의미를 지녔던 데 반해 〈탈해〉나 〈주몽〉에서 이것은 기존 질서로부터 내쳐지는 원인이 된다. 주몽과 탈해는 탄생의 순간, 곧 그의 존재가 세계에 가시화된 순간이자 그가 질서화할 세상에 처음 접촉한 순간에 세상을 오염시킬 위험 요소로 간주되어 버려진다.

주몽이 처음 접촉한 세계가 금와의 세계였다면 금와 또한 '아버지'라고 할 수 있다. 알에서 태어난 주몽을 거부한 것은 이미 존재하고 있던 낡은 질서와 권력이었다. 금와는 알에서 태어난 주몽을 버렸으며, 금와의 아들들은 주몽을 위협하고 자기들의 세계로부터 축출하고자 하였다. '주몽'은 해모수와 금와라는 두 '아버지'에게 버려지며 '아버지의 세계'를 벗어남으로써 자기 세계를 건설하는 신화적 과업을 시작한다. 주몽은 금와의 세계를 떠남으로써 '부친살해'의 징후를 희미하게나마 드러내지만 이 떠남은 위협과 폭력의 예고로부터의 탈출이라는 점에서 본격적인 '부친살해'를 상징하지는 못한다. 이것은 축출의 성격이 강하다는 점에서 첫 번째 기아棄兒의 연장선상에 있다. '기아'는 낡은 질서에 의해 주도되는 단절과 분리라는 점에서 '자식살해'로 나아가는 조짐을 드러낸다.

'기아'는 제주도 무속신화나 당신화에서도 흔하게 발견되는 신화적 모티프다. 〈칠성본풀이〉 등의 제주도 일반무속본풀이에서도 중과 교접하여 임신한 딸이나 딸이 낳은 뱀을 석함石函에 담아 바다에 띄워 보내는 '기아' 모티프가 등장하지만, '기아'의 장면이 가장 많이 나타나는 것은 당본풀이들이다. 〈김녕궤내깃(괴뇌깃)당본풀이〉, 〈신풍·하천본향당본풀이〉, 〈중문본향당본풀이〉 등 여러 당본풀이에서 신화의 주인공은 과다한 식욕이나 불효 등으로 인해 '석함'에 담겨 바다로 내쳐지는 '버림'을 당한다.[6]

"동이요왕할마님이 솟아납기는 신구월 초아흐렛날. 아방국 동이용궁 어명국 서이용궁으로 솟아나, 열다섯 십오세 나니, ᄒᆞ두설에 아버님 삼각쉬 메온 줴목, 아버님 통대 거끈 줴목, 어머님 줏가심 허위튼은 줴목을 마련허연, 죽이기로 홀 때, 서이용궁 어멍국이 말을 ᄒᆞ뒈, '이 내 속으로 난 ᄌᆞ식을 어찌 이 내 손으로 죽일 수 있오리까. 그리 말고 동이용궁 쒜처리 아들 불러당 무쒜설 캅을 맹글아그네 죽으랭 동이와당데레 띄와불미 어찌ᄒᆞ오리까?'"7_

"애기를 부려놓난 소천국 아바님 독ᄆᆞ립데레 올라앚아, 줏가심을 삼시번 치여, 삼각쉬 심언 삼시번을 훑뜨려. "에라 이 ᄌᆞ속, 배인 때도 숙신바인 ᄌᆞ속이라. 일개화목 못ᄒᆞ키여. 부미소심 못ᄒᆞ키여. 무쇠쟁일 불르라." 혼 시설 난 애길 무쉬설콱에 들여놓아 마흔ᄋᆞ둡 상거심통쉘 중가놓고 죽으라고 동이와당 띄와간다."8_

"소천국은 하상천ᄌᆞ지국에서 날 적에 ᄀᆞ는ᄆᆞ들 ᄌᆞᆫ소남밭 알로서 탄생되였다. 백주할망은 왕대웃성 ᄀᆞ림질 알에서 탄생되였다. …(중략)… "저게 너의 아방이다" ᄒᆞ니, 송곡성은 아방 독ᄆᆞ립에 펏짝 들아지여 안을 적에, 아버님 쉰대자 삼각수를 심어 ᄃᆞᆼ겼다. 석 자 두 치 곰방대도 이리저리 흔든다. 소천국은 생각홀 때 "이 ᄌᆞ식도 불효ᄌᆞ식이다." 당장 죽일랴고 ᄒᆞ다가 오백서 뚤애기 첩각시가 말을 ᄒᆞ되, "죽이지 말고, 앞에서 보기 싫으니까, 무쇠철갑을 해서, 바당데레 강 드리쳐부는 게 좋쑤다." 무쇠철갑을 ᄒᆞ여 들여, 그 쏘곱에 앚혀 동해용궁에 띄왔다."9_

6_ 현용준, 『무속신화와 문헌신화』, 집문당, 1992 참조.
7_ 현용준, 「할망본풀이」, 『제주도무속자료사전』, 신구문화사, 1980, 108쪽.
8_ 진성기, 「괴뇌깃당본풀이」 구좌면 김녕리 괴뇌깃당 2(임을로 구송), 『제주도무가본풀이사전』, 민속원, 1991, 375쪽.
9_ 진성기, 「송당본향당본풀이」, 구좌면 송당리, 손당본향 1, 이상문 구송, 『제주도무가본풀이사전』, 민속

첫 번째 자료는 '할망본풀이'이고 두 번째 자료는 '궤내깃(괴뇌깃)당본풀이', 세 번째 자료는 '송당본향당본풀이'이다. 이 세 자료에서 무속신화의 주인공들은 부모에게 미움을 사 바다에 버려진다. 부모는 자식을 죽이려 했고 자식이 살아돌아올 때까지 죽은 줄 알았으므로 그들은 애초에 '자식살해'를 의도했던 것으로 볼 수 있다. 이와 같은 점에서 이들 '기아' 모티프는 '자식살해'로의 변주를 보여준다. 본풀이의 주인공들은 다른 신화의 주인공들과 마찬가지로 '기아' 이후에 새로운 세계로 통합되거나 새로운 세계를 건설함으로써 모두 과업을 성취한다. '동이요왕할마님'은 살아돌아와 삼신할머니 노릇을 하며, '송곡성' 역시 동해 용왕의 딸과 결혼하고 난을 평정한 후 살아돌아와 부모를 몰아낸다.

'부친살해'가 신화적 주체가 자신을 구심으로 하는 세계를 건설하기 위해 반드시 거쳐야 하는 필수적인 단계인 것과 마찬가지로, '부친살해' 모티프가 역방향으로 변주하는 양상을 보여주는 '기아' 모티프 역시 신화적 질서화의 필수 과정으로 등장한다. '아버지'로 표상되는 권력과 질서에 의해 주도되는 분리로서 '기아'는, 절연면 위에 새로운 세계를 건설하는 신화적 창조의 시작을 알리는 출발점이 되는 동시에 신화적 주체임을 보증하는 상징적인 표상으로 기능한다. '기아' 자체가 결부된 인물의 신화적 속성을 증명하는 역할을 하는 셈이다. 이 때문에 이름난 영웅과 도승 등의 탄생 관련 서사에서 '기아' 모티프를 발견하는 것은 어려운 일이 아니다. 이들 서사에서 '기아'는 인물의 '남다름'이나 '신성 징후'를 암시하거나 표상한다.

예를 들어 『균여전』에 등장하는 탄생 서사에서 균여는 그의 어머니가 나이 60이 넘어서 일곱 달 만에 출산하는 것으로 그려지는데, 막 태어났

원, 1991, 411쪽.

을 때 용모가 너무 추악하여 부모가 길거리에 버렸으나 까마귀 두 마리가 날개를 펼쳐 아기의 몸을 덮어주는 것으로 형상화된다.10_ 이 이야기에서 '기아' 모티프는 균여를 신성한 혈통의 남다른 도승으로 신화화하는 데 결정적인 역할을 한다. '기아'는 나옹대사나 도선국사 등 이름난 승려를 주인공으로 하는 서사에서 이들을 신화화하는 모티프로도 작용한다. 이들 서사에서 주인공의 어머니는 처녀의 몸으로 빨래하다 물에 떠내려오는 오이, 대추, 뱀장어 등을 먹고 아이를 낳는데 처녀의 부모나 주변 사람들이 이를 수치스럽게 여기거나 아이에게 흉물스러움이 있다고 여겨 아이를 버린다. 그리고 버려진 아이를 학이나 비둘기, 혹은 길짐승 등이 보호하고 길러서 훌륭한 도승이나 이름난 영웅으로 자라게 된다.

특히 최근까지 구전으로 전해내려오는 도승 관련 서사에 등장하는 '기아' 모티프는 앞서 살펴본 대로 '아버지의 부재'로부터 연결되는 경우가 대부분이다. 이는 이른바 '이물교혼異物交婚' 서사나 '야래자夜來者' 서사11_에서도 같은 양상으로 발견된다. 백제 무왕武王이나 후백제 견훤甄萱의 서사에서는 '기아棄兒' 없이 '이물교혼異物交婚'만 등장하여 '아버지의 부재'나 '아버지의 결여'만이 강조되지만 그밖에 대부분의 신화적 서사에서 '아버지의 부재'는 '기아'와 연결된다. 특히 각종 성씨 시조에 관한 서사에서 '야래자'류의 '이물교혼'과 그에 뒤따르는 '기아'는 흔히 발견되는 모티프이며 이들 모티프는 서사적으로 초점화된 인물의 신성성을 표상하면서 해당 서사를 신화화하는 데 결정적인 역할을 한다. 또한 어머니가 금돼지

10_ 최철·안대회 역주, 『역주 균여전』, 새문사, 1986 참조.
11_ 〈야래자〉 서사에서 반복되는 핵심 내용을 간추리면 다음과 같다.
　　"1. 딸에게 밤마다 사내가 찾아온다. 2. 아버지가 딸의 이야기를 듣고 사내에게 실을 매달아 놓으라고 시킨다. 3. 딸이 시킨 대로 하여 매달아 놓은 실 끝을 따라가 보니 땅(우물 등) 속에 지렁이(수달 등)가 있었다. 4. 이후로 딸의 배가 불러와 열 달 만에 사내아이를 낳았다. 5. 태어난 아이를 길에 버리니 각종 짐승들이 아이를 보살펴 주었다. 6. 아이가 자라 위대한 인물이 되었다."

에게 납치되어 갔다가 잉태하여 낳았다는 최치원의 탄생 관련 서사에서도 이와 마찬가지의 '아버지의 (일시적인) 부재-이물교혼'과 '기아' 모티프가 등장한다.

신화적 주체가 새로운 질서화를 위해 필연적으로 단절과 분리를 성취해야 한다고 할 때, 이 단절과 성취는 앞서 살펴본 대로 신화적 주체의 능동적인 자기 분리 작업을 통해서 이루어질 수도 있고 부모에 의해 주도될 수도 있다. '기아'는 이 후자의 경우로, '부친살해'의 반대 방향, 곧 '자식살해'로 나아가는 반동적 변주의 한 형태다. '기아'가 '자식살해'와 양상을 달리 하는 것은 아버지의 존재가 지워지는 대신 어머니는 여전히 아들과 연결되거나 아들을 지지하는 경우가 종종 발견된다는 점, 그리고 제2의 아버지나 기존 권력 질서에 의한 거부는 형상화될지언정 부모대의 분리 의지가 '자식살해'와 같은 의지와 형태로 구현되지는 않는다는 점, 그래서 분리와 독립의 문제가 '아버지-아들'로 표상되는 부모-자식 사이의 갈등으로 구체화되지는 않는다는 점이다.

효행孝行 서사의 '자식살해'

효행孝行 서사는 한국 구전서사 레퍼토리 가운데 핵심적인 부분을 구성하는 이야기라 할 수 있다. 부모에게 효를 행하는 일과 관련된 이 이야기들 중에는 병든 부모를 위해 자식이 자신의 살을 베거나 피를 짜 먹이는 등의 사건을 형상화하는 사례가 많은데, 특히 병든 어머니를 위해 아들이 스스로의 몸을 상하게 하거나 극한의 고행苦行을 행하는 경우가 많다. 이런 부류의 효행 서사 중에는 병든 어머니를 위해 자기 자식을 희생시키는 아들이나 며느리의 이야기가 있는데, 이들 서사는 효행담으로 분류되기도 하고 희생담으로 분류되기도 한다.

효행담으로 가장 먼저 손꼽을 이야기로는 〈손순매아〉가 있다. 『삼국유사三國遺事』에 실린 이야기나 『한국구비문학대계』에 수록된 구술 전승의 이야기나 비슷한 서사 전개를 드러내는데 그 대략의 내용은 다음과 같다. 효자 손순이 가난한 살림에 어머니가 드실 음식을 먹어대는 아들 문제를 고민하다 아내와 의논을 하고 이 논의 결과 부부가 아이를 땅에 묻기로 결정한다. 그러나 아이를 묻으려 땅을 파다 이들은 종(금, 돈 등)을 발견하고 이 종이 울려 임금이 알게 된 후 임금이 이들에게 큰 상을 내린다.

〈손순매아〉에서 표면적으로 드러나는 갈등은 존재하지 않는다. 손자의 존재 때문에 할머니의 건강이 위협받지만 이는 두 사람 사이의 직접적인 갈등이 아니며, 상황을 이와 같이 해석하는 것도 손순과 그의 아내일 뿐이다. 아이를 땅에 묻자고 합의하는 과정에서 부부 사이의 갈등도 드러나지 않는다. 부부는 누가 먼저랄 것도 없이 이 문제에 적극 동의하고 나선다. 자기 부모에 대한 도리를 다하기 위해 아들의 희생을 요구한다는 점에서 부모와 자식 사이의 대결 구도가 존재하지만 이 역시 가시화되지는 않는다. 아직 어린 아들은 부모에 대항할 의지나 힘을 갖고 있지 않으며 서사적으로도 아들은 이와 같은 의지를 가진 주체로 구체화되지 않기 때문이다.

서사의 층위에서 갈등이 가시화되지 않는 것과 마찬가지로 연행의 층위에서도 갈등의 조짐은 드러나지 않는다. 연행 주체 가운데 누구도 할머니의 생명과 손자의 생명 가운데 하나를 선택해야 하는 양자택일이 필연적인 상황인지 따져 묻지 않으며, 두 생명 가운데 할머니의 생명이 더 가치 있다고 판단할 근거가 무엇인지 질문하지 않는다. '자식은 또 낳으면 된다'는 말 속에 내포된, 어린 생명의 존엄과 고유의 생명 가치에 대한 전면적인 부정과 무시는 비판의 대상이 되지 않는다. 부모에게 효를 다하기 위해 자기 자식을 희생하는 이와 같은 부조리한 상황과 불합리한 선택이 효의 가치와 이념으로 다 포장될 수 있는 것인지 의문을 제기하지도 않는다.

모든 질문이 봉쇄된 것은 바로 서사의 마지막에 결부된 '보상' 때문이다. 이 보상은 '자식살해'의 비극적 서사를 '미담美談'으로 포장한다. 가난으로 집안 살림이 곤궁한 가운데 노약자인 집안의 노모와 어린 자식이 모두 먹거리 부족으로 생존의 위협을 받고 있는 상황인데다, 불가피하게 내몰린 양자택일의 조건 속에서 '자식은 또 낳을 수 있다'는 궁핍한 논리로 아들의 목숨을 빼앗는 결정을 하는 순간, 바로 이 순간의 비극성을 다른 무엇에 비교할 수 있을까? 노모가 아니면 어린 자식이라는, 두 생명의 가치를 저울질하여 둘 중 하나를 선택해야 한다는 양자택일의 상황이야말로 가장 비극적인 상황이라 할 수 있다. 할머니의 생명을 위태롭게 만들겠다는 아무런 의지도 갖지 않은 채 그저 자신의 욕구에 따라 행동했을 뿐인 어린 자식의 생명을 앗겠다고 나서는 부모나, 다른 누구도 아닌 부모에게 죽임을 당해야 하는 자식의 운명이야말로 더 이상의 비교 대상이 필요치 않은 비극성을 구현하는 것이다.

아들을 묻으려 땅을 파던 부부는 그곳에서 종鍾 등의 진귀한 물건을 발견한다. 부부는 이것을 하늘의 선물, 일종의 계시로 받아들인다. 그리하여 하던 일을 중단하고 아들을 안고 집으로 돌아오는 것이다. '울림'의 성격을 가진 종의 속성상 이들의 이야기가 세상에 알려지고, 이것을 통해 부부는 임금이나 원님에게 후한 보상과 함께 효자, 효부의 칭송을 듣게 된다. 부와 권력, 명예를 동시에 얻게 되는 것이다. 그러나 과연 이것은 진정한 보상일까? 아들을 땅에 파묻기 전에 돌아왔다는 점에서 이 서사는 마지막 단계까지 '자식살해'를 밀고 나가지 않는다. 그러나 무엇인가 발견되지 않았다면 부부는 자신의 아들을 땅에 묻었을 것이다. '자식은 또 낳을 수 있다'는 말이야말로 어린 생명의 가치와 존엄, 부모와 자식 사이의 가장 인간적인 관계의 토대를 무너뜨리는 발언이다. 이 말이 땅에 떨어지는 순간 어린 아들의 존재는 부정당한 것이다. 일체의 갈등 없이 부부가 함께 아들을 땅에 묻기로 결심한 순간 '아들은 이미 부모에게 죽임을 당했고', 부부는 이미 '스스로 아들을 죽인 부모'가 되었다.

공동체가 금과옥조金科玉條로 여기는 효孝의 가치를 실현한 후 종소리가 울려퍼지듯 이들의 행동은 공동체의 모범으로 전파된다. 그리고 이 과정을 통해 그들은 공동체의 승인과 인정, 그리고 공동체로부터의 보상을 받게 된다. 더구나 현 질서를 대표하는 '임금'이나 '원님'에게 물질과 명예(효자문 등)라는 직접적인 보상을 받음으로써 이들의 행동은 다시 한 번 공동체의 도덕과 규범을 지켜낸 전범典範으로 등록되고, 이를 통해 공동체 유지의 핵심 가치로 기능하던 '효'의 덕목은 더욱 군건해진다. 죽이지 않았지만 죽이려 했는데, 자식을 죽이려 한 이 결정과 행동의 대가로 주어진 부와 권력과 명예가 진정한 보상일 수 있을까? 자신의 자식된 도리를 다하기 위해 자기 자식을 죽여야만 지켜낼 수 있는 효孝의 가치라면, 이 규범적 가치를 더욱 공고하게 만든 보상이 과연 누구에게 보상일 수 있으며, 또 궁극적으로 누구를 위한 보상이 될 수 있을까?

늙은 노모의 병든 몸을 낫게 하기 위해 아들을 솥에 삶아 약을 만드는 부모의 이야기는 또 어떤가? 〈동자삼童子蔘〉으로 알려진 이 이야기는 효행 서사 가운데 가장 극단적이고 명확한 '자식살해'의 징후를 드러낸다. 이 이야기에서도 솥에 넣었던 아이가 집안으로 걸어 들어오는 장면을 통해 사후적 보상이 주어지지만 이 경우에도 아이는 이미 '죽은 상태'다. 〈손순매아〉에서 한 걸음 더 나아가 〈동자삼〉에서 부모는 자신의 자식을 죽여 노모를 봉양하는 행위를 실행한다. '죽은 아이가 되살아났다거나 사실은 죽지 않은 것이었다'는 결구의 '덧붙임'이야말로 '자식살해'의 죄와 폭력을 다 덮기에는 너무나도 부족한 허구적인 보상에 지나지 않는 것이다.

〈동자삼〉의 이야기는 다음과 같다. 옛날에 효심 깊은 부부가 있었다. 그들에게는 나이 든 노모가 있었는데 백약이 무효한 늙은 어머니의 병 때문에 부부의 시름은 나날이 깊어졌다. 그러던 중 어느날 지나가던 중(의

원)이 아들을 삶아 그 물을 드시게 하면 병이 나을 것이라 말했다. 부부는 아들을 삶아 어머니께 드리기로 결정하고 이를 실행에 옮겼고 병든 노모는 부부가 만든 약을 먹고 병이 나았다. 그런데 다음날 아침 솥에 넣어 삶았던 아들이 멀쩡하게 살아서 집안으로 걸어 들어왔다. 놀라서 가마솥을 열어 보니 그 안에 '동자삼童子蔘'이 있었다.

대부분의 〈동자삼〉 각편에서, 도승이나 의원에게 병을 낫게 할 방법을 물어 얻는 것은 며느리다. 며느리가 아닌 아들이 이와 같은 정보를 알아내는 경우도 있는데 어느 경우에나 정보를 먼저 알게 된 쪽이 의논을 청하고 이 과정에서 특별한 갈등 없이 자식을 희생양으로 삼는 데 합의한다. 아내가 먼저 알아낸 경우에 아내가 제안을 하는데, 남편이 먼저 알아낸 경우에도 주저하며 말하지 못하는 남편에게 아내가 선뜻 자식을 희생시킬 것을 제안한다. 간혹 아들이나 며느리가 아들을 죽일 수 없다며 거부의사를 드러내기도 하지만 갈등이 본격화될 만큼 거절 의사를 관철시키지는 않고 곧 부부간 합의에 도달한다.

'자식살해'라는 사건 자체의 폭력성이나 비극성을 고려할 때 〈동자삼〉의 부부는 놀랄 만큼 내·외적 갈등 없이 합의에 도달하고 결정을 실행한다. 간혹 주저하는 경우도 있으나 대부분의 작품에서 아들과 며느리는 합의 후 아이를 솥에 넣는 행위를 단숨에 결행한다. 이와 같은 양상은 〈손순매아〉의 경우와 동일한데 이것은 이들 서사가 '효행孝行'을 핵심 소재로 하는 이야기라는 사실과 연관이 있어 보인다. '효'라는 가치의 절대적 우위성이나 '효'를 둘러싼 규범의 폐쇄적 성격이 자식을 죽음으로 몰아넣는 결정을 내리는 일에 대해서도 내적 갈등을 허용하지 않을 만큼 강력한 것이다.

〈손순매아〉에서와 마찬가지로 아이의 내면은 초점화되지 않는다. 부모의 행동에 대한 아이의 의지나 반응은 서사화되지 않으며 아이는 그런 의지나 태도를 드러내기에는 어리고 미숙한 존재로 등장한다. 아이는 솥에 들어가라는 어머니의 말이 어떤 의미인지 알지 못할 정도로 순진무구한 대상으로 그려진다. 간혹 아이가 상황을 납득하고 자발적으로 부모의 결행에 동참하는 듯한 인상을 내비치는 각편도 있으나 이는 대체적인 양상으로 파악하기 어렵다. 병든 노모(시어머니)나 시아버지의 내면 또한 초점화되지 않아 시부모님과 아들 내외 사이에서, 혹은 할아버지·할머니와 손주 사이에서 갈등이 표면적으로 구체화되지는 않는다.

그러나 〈손순매아〉에서처럼 '자식살해'라는 사건을 유발하는 원인에는 늙고 병든 시어머니, 혹은 시아버지와 어린 손주 사이에 생명 가치의 대립이라는 요인이 잠재해 있는 것으로 그려진다. 아이의 부모이자 아들·며느리인 부부는 어머니 아버지, 혹은 자기 자식 가운데 어느 한 쪽의 생명을 지키고 다른 한 쪽의 생명을 외면해야 하는 양자택일의 상황에 놓인다. 이 양자택일의 상황은 다른 가능성이 존재하지 않는 폐쇄적인 조건인 듯 그려지지만 사실상 이것은 다른 선택의 여지가 없는 필연적이고 자연적인 상황이 아니다.

때론 산신령이나 권위 있는 도승 내지는 의원의 조언이기에 전적으로 신뢰할 수밖에 없고 거역할 수 없는 듯 그려지기도 하지만, 이 점을 고려한다 하더라도 자식을 죽여야 하는 상황 앞에서 다른 대안을 모색하는 시도조차 하지 않은 채 '자식살해'에 돌입하는 아이 부모의 행동은 충분히 강박적이다. 양자택일의 상황은 아이 부모가 스스로 설정한 윤리적 판단의 틀인 셈이다. 따라서 서사를 향유하고 연행하는 이들은 이 양자택일의 틀을 이들에게 강제하고 있는 것이 무엇인가, 혹은 이들 부모는 왜 양자택일적인 상황으로 스스로를 몰아 결국 '자식살해'에 나서게 되는가 묻지 않을 수 없다. 이와 같은 상황 판단이 옳은 것인가, 그리하여 '자식살해'를 불가피한 상황이나 필연적인 과정으로 설명할 수 있는 것인가 등을 질문해야 하는 것이다. 그러나 이 서사에서 이와 같은 질문은 애초에 봉쇄되어 있다. 〈손순매아〉에서와 같이 보상이 주어지기 때문이다. 이 보상은 죽은 아이가 실은 '동자삼'이나 '산삼'이었다는 설정으로 그려진다. 아이를 죽이고자 한 의도는 있었으되 실제로 아이를 죽인 결과는 존재하지 않는다는 식의 보상이 주어지는 것이다.

보상의 의미를 윤리적으로 극대화하기 위해, 다시 말해 '올바른 판단과 선량한 행동에 대한 상賞'이라는 의미를 더욱 적극적으로 드러내기 위해 초현실적인 세계를 개입시키기도 한다. 효심에 보답하기 위해 동삼이 사람으로 변신하여 나타난 것이라고 설명하기도 하고, 효성에 감복한 산신이 동자삼을 보낸 것으로 서술하기도 한다. 그 밖의 대부분의 각편에서 연행자들은 모두 동자삼의 등장을 아들 내외의 효성에 감동한 하늘이나 신성한 힘의 보상이라고 설명한다.

'부부가 솥에 넣은 것은 자식이 아니라 동자삼이고 이것은 곧 하늘이 내린 상'이라고 서술되는 순간, '자식살해'의 결정이 올바른 것이었는가라는 질문은 연행자들에게 무의미해지고 만다. 산신이나 동삼이라는 초현실적 힘의 개입 자체가 '신성한 존재가 이처럼 커다란 상을 줄 만큼 그들의 행동은 올바른 것이었다'는 결론을 보증하기 때문이다. 절대적 존재의 보상은 더 이상의 논쟁과 회의懷疑를 가로막는 힘과 권위를 가진 것으로, 이는 부부 내외의 행동에 개입된 윤리성에 대한 가장 확실한 보증서라 할 수 있다.

〈손순매아〉에서처럼 구체적인 물질적 보상이 잇따르는 경우도 있지만 대부분의 각편에서 보상은 이처럼 심리적인 것으로 그려진다. 자신의 자식을 죽였다는 죄의식에서 벗어날 수 있도록 그들이 실제로 삶은 것은 자식이 아니라 '동삼'이었다고 말해주는 것이다. 그러나 〈손순매아〉와 달리 부부는 아들을 죽이기 전에 그들의 행동을 중단하는 것이 아니라 '자식살해'를 결행한 후에야 자신들이 죽인 것이 아들이 아니라는 사실을 알게 된다. 따라서 부모로서의 윤리를 고려할 때, 이들의 행동은 이미 변명할 여지가 없는 과오라고 할 수 있다. 사후에 어떤 보상이 주어지든 이들은 자식을 죽인 것이며, 자신들이 하는 일이 어린 생명을 빼앗는 일이라는 사실을 알고서도 결행한 일이라는 점에서 그들의 행동에는 변호의 여지가 없다. 그러므로 이들의 '죄'는 솥 안에 들어간 것의 정체가 밝혀진 후에도 여전히 '죄'로 남으며, 이들의 죄의식 또한 사라질 수 없다. 신이 내린 선물로 동자삼이 등장한다 하더라도 이것이 완전한 심리적 보상이 될 수는 없는 것이다.

그래서인지 연행자들은 더욱 적극적으로 아들 내외의 효행을 칭송한다. 특히 며느리가 주도적인 역할을 한 경우에 〈동자삼〉은 대표적인 효부담孝婦談으로 자리매김하게 된다. 〈동자삼〉은 가부장적 사회에서 아들이나 며느리에게 요구되는 효의 덕목을 구체적으로 보여주는 서사면서, 모범에 대한 표창을 통해 공동체의 규범적 가치로서 효孝의 권위를 보여주는 대표적인 서사인 것이다. 부모에 대한 효의 도리를 다하기 위해 자식을 희생시킨 부부의 이야기가 공동체의 존재와 공동체적 가치의 무게를 증언하는 대표적인 표상으로서 전면에 내걸린 셈이다.

〈손순매아〉나 〈동자삼〉 외에도 부모가 죽을 뻔한 위기에 처했는데 자식을 대신 희생시킴으로써 부모를 구하는 유형의 이야기들이 있다. 예를 들어 시아버지가 호랑이에게 잡아먹힐 위기에 처한 것을 본 며느리가 시아버지 대신 자신의 아이를 호랑이에게 내어주는 이야기가 있는데, 이런 부류 이야기에서도 며느리의 효심에 감복한 호랑이가 아이를 다시 되돌려주는 보상이 등장한다. 또한 물에 떠내려갈 위기에 처한 시아버지를 구하고 자신의 아이가 떠내려가도록 내버려둔 며느리의 이야기도 있다. 이와 같은 이야기에서는 아이가 다시 살아오는 보상이 나타나지 않아 이야기의 비극성이 더욱 고조된다.

이 이야기에서 사건 전개를 추동하는 문제적 상황은 시아버지와 아들 사이에서 한 사람을 구하고 다른 한 사람을 버려야 하는 선택의 순간으로 설정된다. 그리고 이 선택의 주체는 며느리다. 며느리는 자식이 아닌 시아버지를 선택함으로써 자식에 대한 모정과 어머니로서의 역할을 저버리고 오로지 며느리로서의 삶을 택한다. 그녀는 며느리라는 호명에 부합하는 규범과 가치를 수호하고 실천하느라 다른 어떤 것도 보지 못하는 듯 행동한다.

 그녀의 망설임없는 선택은 자식의 생명은 안중에도 없는 어머니처럼 비춰질 정도다. 더구나 '부모님은 한 분이지만 자식은 또 낳으면 된다'는 논리로 자신의 행동을 정당화할 뿐 아니라 도덕적인 명분까지 내세운다. 자식의 생명 가치에 대한 이 이상한 판단은 세상의 비난을 받을 만한 것이다. 더구나 '모성 신화'가 곳곳에 산재해 있을 뿐 아니라 이미 자연화된 사회라면 이와 같은 '어머니'의 행동은 도덕적인 처벌의 대상이라 할 만하다. 그러나 세상 그 누구도 그녀의 행동을 비난하지 않는다. 남편은 그녀에게 오히려 감사의 뜻을 표하며 세상은 그녀를 '효부'나 '열녀'로 칭하며 명예를 선사한다.

 이것은 사회적으로 '자식을 보살피는 어머니의 사랑'보다 '시부모님을 봉양하는 며느리의 소명'이 더 큰 가치로 인지되어 있음을 의미한다. 효행의 규범적 가치가 모성의 사명을 앞설 정도로 절대적인 것이다. 이야기 안과 바깥, 다시 말해 서사의 층위에서나 연행의 층위에서 아무도 며느리의 행동에 대해 문제를 제기하지 않을 만큼 이 규범적 가치는 공고한 성역으로 전제되어 있다. 이야기 속 인물들뿐만 아니라 연행자들 역시 그녀의 행동을 칭찬할 뿐 그녀의 행동을 비판하지 않기 때문이다. 이것은 남성 연행자들뿐만 아니라 여성 연행자들에게서도 동일하게 나타나는 현상이다.

 '자식 대신 시아버지를 살린 며느리'의 이야기는 누구도 흠집 낼 수 없는 '효부의 표상'을 보여준다. 그리고 이 표상의 권위는 거의 절대적이다. 이 이야기는 어머니이기 이전에 며느리로 살고자 했던 한 여성의 선택을 통해 가장 정당하고 규범적이며 타당한 여성상의 전범典範을 구현한다. 이는 해당 이야기의 연행과 전승이 '며느리'라는 호명에 응답하는 여성 주체의 젠더정체성을 드러내는 동시에 연행 주체로 하여금 이를 수행케 하는 기제로 작용함을 암시한다. 〈자식 버리고 시아버지 살린 며느리〉라는 이야기의 전승이 젠더 주체로서 '여성'의 생산에 관여하는 정황을 짐작할 수 있는 것이다.

그러나 이와 같은 역할을 수행하는 이야기는 해당 이야기 외에도 여러 유형이 존재한다. 여기, 위기에 처한 시아버지를 구하기 위해 시아버지와 자식 사이에서 양자택일의 선택을 하는 며느리보다도 더 극단적인 효행을 보여주는 며느리가 있다. 이 글에서는 해당 유형을 〈실수로 손자 죽인 시부모 잘못 덮은 며느리〉로 부르려 하는데, 이 작품은 실수로 자신의 손자를 삶아 먹은 시어머니나 시아버지의 과오를 덮기 위해 이를 묵과하는 며느리의 이야기다. 이 유형의 이야기에서는 효부의 미담을 전하는 숙종대왕이 등장하기도 하고 〈손순매아〉에서처럼 아이 묻은 곳에서 금전 등의 보상을 얻기도 한다. 그러나 이 이야기에서는 앞서 언급한 이야기들에서와 달리 아이가 살아 돌아오는 보상은 등장하지 않는다. 며느리인 어머니는 영영 자신의 자식을 잃고 마는 것이다.

이 이야기에서도 아이의 죽음을 묵과하는 행동이 '부모는 한 분뿐이지만 아이는 또 낳으면 된다'는 말로 정당화된다. 그러나 이 이야기에서 문제가 되는 상황은 부모가 죽을지도 모르는 위기가 아니다. 〈동자삼〉에서처럼 부모가 아프지도 않고, 〈자식 버리고 시아버지 살린 며느리〉에서처럼 부모가 호랑이에게 잡아먹힐 위기에 처해 있지도 않다. 다만 부모의 과오를 덮기 위해 며느리는 자식의 죽음을 외면한다.

물론 이미 사태가 벌어진 후에 상황을 파악하여 손 써 볼 도리 없는 며느리의 상황을 그려내는 각편들도 있다. 그러나 일부 각편에서는 아이를 살릴 수 있는 조건들이 제시된다. 어떤 각편에서는 며느리인 아이의 어머니가 직접 나서서 자신의 자식을 솥에 넣어 삶으려 들기도 한다. 아픈 시어머니를 위해서가 아니라 치매에 걸린 듯 분명한 판단을 내리지 못하는 시어머니의 요청을 거절하지 못해서다.

　며느리의 행동은 과도한 효행에 가깝다. 특히 다른 가능성을 고려하지 않거나 자식의 죽음 앞에서 여러 번 곱씹어 생각하지 않고 행동하는 그녀의 태도는 단호하기보다는 강박적이다. 그녀의 행동은 '며느리의 효행'이라는 가치 규범으로 이해하기에도 지나쳐서 이상 심리에 가까운 것으로 느껴지며, 어떤 불안이 내재된 신경증적인 증상에 해당하는 것이 아닌가 생각하게 된다.

　며느리의 행동은 마치 자신이 그렇게까지 행동하지 않는다면 며느리의 자리에 존재할 수 없으리라는 무언의 암시처럼 읽힌다. 특정 대상이나 관계에 대한 욕망이 강할수록 불안도 커지는 법인데, 불안의 주체는 자신이 집착하고 있는 가치 규범과 질서에서 벗어나는 그 어떤 것도 용납하지 않는다. 아주 작은 결함이나 일탈도 용납하지 않기 때문에 주체의 판단은 경직되며 그의 행동은 강박적이다.

　앞선 작품들에서 주인공 여성은 며느리로서의 지위와 역할에 과도하게 집착하고 있으며 '효孝'의 가치를 절대적인 것으로 간주하고 있다. 이는 그만큼 그녀의 지위가 불안정하며 효부의 가치를 벗어난 욕망들이 그녀 안에서 들끓고 있음을 반증한다. 불안이 커질수록 그녀는 '효부'가 되기 위해 몸부림친다. 이 때문에 그녀는 자식에 대한 감정과 어머니로서의 역할을 외면하며 마치 감정이 없는 사람처럼 판단하고 행동한다.

　〈자식 버리고 시아버지 살린 며느리〉와 〈실수로 손자 죽인 시부모 잘못 덮은 며느리〉에서도 앞서 언급한 〈손순매아〉나 〈동자삼〉과 마찬가지로 효를 실천하기 위해 자기 자식을 외면하는 어머니와 아버지의 모습이 등장한다. 이들은 자신의 행동을 정당화하기 위해 '자식은 또 낳을 수 있지만 부모는 한 번 돌아가시면 다시 만날 수 없다'고 말한다. 이와 같은 논리에 따르면 이들의 자식인 어린 아이의 생명 가치는 다른 어떤 것으로도 환원 불가능한 고유한 대상이 아니라 언제든지 대체되거나 교체될 수 있는 양적인 대상으로 간주된다. 아이의 존엄은 쉽게 무시되고 부모의 존재는 납득하기 어려울 정도로 절대화된다.

자식 대신 시부모를 선택하는 며느리나 그녀의 효행에 감사하는 남편은 모두 부모에게 지나치게 밀착된 자식의 모습을 보여준다. 심리적으로 부모에게서 분리되지 못한 채 고착되어 있는 것이다. 다시 말해 이들은 그 스스로 '부친살해'를 감행하지 못한 존재들이라고 할 수 있다. 부모에게서 독립하는 심리적인 분리를 성취하지 못한 이들은 결국 자기 자식을 죽음으로 몰아넣으려 함으로써 자기 자식에게서 '부친살해'의 기회를 원천적으로 빼앗고 만다. 자기 세계의 주인이 되지 못한 이들이기에, 결국 자기 자식에 대해 부모로서의 역할을 다할 수 없었던 것이다.

더욱 문제적인 것은, 아들인 아버지는 핵심 사건의 전개 과정에서 빠진 채 모든 책임에서 면제되어 있는 반면, 며느리인 어머니는 자식의 죽음을 방조하거나 묵인한 모든 책임을 떠안고 있다는 사실이다. 양자택일의 선택을 해야 하는 기로에 선 것은 오로지 며느리인 아이의 어머니이며, 자식 대신 시부모를 선택한 결과에 대해 모든 책임을 져야 하는 것도 아이의 어머니다. 자식을 저버리고 그녀가 받는 보상은 효부라는 호칭, 혹은 열녀라는 명예에 지나지 않는다. 그와 같은 보상으로 자식의 생명을 외면한 어머니의 마음을 가릴 수 있을까? 어머니의 삶 대신 며느리의 길을 선택한 여성은 결국 자식도 잃고 어머니로서의 자기정체성도 잃고 만다.

더구나 이들 효행담의 연행에서 여성들의 참여율은 비교적 높은 편이다. 또한 여성들이 참여한 연행에서 강박적 효행과 이에 대한 절대적 지지는 오히려 더욱 강화된 양상을 보인다. 그렇다면 이와 같은 이야기의 연행이 '남성'이나 '여성' 주체에게 미치는 영향은 무엇일까? 특히 며느리의 효행을 칭송하는 목소리가 드높은 여성 연행자들의 이야기 연행에서 이들 이야기가 만들어내는 효과는 무엇일까?

며느리의 효행과 '자식살해' 서사의 효과

구전서사 연행이 젠더정체성의 수행 과정으로 작용하면서 '남성', 혹은 '여성'이라는 젠더 주체를 형성하는 효과를 만들어낸다고 할 때 구전서사의 스토리story는 젠더 권력 질서가 암묵적으로 지시하는 정체성의 내용에 따라 구성된다. '부친살해'를 뒤틀어 '자식살해'의 방향으로 나아가는 효행담孝行談에서 '자식살해'를 결정하거나 자식의 죽음을 외면하는 어머니의 형상은 강박적 효행이 야기하는 모든 불안을 대리 표상하는 존재로 읽힌다. 이들 효행담은 아버지를 배제한 채 자식을 죽음으로 몰아넣거나 자식의 죽음을 방조하는 어머니 상을 구현함으로써 '부친살해' 반동의 모든 책임을 '여성'에게 전가한다.

자식의 '부친살해'를 방어하면서 부모에 대한 효를 다하고, 이를 통해 자신의 '부친살해'를 회피하려는 욕망과 의지는 아들이자 아버지인 '남성'의 것이다. 가부장적 사회에서 '효부'와 '열녀'의 이름은 그녀를 배우자로 둔 남성의 명예를 확장할 뿐 여성 자신에게는 아무런 의미를 가지지 못한다. 아내이자 며느리면서, 무엇보다 어머니인 여성은 그녀의 사회적 지위에 아무런 영향을 미치지 못하는 '효부', 혹은 '열녀'의 명예를 얻기 위해 자식의 생명을 외면하거나 저버린 것이 아니다. 그녀는 맹목적으로 며느리라는 호명에 응답했을 뿐이며 그녀에게는 이것 외의 다른 선택은 불가능한 것처럼 보인다. 심지어 그녀에게는, 며느리로서의 사명과 의무에 앞서 어머니로서의 역할과 소명을 내세울 만한 권한조차 없어 보인다.

사실상 자신의 부모와 자기 자식 사이에 끼어 있는 것은 '남성' 주체인 아이의 아버지다. 그는 아직 부모로부터 분리되지 않은 상태의 불안과 결핍 속에 있으며 자식의 '부친살해'를 감당할 준비가 되어 있지 않은 상황에 놓여 있다. 결과적으로 자식의 죽음을 외면하거나 방조한 아내의 행동에 감사를 표하거나 이를 수긍함으로써, 그는 미완의 '부친살해'에 갇힌 존재이자 자식의 '부친살해'를 원천적으로 봉쇄한 죄의식에 얽매인 존재가 된다. 이것이 '남성' 주체의 상실과 우울에 해당하는 내용이라 할 때, 이들 효행담 속 며느리는 이 우울의 알리바이를 제공하는 존재이자 상실이 야기하는 결핍과 한계를 대리 표상하는 존재라고 할 수 있다. 결국 이들 효행담은 '남성' 주체의 불안과 우울의 원인을 '여성'에게 돌리는 방식으로 회피하거나 '여성' 이미지를 알리바이로 삼아 방어하려는 젠더화 전략의 한 단면을 엿보게 한다.

'남성' 주체의 표준화 기제에서 부모에 대한 효행은 '여성'의 경우보다 더욱 강조된다. 앞서 살펴본 이야기에 나타난 며느리의 강박적 행동과 불안은 사실상 이야기 문면에 드러나지 않는 남편, 곧 아버지이자 아들인 '남성' 주체의 것이다. '남성' 주체 스스로 자식을 저버리고 부모를 선택하는 책임을 온전히 도맡을 수 없기 때문에 '여성'인 아내로 하여금 대신하게 하는 것이다. 따라서 부모로서 어머니가 떠안는 그녀의 '죄'—자식의 생명과 존엄을 외면한— 는 처음부터 그녀의 몫이기보다는 전가된 것에 가깝다.

연행에 참여하거나 연행을 주도하는 여성 연행자들은 '남성' 주체의 욕망을 대리하는 존재들로, '자식은 또 낳으면 되지만 부모님은 한 분밖에 없다'는 말은 사실상 아내의 것이 아니라 남편의 것이다. 그녀들은 그저 복화술사처럼 '남성' 주체의 발언을 자기 말처럼 되풀이하고 있을 뿐이다. 바로 이때 배후의 발화 주체인 '남성'은 침묵하거나 '여성'의 뒤에 숨는다. 그는 그저 사후事後에 나타나 그녀의 행동을 칭찬하거나 승인할 뿐이다.

'아버지 부재'와 '기아'로 시작된 '부친살해'의 변주는 효행담의 여러 서사에서 '자식살해'로 나아가는 양상을 보인다. 이들 '자식살해' 서사에서 주목할 두 가지는 '자식살해'를 결행하는 주체들에게서 감정적인 동요나 내적 갈등을 발견하기 어렵다는 것과 이들의 '자식살해'가 '거짓 보상'으로 귀결되어 문제제기 자체가 봉쇄되었다는 점이다. 부모의 병을 낫게 하기 위해 주저없이 자식을 죽음으로 몰아넣는 아들과 며느리의 행동은

'부모'로서의 자의식은 없고 '자식'으로서의 자의식만 있는 것처럼 그려진다. 이들의 결단과 행동은 거의 맹목적인 것에 가까워서 그들은 '살해'에 앞서 주저함이 없을 뿐만 아니라 사후에도 죄의식을 경험하지 않는 것처럼 그려진다.

메말라 있는 인물들의 정서는 일차적으로 이들의 내면이 서사적으로 초점화되지 않은 데 기인하지만 이들의 내면이 초점화되지 않은 것은 오로지 '자식살해'의 과정과 결과가 중요할 뿐 그들의 동기는 문제가 되지 않기 때문이다. 이것은 '자식살해'에 나서는 주체들이 공동체적 가치와 규범을 기계적으로 실행하는 도구적 존재에 지나지 않음을 반증한다. 이들은 감정과 생각 없이 행동하도록, 공동체의 명령을 수행하기에 적합한 몸―기계적이고 도구적인―으로 조형된 존재들이다. 결국 '자식살해'의 주체는 공동체의 정치가 매개되고 작동하는 데 가장 적합한 형태로 최적화된 몸과 마음을 소유한 이들이라고 할 수 있다. 심지어 이들은 감정마저도 공동체적 가치를 실현하는 데 적합하도록 규율화된 상태에 있는 것이다.

주체적 사고와 공감 능력의 박탈은 도구적 존재에게는 필수적인 것이다. 그러나 다른 한편 '자식살해'가 전혀 명분이 될 수 없고 설득력이 없는 결정인데도 한 치의 주저함 없이 결행하는 주인공들의 태도는 공동체적 가치 규범으로서 '효'의 덕목이 가진 권위와 힘을 짐작케 한다. 효는 그만큼 개별 주체를 억압하는 가치인 것이다. 내적 갈등이든 외적 갈등이든 서사적으로 갈등이 외재화되지 않는 것은 갈등이 은폐되거나 미봉된 수준을 넘어 억압된 상태임을 암시한다. 맹목적 묵수와 순응 외 다른 태도와 감정은 가질 수 없는 것이다. 이처럼 엄격하게 통제되고 규율화된 심리 상태는 연행 주체의 발화를 통해서도 그대로 확인된다. 이야기를 해석하고 재맥락화하는 연행 주체들은 대부분 자식을 죽이고 부모를 구하려 한 주인공 부부의 행동이 옳았다고 평가한다.

연행자들이 이처럼 '자식살해'라는 극단의 폭력 앞에서 '아름다운 효행'에만 주목하는 것은 서사 말미에 결부된 '거짓 보상' 때문이기도 하다. 임금이나 관리(〈손순매아〉), 한 걸음 더 나아가 산신이나 천신과 같은 신성하고 초월적인 존재(〈동자삼〉)의 개입으로 이루어진 보상은 아들을 죽음으로 몰아넣은 부부의 행동이 윤리적으로 타당하고 올바른 것이었음을 재론의 여지없이 확증한다. 의문이나 회의의 여지를 남겨두지 않고 봉쇄하는 것이다.

어떤 종류의 문제제기도 차단된 채 '효'라는 공동체적 가치가 전면화될 때, 특히 '자식살해'와 같은 극단적 사건 앞에서도 흔들림없이 이와 같은 가치가 실행될 때 해당 이야기의 연행과 전승은 공동체적 결속과 기존 질서 체제로의 동화와 순응만을 강제하는 억압적 효과를 양산할 수 있다. 이 이야기의 연행이 만들어내는 효과는 아들 세대는 부모 세대에게 전적으로 순종하고 부모 세대의 안녕을 최우선의 과제로 삼아야 한다는 것, 공동체의 가치 규범을 지키고 기존 질서의 존속을 위해서라면 개인의 생명이나 존엄이 무너지는 것 또한 감수해야 한다는 것, 공동체의 가치 앞에서 개별 가치는 얼마든지 무화될 수 있다는 것, 공동체를 위한 개인의 무아적無我的 헌신에는 별도의 명분이 필요치 않다는 것을 내면화하는 것이다. 보상이 말문을 막아 반항의 작은 기미조차 막아버린 이와 같은 이야기들이야말로 '아들' 세대에게는 가장 강력한 신경증을 유발하는 텍스트가 될 것이다.

공동체적 가치를 실현하기에 적합하도록 규율화된 신체를 보여주는 가장 극단적인 예는 효행 서사에 등장하는 '며느리'와 같은 여성 인물들이다. 이들 여성으로 하여금 '자식살해'에 나서게 하는 공동체의 명령은 가부장적 사회 질서로부터 나온 것이며 그녀 아들의 죽음을 요구하는 가치와 규범은 남성 주체의 공동체와 가부장적 지배 이념에서 비롯된 것이다. 그녀가 아들을 죽여 지켜야 하는 가치와 질서는 그녀 자신의 사회·정치적 지위와는 아무 상관이 없는 것이다. 그녀는 자신의 이해와는 아무 상관이 없는 질서를 유지하기 위해 아들의 생명을 앗아야 한다. 이것만이 그녀가 공동체 내에서 자신의 존재를 드러낼 수 있는 유일한 방식, 혹은 그녀가 공동체 내 주체로 호명interpellation 받을 수 있는 유일한 방식이기 때문이다.

공동체적 가치의 기계적 실천을 위해 극도로 규율화된 그녀의 감정은 아들의 죽음에 동요하지 않는 메마른 감성을, 모성母性이라는 또다른 가부장적 이데올로기마저 허용하지 않을 만큼 완벽히 통제된 상태를 보여준다. 그만큼 '자식살해'는 공동체의 명령 가운데서도 가장 강력한 효과를 발휘하는 과업인 것이다.

이들 이야기에서 여성 인물은 모두 '며느리'의 이름으로만 불리며 '며느리'로서의 역할에만 집중한다. 이들은 모두 '자식살해'에 적극 나서는데 어린 아이에게 어머니가 세상의 안전과 평화, 보호와 친밀감 그 자체라는 점을 상기할 때 이와 같은 설정은 '아들들'에게는 충격일 수밖에 없다. 바로 이 대목에서 '아버지'와 '아들'로 표상되는 두 세계의 갈등과 긴장이 '어머니'와 '아들'의 대결로 치환되어버리고 만다. 가부장적 권력 승계 라인의 계승자나 가부장적 사회의 주체로 승인받지도 못하는 '여성'들이 '남성' 주체의 공동체, 가부장적 이념을 구현하는 공동체를 위해 스스로를 기꺼이 땔감으로 내던지는 순간 '아들' 세대와의 대결은 이미 숙명으로 예고된 것이었다.

'자식살해' 서사에서 '여성' 인물의 활약이 이처럼 두드러진 것은 '자식살해'가 유발하는 죄의식과 불안을 대리 표출할 대상, 곧 '남성'의 '죄'를 대신할 알리바이로서의 '여성'이 필요하기 때문이다. 이야기가 정체성의 시나리오를 제공하며 특정 정체성을 자신의 것으로 기입한 주체의 생산에 기여한다면 '자식살해'가 만들어내는 정체성, 혹은 '자식살해'의 서사를 통해 형성되는 주체는 과연 어떤 내용으로 구성되어 있을까? 앞선 분석대로라면 '자식살해'가 구성하는 주체는 결국 젠더화된 주체가 아닐까?

'자식살해'의 서사는 집단 동일성에 대한 순응과 기존 질서 및 관념의 존중, 다시 말해 '아버지'로 표상되는 법·권위·질서·가치에 대한 순종과 헌신을 지시한다. '자식살해'의 서사가 암시하는 정체성을 내면화한 주체는, 만약 이와 같은 정체성의 내용에 어긋나는 수행을 보여준다면 개별 주체는 언제든지 경계 바깥으로 내쳐질 수 있으며, 공동체 내에 스스로 존재하면서도 그 존재를 가시화할 수 없는 유령 같은 존재가 될 수 있음을 깨닫게 될 것이다. 이와 같은 정체성의 내용에는 분명 '남성'과 '여성'을 각각 다른 위치와 역할로 호명하는 젠더화의 기표가 숨어 있다.

라캉에 의하면 '부친살해'는 생물학적 아버지가 아닌, 아이가 환상 속에서 만들어내는 '상상적 아버지'에 대한 살해다.[12] 아이는 '상상적 아버지'에 대한 살해를 통해 상징적 질서로 진입하게 된다. 환상과는 다른 실재적 아버지의 개입으로 '상상적 아버지'에 대한 살해가 일어나고 이 '부친살해'를 통해 실체가 아닌 기표들의 세계, 결여와 의미로 가득한 상징적 세계로 진입하게 되는 것이다. 만약 아이가 '부친살해'를 실행하지 못해 상징계로 진입하지 못하게 되면 어떤 일이 발생할까? 정신분석학자들은 '상상적 아버지'의 포로가 되어 그의 그늘을 벗어나지 못한 아이에게 일어나는 파괴적인 현상들에 주목한다.

파시즘의 광기에 휩싸인 청년들, '자기'를 잃어버린 채 대의명분에 집착하는 개인들, 법과 권력에 순종하느라 스스로의 생명과 삶을 파멸로 몰아넣는 개별 주체들이 모두 '아버지'로 표상되는 세계로부터 벗어나 자신의 세계를 건설하지 못한 채 '아버지의 그늘'에 고착된 '아들들'의 모습을 보여준다. '부친살해'가 회피되거나 반대 방향으로 움직여 '자식살해'로 나아갈 때 '아들들'은 '아버지의 세계'에서 벗어나지 못할 뿐 아니라 '아버

---

[12] 홍준기, 『오이디푸스 콤플렉스, 남자의 성, 여자의 성』, 아난케, 2005, 133쪽.

지의 세계'에서 벗어났을 때 가해질 처단에 대한 불안과 공포에 휩싸이게 된다. 일종의 거세 불안 때문에 '아들들'은 점점 더 깊이 '아버지의 세계'에 고착될 수밖에 없는 것이다. '아버지'로 표상되는 법과 질서에 맹목적으로 순응하면서 자신의 개별적 가치를 지켜내기 위한 일체의 저항을 포기한다면, 이와 같은 주체는 누구라도 심각한 존재론적 위기를 경험하지 않을 수 없다.

여전히 아버지의 그늘 아래 있는 아들들의 세상에는 미래가 없다. 아들들은 아버지로 표상되는 공동체의 가치와 법의 권위, 권력의 힘을 동경하고 숭배하는 동시에 그 구속에서 벗어나고자 애쓴다. 이와 같은 양가감정은 아들들에게는 자연스러운 일이다. 아들들은 아버지를 살해한 죄의식과 결여 속에서 비로소 자신들이 일으켜세울 세상의 주인이 될 수 있다. 아버지로 표상되는 기존 질서의 부정과 극복 없이 새로운 세상은 도래하지 않는 것이다. 그렇다면 아버지를 살해하지 못한 아들들은 어떻게 될까? 혹은 그런 아들들의 세계라면 그 속에서 미래나 진보, 혹은 변화는 어떻게 담보될 수 있을 것인가?

'부친살해'가 회피되거나 우회되는 것은 분명 신경증적인 상황이다. 아들들은 상상적 아버지에 포섭되어 상징계로 나아가지 못한 채 퇴행하거나 깊은 우울 속에 빠져들 것이다. 더구나 '부친살해'가 역방향으로 변주되어 '자식살해'로 나아갈 때 상상적 아버지의 망령은 아들들의 내면 깊숙이 파고들어 불안과 우울의 똬리를 만든다. 아들로 표상되는 새로운 세계의 주인공들은 자신들의 세계를 건설할 동력을 잃어버린 채 유령처럼 낡고 병든 아버지의 세계를 떠돌게 되는 것이다. 아버지의 세계가 아무리 낡고 병들어도 아들들은 변화를 꿈꾸지 못한다. 기존 질서에 반항하려는 순간 '살해'의 공포와 위협이 엄습하기 때문이다. 따라서 아들들은 기존 가치와 질서에 순응하고 아버지의 명령을 묵수할 뿐이다.

장강의 뒷물결이 앞물결을 밀어내듯이 아들들의 승리와 아버지의 패

배는 필연적인 흐름이다. 혹자는 아버지와 아들이 대결없이 조화롭게 공존하면 되지 않냐고 물을지도 모른다. 진정한 공존은 차이의 무화나 갈등의 배제가 아니라 차이의 인정과 갈등의 해결에 토대를 둔다. 존재하고 있고 존재할 수밖에 없는 갈등을 회피하거나 부정하는 것은 더 큰 갈등과 모순을 은폐하고 정당화하는 효과를 만들어낼 수 있기 때문이다.

미래가 아들들의 세계라면 아버지의 세계를 극복하고 벗어나고자 하는 아들의 도전과 싸움은 피할 수 없는 대결이요, 숙명적인 과정이다. 아버지에게 도전할 수 없는 아들, 아버지의 세계를 벗어날 수 없는 아들에게는 미래가 없다. 무엇보다 그와 같은 아들들은 자기 세계의 주인이 되지 못한다. '부친살해'의 주체가 새로운 규범과 가치를 만들어내 자신들의 질서를 구축하는 것과 달리 '자식살해'의 주체는 현존하는 규범과 가치를 엄격히 준수하는 모범으로서, 기존 질서를 수호하고 유지하는 역할을 수행한다. '부친살해'가 공동체의 미래를 짊어질 주체를 만들어내는 서사라면, '자식살해'의 서사는 공동체의 과거에 고착된 주체를 생산하는 서사인 셈이다.

참고문헌

이 글은 동일 저자의 책인 『한국 구전서사의 부친살해』(월인, 2013)에서 발췌한 내용을 알기 쉽게 정리하여 풀어쓴 글이다.

찾아보기

ㄱ

가곡歌曲　87, 88, 254
가나假名　58
가사　11, 12, 15, 17, 18, 23, 82, 88,
　　　95, 153, 157, 159, 160, 162,
　　　214, 215, 253~255, 258, 266,
　　　267, 268, 269
가에리텐返り点　58, 67
가요歌謠　18, 154~157, 160, 254
가해조천록駕海朝天錄　64
간서론　189, 194, 196
갑오개혁　56
강담운姜澹雲　285
강박적 효행　318, 319
강좌칠현江左七賢　224
강호가도江湖歌道　259, 261
격률格律　59, 61
견훤甄萱　306
경기체가　153
경성제국대학　14, 21, 23, 33, 169, 170~172
경판京板　169, 203~206, 212, 213
계곡만필谿谷漫筆　60
고려가요　11, 12, 14, 16, 17, 153, 154,
　　　156, 157
고려　223, 224
고려사악지　159
고본춘향전　213
고사기古事記　57
공동체　76, 80, 100, 106~115, 122,
　　　290, 294, 297, 310, 314, 321,
　　　322, 323, 325, 326
공동체의 경계　109
공동체의 역사　109
과거제도　56, 58, 69
과문科文　56
관음신앙　122~124, 130, 131
관판官板　202
광개토왕비廣開土王碑　57
광무개혁　94, 95
구결口訣　58
구술 담화　101
구술 연행oral performance　99
구술언어　98
구양수歐陽脩　222, 223, 229, 237
구운몽　11, 31, 46, 48, 167, 207

찾아보기　327

ㄱ

구전서사　98, 292, 300, 307, 319
국문國文　26, 56, 57, 82, 87, 94
국한문國漢文　57
권철신權哲身　196
궤내깃(괴뇌깃)당본풀이　305
규율화　321, 322, 323
규율화된 신체　322
균여均如　13, 81, 84, 85, 119, 305, 306
균여전均如傳　13, 84, 85, 119, 305
금오신화金鰲新話　11, 19, 20, 23, 30
금와　301, 302, 303
기아棄兒　300, 302, 303, 305~307, 320
기어츠Clifford James Geertz　51
기원요　122, 123, 125, 126, 127, 134
기윤紀昀　222
기재기이企齋記異　20
김녕궤내깃(괴뇌깃)당본풀이　303
김도金濤　59
김시습金時習　20, 21, 30
김천택　91, 92, 262
김태준金台俊　168, 170~172, 174, 177, 180, 213

ㄴ

낙산사　43, 46, 47, 145
난생卵生　300
난설헌집　64
남가태수기　46
남녀상열지사男女相悅之詞　157, 160~164, 166
남원고사　205~208, 210~212, 215, 267
논어論語　33, 58, 102, 142
농옥弄玉　230

ㄷ

다성성多聲性　115
다카하시 토오루高橋亨　21, 170, 172, 173, 177, 180
단절　33, 62, 290, 293, 294, 301~303, 307
담론 자원discursive resources　106, 107
담론적 모형matrix　109
당금애기　296
대동강大同江　28, 158~160
대동풍요大東風謠　257
대리 표상　319, 320
대책對策　149, 221
도구적 존재　321
도산십이곡陶山十二曲　89
도천수대비가　122~128, 130~135
독서물　101, 103, 201, 217, 267
독서삼품과讀書三品科　58
동국여지승람東國輿地勝覽　149
동명왕　301
동문선東文選　233
동사강목東史綱目　52, 149
동아시아　26, 55, 58, 59, 63, 64, 256
동인시화　231, 233
동자삼童子蔘　310, 311, 313, 314, 316, 317, 322
동화　99, 108, 110, 114, 292, 322
두보杜甫　18, 19, 56, 58, 187, 190
두시언해　11, 18, 19

ㄹ

랑케Leopold von Ranke　50
로렌스 스톤Lawrence Stone　51

ㅁ

만전춘滿殿春　162, 163
만횡청류蔓橫淸類　264
맥락context　14, 21, 46, 99, 100, 101, 105, 108, 144, 161, 301, 302
메타 히스토리Meta History　51
며느리　307, 311, 312, 314~320, 322, 323
며느리의 효행　317, 318
모리스 쿠랑Maurice Courant　176
모성母性　124, 315, 323
모성 신화　315
모시박사毛詩博士　57
목판본木板本　13, 21, 179, 180, 200, 202, 203, 205, 213
몽송지의矇誦之義　189
몽송지의霧淞志意　196
무왕武王　144, 159, 306
문자　12, 26, 32, 50, 55, 57, 62, 70, 72, 78, 81, 84, 86, 87, 94, 217
문자생활　55, 56, 57, 59
문화사　51

ㅂ

박지원朴趾源　22, 23, 30, 60, 62
방각본坊刻本　21, 177, 179, 180, 199, 200~205, 212, 213, 216
방옹시여放翁詩餘　257
방음方音　60
백운자　227, 228, 229
번역　18, 19, 22, 27, 29, 32, 49, 55, 73, 75, 81, 85, 86, 87, 94, 132, 151, 169, 170, 176, 177, 217
법관양성소　57
변시變詩　193
보상　309, 310, 312, 313, 314, 316, 318, 322
보태평保太平　161, 162
보현십원가普賢十願歌　84, 85, 120
복수성複數性　115
복화술사　320
본사시本事詩　222
본풀이　292, 297, 305
부상일기扶桑日記　65~67
부친 탐색　295~300
부친살해父親殺害(Vatertötung)　290~294, 298, 299, 301~303, 305, 307, 318~320, 324~326
북학北學　62
북해도　63
분리　12, 83, 84, 90, 94, 135, 160, 257, 268, 293, 298~303, 305, 307, 318, 319
불안　110, 111, 291, 292, 301, 317, 319, 320, 323, 325
비교문학　56
비동일성　302, 303
비동질적 요소　110, 111
비정상　302, 303
빈공과賓貢科　59

ㅅ

사고전서四庫全書　60, 61, 222
사곤謝鯤　234
사기史記　33, 41

사뇌가 85, 86, 121, 124, 125, 128, 130, 134
사설시조 11, 33, 207, 264, 265
사씨남정기 74, 167
사판私板 202
삼국사기三國史記 37, 38, 40~43, 52, 57, 141, 143, 144, 150, 301
삼국유사三國遺事 13, 14, 37, 38, 43, 46, 47, 52, 119, 122, 137, 139, 140, 141, 143, 145~151, 295, 301, 308
상실 99, 190, 320
상인常人 56, 59
상징적 아버지 291
상징적 질서 291, 324
서거정 231, 233
서경西京 154, 158~160
서경덕徐敬德 60, 61
서경별곡 157, 158, 160, 161, 162, 164, 165, 166
서사이론 49, 50
서사적 진실 100
서왕모 230
성수시화 61
성운聲韻 59, 60
세계 공용어 55
세인희락지구世人戲樂之具 121
세책貰册 23, 179, 200, 204, 206, 208, 210, 212, 213, 215~217
세책집 21, 33, 179, 180, 199, 204, 213, 216
소문쇄록謏聞瑣錄 236
소사簫史 230
소사패설小史稗說 103, 104
소쉬르Ferdinand De Saussure 49
소식蘇軾 58

소악부小樂府 82, 157, 160
속요 153
손순매아 308, 310, 311, 312, 313, 314, 317, 322
송강가사松江歌辭 89
송당본향당본풀이 305
송인送人 27~29
수로 293
순응 99, 110, 115, 292, 321, 322, 324, 325
순자荀子 193
승정원일기 176
시가일도詩歌一道 82, 85, 91, 92, 255, 256
시경詩經 30, 82, 88, 92, 155~157, 187~190, 192, 193, 196, 256, 257, 263
시식詩式 222
시아버지 312, 314~317
시언지가영언詩言志歌永言 154
시여詩餘 254
시용향악보 15, 157
시정문화 269
시조時調 11, 12, 14, 17, 18, 29, 33, 82, 88, 91, 92, 95, 153, 154, 253~255, 257, 260, 262, 263, 266, 268, 282, 306
시조始祖 142
시품詩品 222
시화詩話 83, 185, 221~231, 233, 234, 236, 237, 239, 240, 241, 243, 255
신광한申光漢 20
신문관 169, 172
신소설 24, 25, 95, 179, 200, 207
신준 227, 228, 236, 237

신풍・하천본향당본풀이　303
신화　110, 290, 292, 293, 294, 295,
　　　300, 302, 303, 305
12가사　267
11면관음상　133, 134
쌍방적雙方的인 기록　62

ㅇ

아도阿道　146, 295, 299
아도기라阿道基羅　295
아버지 부재　295, 298, 320
악장가사　15, 154, 157
악학궤범　157, 165
안경安珦　64
안성판安城板　204~206
안정복安鼎福　52, 53, 147, 149
안확　169, 172, 176
알리바이　320, 323
알지　293
압운押韻　60, 61
애절양哀絶陽　185~188, 190, 191, 193
야래자夜來者　306
양반兩班　56, 76, 103, 208, 276, 278,
　　　281, 283
양주동　14, 125
어부사시사漁父四時詞　259, 261
억압적 효과　322
언문　33, 86, 94, 95, 163, 170, 178,
　　　258
언해諺解　58, 73
역관譯官　27, 59, 63
역옹패설櫟翁稗說　242, 243, 244, 245,
　　　248, 251

연행　98~107, 109, 110, 112~115, 308,
　　　315, 318~320, 322
연행물　101
연행 주체　101, 106, 107, 109, 113~115,
　　　308, 316, 321
열녀춘향수절가　23, 201, 206, 214, 215,
　　　217
열반경의涅槃經義　57
열하일기　22, 30
오구라 신페이小倉進平　14
오명제吳明濟　63
오정석　228, 229
오쿠리가나送假名　58
옥중화　199~201, 206~213, 217
온달　38, 39, 40~43, 47, 49, 52, 53
완판完板　204~206, 209
완판84장본　23, 200, 201, 206~209,
　　　211~217
왕인王仁　58
우울　292, 320, 325
운서韻書　59, 60
운영전　31
원생몽유록　31
원효　46, 121, 122, 133, 145
위기징후　300, 302, 303
유리　295, 296, 299
유서類書　235
유화　295, 301, 302
육일시화六一詩話　222, 223
윤선도尹善道　259
윤휴尹鑴　196
이곡李穀　59
이공본풀이　297, 298
이규경李圭景　148
이긍익李肯翊　147
이덕무李德懋　147, 148

이두吏讀　58, 81
이매창李梅窓　280, 283
이물교혼異物交婚　306
이백李白　56, 58
이색李穡　59
이수광　234, 235
이식李植　170, 171, 180
이야기 주머니　97, 98, 99
이인로李仁老　223~226, 228, 233, 237, 239, 241, 242, 246~248, 250, 251
이인직　25
이전직　67
이제현李齊賢　82, 242~249, 251
이지항李志恒　63
이진영　67
이해조　199, 200, 201, 206, 210
이형상李衡祥　15
익재난고　157, 160
일본日本　13, 14, 20, 21, 26, 58, 59, 62~67, 148, 149, 151, 170, 204, 216, 285
일본서기日本書紀　57
linguistic turn　49, 50
일연一然　127~129, 137~142, 144, 145, 151
임경업전　103, 104
임춘　224, 225, 229, 230, 231, 232, 233, 234, 235, 236, 237
입사入社　290, 293, 295~300
입학시험　57
잉여　115

ㅈ

자식살해　292, 299, 302, 305, 307, 309~313, 319~326
자찬묘지명自撰墓誌銘　188, 189
장유張維　60
전간기사田間紀事　191, 192
전등신화剪燈新話　20
전승　11, 18, 29, 42, 73, 82, 83, 85, 99, 100, 107, 114, 119, 153, 157, 233, 253, 254, 255, 258, 262, 292, 308, 315, 316, 322
정대업定大業　161, 162
정석가　158, 160
정습명鄭襲明　240~242, 245, 246, 250, 251
정약용丁若鏞　148, 183~191, 193~197
정철鄭澈　82, 88
정체성의 정치identity politics　114
정통鄭通　243~245, 248, 249, 251
제석본풀이　296
제자백가諸子百家　58, 225
제주도 본풀이　297
젠더 주체　316, 319
젠더화　70, 320, 323, 324
조경명　66, 67
조선소설사　168, 169, 172, 174, 177, 180, 213
조선시선朝鮮詩選　63
조선왕조실록　24, 156, 176
조신調信　38, 43~45, 47~49, 52, 53, 236, 237
조윤제　82, 169, 173, 213
조태억　66, 67
조형趙珩　65, 66, 67

죄의식　294, 313, 314, 320, 321, 323, 325
주몽　295, 296, 299, 301, 302, 303
주술적 관념　111
주지번朱之蕃　64
주흥사周興嗣　58
죽고칠현竹高七賢　221, 224
죽림고회竹林高會　225
죽림칠현竹林七賢　221
준공공영역　113
중국　18~20, 22, 24, 26, 30, 46, 55~64, 76, 77, 85, 86, 94, 131, 143, 223, 225, 241, 250, 292
중문본향당본풀이　303
중산시화中山詩話　222
중화中華　62, 148
지봉유설　234, 235
진서　95
집단 동일성　111, 107, 108, 110, 112, 114, 300, 302, 324
쯔놈　58

ㅊ

차이　21, 69, 81, 83, 85, 87, 91, 94, 123, 155, 164, 212, 222, 255, 268, 297, 300, 303, 326
참서갑의록　31
창화唱和　62, 188
천수경　131, 132, 135
천수관음도　122, 124, 130, 132, 133, 134
천수관음상　133
천자문千字文　58

천지왕본풀이　297
청구영언　91, 255, 262, 263, 264, 265, 267
청담淸談　221, 224
청산별곡　15, 16
최남선　13, 17, 20, 150, 151, 172, 213, 253
최해崔瀣　59
최행귀崔行歸　81, 84~86
춘면곡　267
춘향전　11, 19, 22, 23~25, 33, 34, 176, 199, 200~206, 210, 212~218
출처　259
충신연주지사忠臣戀主之詞　160
칙령　57, 94
칠성본풀이　303
침중기　46, 48

ㅋ

쿤도쿠訓讀　58

ㅌ

탈해　300, 302
택당집澤堂集　21, 170, 171, 172, 173, 174, 175, 177, 178, 180
토템적 사고　111
토템적 상징　111, 112
토템화　294
통압通押　60, 61

ㅍ

파한집破閑集   221, 223~227, 230, 231,
　　　239~243, 245, 247, 250, 251
판소리계소설   23, 214
패관문학   234
패관잡기稗官雜記   233, 234
평수운平水韻   60
표주록漂舟錄   63
표준화normalization   94, 99, 109, 110,
　　　111, 114, 116, 320
필담筆談   26, 62, 63
필담筆談 창화집唱和集   65
필사본筆寫本   22, 31, 65, 66, 67, 75,
　　　140, 177, 180, 200, 203~205,
　　　227

ㅎ

한객건연집韓客巾衍集   63
한국시화인물비평집   231
한문서적   57, 58
한문학   12, 25, 27, 32, 55, 56, 61, 67,
　　　68, 69~72, 81, 184, 233
한문漢文   18, 19, 22~27, 29, 31, 32,
　　　55~57, 69~73, 75, 81~83, 87,
　　　95, 168, 170, 172, 173, 178,
　　　258, 283
한자漢字   13, 26, 29, 55, 57, 58, 59,
　　　65, 70, 72, 73, 81, 94
한漢나라   55, 57, 142, 241
할망본풀이   305
항아姮娥   230
해객시초海客詩鈔   63

해동가요   263
해동고승전   141
해모수   295, 301, 302, 303
향가   11, 12, 13, 14, 17, 82, 84~86,
　　　119~124, 128~130, 145, 153
허균許筠   21, 61, 63, 64, 167~178,
　　　180, 181
허난설헌   67, 68
허생전   11, 19, 22, 23, 25, 30
허종許琮   60
헤이든 화이트Hayden White   50, 51
혁거세   143, 293, 303
혈의 누   25
호레이스 알렌Horace Newton Allen   176
호명interpellation   109, 111, 115, 125,
　　　277, 315, 319, 323, 324
호소이 하지메細井肇   169, 176
홍길동전   11, 19, 21, 25, 167, 168,
　　　170~173, 175, 177, 178, 180
홍만종洪萬宗   87, 92
홍무정운洪武正韻   60
화담집花潭集   60
활자본活字本   13, 149, 202, 203
활판본活版本   25, 169, 179, 200, 201,
　　　203, 205, 206, 213
황상黃裳   186
황화집   60
효   307, 308, 310, 311, 314, 317,
　　　319, 321, 322
효부담孝婦談   314
효행孝行   307, 310, 311, 314~322
효행담孝行談   307, 308, 318~320
흠정사고전서총목欽定四庫全書總目   222
희명   129, 130, 132, 133

한국 고전문학 읽기의 맥락과 지평

초판1쇄 발행 2015년 03월 06일

지은이 이윤석·허경진·박무영·박애경·김영희
편집주간 박호원   총괄 홍종화
편집·디자인 오경희·조정화·오성현·신나래·김선아
              이효진·오진옥·남도영·이상재
관리 박정대·최기엽
펴낸곳 민속원   출판등록 제18-1호
주소 서울 마포구 대흥동 337-25   전화 02) 804-3320, 805-3320, 806-3320(代)   팩스 02) 802-3346
이메일 minsok1@chollian.net, minsokwon@naver.com
홈페이지 www.minsokwon.com

ISBN 978-89-285-0712-2   93810

ⓒ 민속원, 2015, Printed in Seoul, Korea

저작권법에 의해 한국 내에서 보호를 받는 저작물이므로 무단전재와 복제를 금합니다.
이 책 내용의 전부 또는 일부를 이용하려면 반드시 저작권자와 민속원의 서면동의를 받아야 합니다.
이 도서의 국립중앙도서관 출판시도서목록(CIP)은 서지정보유통지원시스템 홈페이지(http://seoji.nl.go.kr)와
국가자료공동목록시스템(http://www.nl.go.kr/kolisnet)에서 이용하실 수 있습니다. (CIP제어번호: CIP2015006351)

책 값은 뒤표지에 있습니다.
잘못된 책은 바꾸어 드립니다.